중국에서의
한국어
발음교육

중국에서의

한국어 발음교육

손복희 지음

한국학술정보㈜

중국에서의 한국어 발음 교육은 한중 양 언어의 자모음을 대조하거나 언어학적 방법으로 학습자들이 어려워하는 종성발음, 초분절 음소 발음, 그리고 한국어의 음운현상에서 비롯되는 여러 가지 어려운 음운 변동 규칙 등을 다룬 것이 특징적이다. 때문에 대부분 연구가 발음 교육을 어떻게 알기 쉽게 진행할 것인가에 관한 것들이고 간혹 발음 교육에서의 문제점을 논할 경우에도 학습자들의 모국어에 의한 영향에 있다고만 간단히 논의되고 있다. 이런 시점에서 발음 교육에서의 진정한 걸림돌이 무엇인지를 찾아내고 그 대안을 마련하는 것은 현재 한국어 발음 교육에서 제기되는 1차적 과업이라고 할 수 있다.

본서는 우선 학습자들이 현장에서 내고 있는 발음오류를 주밀히 조사하여 분석한 후, 발음 교육에서의 가장 근본적인 문제가 학습자들이 사용하고 있는 발음교재와 학습자들을 직접 가르치고 있는 교사들한테 있다고 인정하였다. 그 기초에서 두 가지 요인에 대한 검토를 거쳐 효과적인 발음교재 개발과 훌륭한 교사의 자질 제고를 위한 방안을 모색해 보았다.

때문에 본서의 제안이 중국 일반대학에서 한국어 발음 교육을 진행하는 데 앞으로 일정한 도움이 될 것이리라 기대한다.

끝으로 이 책이 나오기까지 주변 많은 분들의 관심과 가르침이 있었음을 새삼 느끼면서 고마운 마음을 전하지 않을 수 없다. 우선 물심양면으로 도움을 주신 웅진그룹과 부족함에도 선뜻 출판을 맡아 주신 한국학술정보(주) 여러분들께 진심으로 감사를 드리며 진정 학문의 길을 가르쳐 주신 김진규 교수님과 조언과 격려로 저자가 되는 꿈을 심어 주신 구중회 교수님, 그리고 글의 세세한 부분까지 꼼꼼히 읽으시고 세밀히 짚어 주신 김성수 교수님과 유병환 교수님, 평소 따뜻한 관심과 격려를 주신 조동길 교수님과 김영미 교수님, 송홍규 교수님께 머리 숙여 감사를 드린다. 그 밖에도 많은 도움을 주신 조성환 선생님과 김경덕 선생님, 박종선 사장님과 장세도 학생에게도 진심으로 감사하다는 말을 전하고 싶다.

특히 나의 수업을 대신 맡아 해 주신 남명철 학과장님을 비롯한 한국어학과의 여러 선생님들께 충심으로 되는 감사를 드리며 정신적, 경제적으로 가장 큰 힘이 되어 준 남편에게도 진심으로 고맙고 미안한 마음을 전한다. 너그럽고 자상하며 부지런한 남편이 있었기에 금년에 고중입학시험을 앞두고 있는 딸을 남편한테 맡기고 나만을 위한 공부를 시름 놓고 할 수가 있었다. 그리고 착하고 귀여운 딸 진영

이도 그동안 너무 고맙고 감사하다. 예쁘고 건강하게 커 준 것만 해도 고마운데 어려운 중학교공부를 하면서 그동안 순조롭게 피아노 8급 시험에 통과된 건 물론 금년에는 청도시 중점 고등학교에 입학하는 자랑까지 떨쳤다

　오늘과 같이 내가 책을 낼 수 있는 영광은 이상과 같이 고마운 분들 외 항상 사랑만을 주시는 부모님과 시누이, 그리고 반대로 언니 노릇 하는 동생 춘희와 사랑하는 남동생, 그 밖에 평소 우리 가족을 진심으로 아껴 주고 도와주신 모든 친구 분들의 따뜻한 관심과 격려와 갈라놓을 수 없다.

　이에 모든 고마운 분들께 다시 한 번 뜨거운 감사를 드리는 바이다.

손복희 씀

CONTENS

1. 발음 교육의 현황 및 과제

중국에서의 한국어 교육[1]은 대체로 두 단계로 나누어 살펴볼 수 있다.

제1단계는 1945년 난징(南京)대학 동방 외국어 학원에 소속된 조선어전공의 설립에서 1980년대 말, 즉 한-중 수교 전까지인 북경대학 조선어학과,[2] 북경대외경제무역대학 조선어학과, 낙양외국어대학 조선어학과, 북경 제2외국어대학 조선어학과, 연변대학 조선어학과 등의 개설까지이다. 당시 이런 대학들에서 모집하는 학생 수는 연변대학[3]을 제외하고는 대체적으로 일 년에 몇 명 정도였다. 그 시기에 중

---

[1] 중국에서의 한국어 교육은 두 가지로 나누어 볼 수 있다. 하나는 중국에 있는 조선족 학생들에 대한 모국어로서의 조선어(한국어)교육이고, 다른 하나는 중국의 한족이나 기타 소수민족 학생들에 대한 외국어로서의 한국어교육이다.
그중 조선어(한국어)교육은 주로 중국 조선족에게 진행하는 것으로서 중국의 소수 민족정책에 따라 초 · 중 · 고등학교부터 조선어(한국어)로 강의하며 연변대학은 초 · 중 · 고등교육에서 연장된 최고학부이다.
이처럼 중국에서의 한국어 교육은 조선족을 대상으로 한 제1언어인 민족교육과 한족이나 기타 소수민족을 대상으로 한 제2언어인 외국어 교육과 구분된다.
본서는 주로 한족 및 기타 소수민족 대학생들을 대상으로 하는 고등학부 교육, 즉 일반 대학교에서의 중국 학생들에 대한 제2외국어 교육을 대상으로 한다.

[2] 북경대학 조선어학과의 전신은 난징(南京)대학 동방어과 조선어 전공이다. 1945년에 개설된 난징대학 동방어과는 1949년에 북경대학에 편입되었다.

[3] 연변대학은 중국 소수민족 우대정책으로, 민족 인재, 즉 나라의 조선족건설인재를 육성하여 조선족과학문

국에서는 한국어학과의 개설이나 학습자 수의 결정, 졸업 후의 사업 배치 등을 국가가 주도하여 결정[4]하였고, 어떤 해에는 국가의 계획에 따라 학생을 모집하지 않을 때도 있었다.

그러다 보니 한국어 전공자에 대한 사회적 수요가 적어 교육기관 이나 교육자, 그리고 학습자의 수가 아주 적었으며, 따라서 한국어 교육의 발전도 큰 진전이 없었다.

하지만 80년대 말, 이산가족의 상봉과 함께 시작된 민간 차원에서의 내왕과 '사랑이 뭐 길래' 등과 같은 한국드라마의 중국 상영은 아주 멀리 떨어져 있는 나라로만 생각했던 중국인들에게 한국에 대한 큰 관심을 갖게 하는 기회를 마련해 주었고, 동시에 한국어 교육이 급속한 발전을 가져올 수 있는 발단이 되었다.

특히 90년대 중반부터 시작하여 중국의 전역을 휩쓴 한류 열풍은 중국 대학생들이 한국어를 배우는 열조를 형성함에 있어서 극히 중요한 요인 중의 하나로 작용하였다.[5]

1992년 8월 24일, 한중 수교가 이루어지면서부터 양국 사이의 정치, 경제, 문화, 역사를 비롯한 여러 분야에서의 교류는 통역, 번역, 관리 등 분야에서 한국어 전문 인재를 대량 요구하기 시작하였고, 따라서 한국어교육의 발전도 적극 추진하게 되었다.

이런 상황에서 중국의 여러 대학들에서는 한국어[6]에 정통한 인재

화교육을 발전시키는 것을 목적으로 세워졌다. 창립시기로부터 1958년 7월까지 연변대학은 줄곧 조선족학생만 모집하는 민족 대학이었으나 변강지구의 한족 간부, 교사, 과학기술인재가 부족한 등 문제를 해결하기 위하여 1959년부터 부분적으로 한족과 기타 민족 학생도 모집하였다.
이리하여 연변대학은 점차 조선족 건설인재를 육성하는 것을 중심으로, 여러 민족 인재를 함께 육성하는 종합대학으로 성장되었다.

4) 장효단, 「중국에서의 한국어 교육 발전 방안 연구」, 상명대학교 대학원 석사논문, 2007. 12. p.18 참조.
5) 손복희, 「산둥 반도의 대학생들이 한국어를 배우는 원인 분석」, 청도과기대학 학보, 2009. 6. 제25권, p.54.
6) 수교 전까지 중국에서는 한국어를 조선어라 하였다. 지금까지도 국가 교육부에는 한국어가 아닌 조선어로

를 배양하기 위한 활발한 움직임을 보였고, 앞다투어 한국어학과를 신설하기 시작하였다.

1992년 수교 전까지만 해도 5개 대학에만 설치되었던 한국어학과는 90년대에 들어와 19개소로 늘었고, 2000년 이후에는 전문대까지 포함하여 55개 학과로[7] 급증했다. 김병운에 의하면 2002년, 한국어학과의 재학생 수는 2,357명에 교수 178명이었으나 2006년에는 무려 만 명의 재학생에 교수 수는 358명으로 집계되었다.[8]

또 3년이 지난 2009년 7월 김병운은 중국 대학에 있는 한국어학과 수를 183개로 집계[9]하였고 권혁률은 250여 개[10]라고 밝히고 있다. 만

등록되어 있나. 하지민 한중 수교 후 조선어교육은 한국어교육과 결부되어 진행되었고 양성된 인재 역시 한국 기업에 취직하는 등 원인으로 자연적으로 한국어라 부르게 되었다. 지금까시 중국 내에시 학괴명을 조선어학과라고 부르는 학교도 적지 않다.

7) 김병운, 「중국에서의 한국어 교육의 실태와 과제」, 『한국학 연구』, 인하대학교 한국학 연구소, 2006. p.48. 이어 중국 내 한국어 교육 개설 대학(본과)의 지역적 분포를 참조해 보면 다음과 같다.

지역	개수	학교 명칭
북경/천진	15곳	북경대학, 대외경제무역대학, 천진외대, 북경외대, 북경언어대학, 북경제2외대, 북경 전매대학, 중앙민족대학, 천진사범대학, 북경공업대학, 하북대학, 낙양외대, 서안외국어대학, 정주경공업대학, 광서사범대학
산동 반도	15곳	산동대학, 산동대학 위해분교, 중국 해양대학, 산동사범대학, 산동제남대학, 청도대학, 청도과학기술대학, 산동내양농업대학, 산동유방대학, 요성대학, 곡부사범대학, 청도농업대학, 청도이공대학, 연대대학, 연대사범대학
동북 3성	13곳	연변대학, 연변과학기술대학, 길림대학, 흑룡강대학, 료녕대학, 요동대학, 대련외국어대학, 치치할 사범대학, 장춘광화대학, 장춘세무대학, 장춘이공대학, 길림사범대학, 하얼빈공업대학위해분교
상하이/남경	8곳	복단대학, 상해외국어대학, 남경대학, 남개대학, 양주대학, 상해 수단대학, 남경효장대학 등
광동지구/ 서북지구	7곳	광동 외어외무대학, 길림대학 주해분교, 중산대학 주해 분교, 광서사범대학, 낙양외대, 서안외국어대학, 정주경공업대학

8) 김병운, 「중국에서의 한국어 교육의 실태와 과제」, 앞과 같음. p.49.

9) 전국에서 유일한 학술단체인 한국어 교육학회의 김병운 회장은 2009년 7월 양주에서 있었던 학회 개막식에서 2009년 현재로 중국 대학에 있는 한국어과 수가 183개(사립대학까지 포함)에 달하는 것으로 집계됐다고 보고했다.

10) 권혁률, 「중국 내 한국어 교육에서의 문학 교육에 대하여」, 2010 국제학술대회, 『동북아지역 한국어문학 교육의 현황과 전망』, 한국 언어문학학회 등 주최, 2010. 12. p.49.

약 이상과 같은 발전추세를 감안하여 현재 한국어학과 수를 250여 개라고 본다면 중국대학에서 한국어를 가르치는 전임 교수 수는 몇 년 전의 350여 명에서 1,580여 명11)으로, 재학생은 만여 명으로부터 4만 4천백여 명에 이르게 되는 셈이다.

이처럼 짧은 기간 내에, 중국에서의 한국어 교육은 괄목할 만한 발전을 가져왔고 기적적인 발전을 해 가히 고무적이라 할 수 있다.

하지만 그에 못지않게 문제점 또한 많은 것이 오늘의 현실이다. 예를 들면 한국어 교육과정은 어떠하고 교재는 어떤 것들을 쓰고 있고, 교사들은 어떤 경로로 한국어를 배웠으며, 또한 한국어 교수법이나 한국어 교육 경력을 얼마나 쌓고 있느냐가 아직까지 미지수이다. 특히 발음교재를 보면 중국대학에서 사용할 수 있도록 당지 실정에 맞게 설계된, 단계적이면서도 적합한 교재가 나오지 못하고 있으며, 발음 교육내용을 다루고 있는 보조적 교재인 한국어 회화나 한국어 듣기 교재에서도 발음 교육에 관해 입문단계에서만 요점적으로 간단하게 소개하여 그 내용이 아주 소략하다. 뿐만 아니라 발음 교육을 담당하고 있는 교사 역시 전문적으로 음운학을 전공한 교사가 많지 못하며 교사로서 선차적으로 지녀야 할 자질부족 등으로 발음 교육에서 만족스러운 효과를 보지 못하는 등 많은 문제점을 안고 있다.

한국어 발음 교육은 한국어 교육의 비약적인 발전과 함께 많은 연구가 이루어지고 있고, 대학마다 나름대로 학생들의 실정에 맞춰 보다 체계적이면서도 과학적인 교과과정 마련, 효율성 높은 교재 제작, 한국어 교사들의 연수와 한 단계 높은 학위권장, 학술 분야에서의 장

---

11) 한국어 교사에 대한 정확한 통계자료가 없는 상황에서 필자가 추산한 자료이므로 참조하기 바란다.

려제도 등 다방면의 노력을 꾀하고 있다. 하지만 전체적으로 발음 교육 분야에 대한 관심은 부족하여 아직까지도 한국어는 보고 읽을 수만 있으면 된다는 식이고, 발음 교육에 많은 시간을 할애할 수 없다는 태도가 보편적으로 존재하고 있다.

전체적으로 볼 때 한국어 발음 교육은 한국어 교육과 함께 크게 발전했고, 발음 분야에 대한 연구도 최근 몇 년 사이에 서서히 진행되고 있는 점이 고무적이다. 하지만 이에 대한 연구는 대부분이 한국에서 진행되었으며 연구자 또한 한국에 와서 유학하는 중국유학생들이나 한국 연구자들에 의해 진행되었다는 점이다. 그리고 연구 대상을 보면 한국에 와서 유학 중인 여러 나라 학생들12)이 위주이고 중국의 학습자를 내상13)으로 한 것은 상대저으로 적은 편이며 연구내용들도 명문대학과 일반대학14), 그리고 정규대학과 비정규대학, 본과대학과 전과대학을 세분하여 진행된 연구가 별로 없는 실정이다. 때문에 중국에서 한국어를 배우는 학습자들의 구성이 복잡하고, 그 지적 수준의 차이가 큰 데 비추어 정규대학 가운데서도 대다수 학습자들을 차지하는 일반대학 학습자들을 대상으로, 훌륭한 발음 교육 방안을 모

---

12) 한국에 유학 중인 중국 유학생들의 상황을 살펴보면 중국에서 대학을 나온 후 한국에 가서 유학하는 부류가 있고 다른 하나는 고등학교를 졸업하고 바로 유학을 간 부류가 있으며 또 다른 갈래는 대학을 나온 후, 한동안 사회생활을 하다가 유학을 간 부류가 있다.

13) 중국에서 한국어교육을 담당하고 있는 대학에는 정규대학과 비정규 대학이 있다. 정규대학은 국립 혹은 공립대학을 의미하고 비정규대학은 민간에서 설립한 사립대학이나 혹은 교육기관에서 설립한 자습대학, 그리고 각 대학의 국제교류학원을 말한다.
  일반적으로 정규대학에는 4년제 학사 과정뿐만 아니라 3년제 전문과정의 대학이 있고 한국어를 제2외국어 또는 선택과목으로 개설한 대학도 있다. 사립대학 역시 4년제 본과과정과 3년제 전과과정이 있으며 그 밖에 중등전문과정과 여러 학원에서 자체로 꾸리는 한국어 학습반, 혹은 야간대학과 고등학교에서 꾸리는 한국어과도 있어 중국에서의 한국어 학습자 대오는 대단히 방대할뿐더러 그 성분도 복잡하며 학습자들의 문화수준 차이 역시 아주 크다.

14) 중국 대학은 정규대학일지라도 또 명문대학과 일반대학으로 나뉜다. 학습자들이 명문대학과 일반대학에 입시할 경우, 우선 입시성적에서 많은 차이가 날뿐더러 학습 환경이나 교수 수준에서도 역시 차이를 보이기 때문에 한국어 학습자들에 대한 연구도 반드시 세분하여 진행되어야 효과적일 것이다.

색하는 것은 현재 무엇보다도 요긴한 일이다.

2. 선행연구와 연구방안 절차

지금까지 중국어권 학습자들을 위해 연구된 발음부분의 논문은 약 50여 편 남짓하고 중국인을 위한 한국어 교육이나 그 밖에 교재부분에 관해 다룬 논문은 15편 정도 된다. 거기에다 중국과 한국 학자들이 펴낸 몇 편의 저서까지 더하면 한국어 발음 교육에 대한 연구 성과는 그리 적지 않은 편이다. 이것은 한국어 발음 교육이 이 몇 해 사이에 빠른 속도로 발전하고 있으며, 또 한국어 교육현장에서도 점점 중시되고 있음을 잘 입증해 준다.

지금까지 진행된 한국어 발음 연구는 한중 음운체계의 비교에서 자모음의 어려운 발음, 학습자들이 가장 어렵다고 생각하는 종성발음, 한국어의 음운 현상에서 비롯되는 발음 오류, 모국어 성조 영향과 학습자들이 어려워하는 한국어의 억양·고저·장단 등 초분절음에 이르기까지 넓은 분야에서 행해졌다.

발음부분에 대한 논문들을 살펴보면 주로 석사연구생들의 연구가 주축을 이루고 있다. 그중에서도 중국인 연구자들이 많은 비중을 차지하여 젊고 이색적인 것이 특징적이다.

중국인 연구자들은 두 가지 언어에 익숙할뿐더러 그들 자신이 성인이 되어 낯선 언어를 배우면서 부딪친 애로를 누구보다 잘 설명하고 분석할 수 있어 큰 설득력을 지니는 장점이 있다. 하지만 최근의 연구는 보통 학위논문을 위주로, 짧은 시간에 대량의 연구가 이루어지는 등 여러 가지 원인으로 연구 내용들이 기본적으로 비슷하다는 한계가 있다.

먼저 모음 분야에서 연구된 논문을 보면 약 8편 정도에 달하는 것으로, 김정욱(2009)은 대조언어학적 방법으로 중국 학습자들의 발음 오류를 미리 예측하여 두 언어의 모음 체계를 대조, 분석하는 등 한국어 모음교육 발음방안을 제시하였다. 그리고 김경미(2007)는 중국 학습자들을 위한 단모음 발음 교육방안에 대해 중점적으로 다루었고, 임범종(1998), 김윤희(2008), 학미(2006) 등은 음성학적 분석을 통해 중국인 학습자들의 한국어 모음 발음이 어떻게 한국인 발음과 차이가 있는지를 알아보고 그 유사점과 차이점을 밝혔다.

하지만 공해령(2010)은 단순모음의 오류현상을 밝히긴 했지만 그 원인에 대한 분석이 미비할뿐디리 더구나 학습자들을 위한 효과적인 발음방안이 제시되지 않았다는 점에서 아쉬움을 보였다.

그 밖에 자음에 관해 연구된 논문은 7편 정도이고, 한국어 종성발음에 대한 논문은 약 4편 정도 나와 있다. 최현숙(2007)은 중국 학습자들이 초급단계에서 예사소리와 거센소리의 구별에 어려움을 느끼지만 중·고급 학습자들은 반대로 예사소리와 된소리 구별에 어려움을 느낀다면서 중·고급 학습자를 대상으로 그들의 실제 된소리 발음 실태를 실험을 통해 분석함으로써 잘못된 된소리 발음을 교정·지도하는 방법을 찾고자 하였다. 안연희(2007)도 중국인 학습자에게서 나타나는 종성 발음 오류와 양상을 구체적으로 분석하여 구체적인 교육방안을 구현하고자 하였으나 실험에 참가한 인원이 소수이고, 또 실험기간도 짧아 신뢰도가 떨어지는 한계를 보였다.

특히 소열녕(2008)은 기왕의 음운론적 관점으로 두 언어의 파열음을 기술한 것이 아니라 음향음성학적 방법으로 한국어와 중국어의 파열음을 대조 분석하였고, 전원해(2005)는 대조 분석의 방법으로 자음 발음 오류를 조사함으로써 중국어에 없는 한국어 발음을 도출해내고, 자음 발음 실태에 의한 개선 방안을 제시하였다.

그리고 종성 발음 교육을 연구한 김지혜(2004)의 논문은 중국인 학습자를 대상으로 한국어 종성 오류를 조사하고 분석한 후, 폐쇄음과 비음의 오류가 많음을 밝혀낸 후, 단계별 교수방안을 구안한 것이 특징적이다.

하지만 초분절음소 발음 부분의 연구는 지금까지 그 중요성이 대두되면서도 실제로는 활발하게 진행되지 않은 것으로, 현재까지 약 7편 정도 나온 걸로 알고 있다. 박지연(2009)은 중급학습자들이 한국어 억양을 배울 때 모국어 성조의 영향을 많이 받는다는 것을 인정하고 나서 중국어권 중급 학습자를 대상으로 한국어 대화체 문장에 나타난 억양 오류를 분석하고, 그 원인을 제시하여 억양교육에서 적합한 교수 자료를 제공하고자 하였다.

유재선(2006)도 초분절음소의 중요성을 강조하면서 한국어 악센트에 대한 한국인과 중국인의 음성을 실험 음성학적으로 분석하여, 한중 양국 학습자들의 차이점을 찾고 초분절음 교육을 진행하는 교사들에게 필요한 기초 자료를 제공하고자 하였다. 다만 아쉬운 점이라면 그에 대응하는 교수방안을 제시하지 않은 점이다.

이어 한국어 발음 교육 내용과 관련하여 초분절음 발음의 중요성에 관심을 가지고 연구를 진행한 가장 이른 연구자로는 노대규(1989)가 있고 다음으로는 김병운(1999), 최태영(2001), 정명숙(2002), 김지혜(2004), 박해연(2004), 황현숙(2005) 등이 있다.

그중 김병운(1999), 최태영(2001)은 중국인 학습자들을 위한 장단음 교육이 필요하다고 지적했으나 이유라(2009)는 한국인 성인들도 장단음을 잘 구별하지 못하는 상황에서 외국인에게 장단음 교육을 시킨다는 것은 재고의 여지가 있는 것이라 지적했다.

그 밖에 발음교수와 관련한 발음 교육 분야의 연구는 무려 25편에 달해 가장 많은 비율을 차지했다.

이주행(2002)은 중국인 학습자들이 자주 생성하는 발음오류에 주목하여 다양한 활동과 교수법을 제시함으로써 발음교수에 필요한 자료를 제공했다는 점에서 의의가 있고 김기혁(2006)은 한중 양 언어의 비교 대조를 통하여 학습자들이 어려워하는 발음을 변이음과 관련지어 교수방안을 제시했다는 점에서 의의가 있으며 김길동(2008)은 한국어와 중국어의 음운대조를 통해 중국 학습자들의 발음 오류를 예측, 연구, 분석한 다음 구체적인 교수방법을 제안함과 동시에 그 교수방법의 효용성을 제시했다는 점에서 의의가 크다.

그 밖에 곡향봉(2005), 권영미(2008), 요외(2007), 김정욱(2009), 조재은(2007), 최수영(2009), 백난주(2009), 김지연(2010) 등도 이 분야에 대해 비교적 자세히 연구했다.

최근에 이루어진 발음 교육 방면의 연구는 중국 학습자들이 오류를 내는 주된 원인을 모국어의 영향과 간섭에 있다고 동조하면서, 학습자의 모국어 발음과 대조하는 방법으로 보다 효과적인 한국어 발음 교육지도 방안을 모색한 것이 대부분이다.

발음 교육은 외국어 학습에서 가장 기초적이며 가장 기본적인 활동이다. 이 활동에는 교육의 주체인 교사와 교육의 객체인 학습자, 그리고 교사와 학습자를 이어 주는 교육내용인 교재가 있는데 이것들은 발음 교육의 3요소를 이루고 있다.

이 3요소 가운데 어느 요소나 다 중요하겠지만 중국에서의 한국어 발음 교육을 놓고 보면 그중에서도 교재와 교사문제가 특별히 중요한 것으로 보아진다. 그것은 중국대학에서의 발음 교육이 주로 교실 수업을 통해 진행되기에 첫째, 교과서에 대한 의존도가 절대적으로 높고, 둘째, 교사의 음성학 지식과 발음지도 방법, 그리고 발음지도 방향이 학생들의 발음학습을 결정하는 요인으로, 학습자들의 학습 효과와 능률을 절대적으로 결정하기 때문이다.

여기서 발음 교육의 3요소 중의 하나인 학습자는 발음 교육에서 끼치는 영향이 크지 않기에 문제점으로 삼지 않고자 한다. 원인은 중국의 일반 대학생들이 많은 경쟁자를 물리치고 정규적인 입시를 거쳐 대학에 입학했기 때문에 대부분이 대학생활을 무한히 사랑한다. 특히 한국어를 전공하는 학생들은 다른 전공의 학생에 비해 취직이 유리한 등 여러 가지 원인으로 자신의 전공에 대해 항상 높은 우월감과 만족감을 가지고 있다. 뿐만 아니라 대부분이 한류의 영향으로 한국드라마나 한국문화에 많은 흥미를 가지고 있어 자기들의 적성에도 맞는다고 인정하기 때문에 보편적으로 학습열의가 높고 학습에 대한 진취심이 강하여 교재나 교사요인에 비해 발음 교육에서 큰 영향을 주지 않는다.

이에 본서는 중국의 발음 교육에서 존재하는 진정한 문제점을 교재와 교사로 보고 다음과 같은 방법과 절차로 발음 교육 방안을 모색해 보고자 한다

우선 교육현장에서 대학생들이 사용하고 있는 교재를 선택하여 넓은 범위에서 오류조사를 진행한다.

대상은 대학 1학년으로 하고 조사내용은 매 등급에서 현재 배우고

있는 교재의 약 10%에 달하는 내용을 선택한다.

그리고 조사방법상에서 재래에 다른 연구자들이 사용하던 방법과 달리 오류가 나올 것으로 예측되는 어휘를 미리 선택하여 조사하지 않고 학습자들이 실제 배우고 있는 교재에서 배운 어휘와 단원 한편을 선택한다. 즉 학습자들의 발음 오류를 한정된 격식에 맞추어 미리 예측하여 실험하지 않고 실제 교육현장에서 발생하는 오류를 넓은 범위에서 무작위로 조사하여 추출한다.

먼저 1급에서는 발음 기초지식을 체크하기 위한 목적으로 자모음 조사와 발음부분에서 배운 어휘를 위주로 조사하고 2급에서는 단원 한 편을 선택하여 과목과 어휘, 문법 예, 연습문제, 그리고 문형연습 등에 이르는 넓은 내용을 조사힌다.

조사절차는 먼저 반15)에서 발음이 후진적인 4명 학생을 선발하여 어휘부분의 오류와 단원 전편을 낭독하게 한 다음 틀린 어휘나 짧은 문장 등을 추출(자모부분은 제외)하고 이어 1차에서 추출한 오류를 다시 전체 학생들을 대상으로 2차 조사를 진행한다.

조사에서는 대치현상, 축약현상, 첨가현상, 탈락현상 등 10가지 종류의 분절음소부분의 오류들을 중점으로 조사하고 분석한다.

---

15) 조사는 1학년을 대상으로 1학기와 2학기로 나누며 1학기는 1급, 2학기는 2급으로 한다. 때문에 1급과 2급의 학습대상자가 같다. 그리고 조사내용은 1급에 한해서는 자모와 배운 어휘를 위주로 조사하고 2급에서는 과목부분에 대한 내용을 주로 조사한다.
조사내용은 과목과 문법 예, 그리고 문형연습 등에 이르는 넓은 범위에서 오류를 조사하여 많은 오류의 누락을 방지할 수 있는 장점이 있다. 하지만 조사내용이 너무 방대하여 학습자들이 한 번 읽는 데만 2시간이 걸렸다. 이런 방식으로 매 학생을 조사하게 되면 학습자들의 시간을 너무 많이 점하게 되어 자칫하면 조사의 질을 담보할 수 없는 약점도 있었다. 이런 점에 비추어 조사는 우선 2급 단계에서 학습자들이 내고 있는 오류의 양을 전면적으로 조사하면서 학습자들의 시간을 너무 많이 허비하는 것을 막으며 다음으로 조사의 질을 보증하기 위해 아래와 같은 조사방법을 선택하였다.
먼저 제1차에서 발음이 좋지 못한 학생 4명을 선발하여 조사를 진행한다. 이렇게 하면 가능성이 아주 적은 오류라도 1차에서 빠짐없이 조사할 수 있었다. 이렇게 조사된 오류를 다시 전체 학생들을 대상으로 2차에서 조사한다. 이렇게 했더니 오류도 빠짐없이 조사해 낼 수 있었고 조사에 참가하는 학습자들의 시간도 절약할 수 있었으며 조사 질도 충분히 보증할 수가 있었다.

학습자들에 대한 발음오류 조사와 전면적인 분석을 거쳐 중국 대학생들이 생성하고 있는 오류의 주된 원인을 학습자 모국어의 영향보다 현재 학습자들이 사용하고 있는 발음교재와 학습자들을 직접 가르치고 있는 교사들에게 문제점이 더 크다는 것을 확인한다. 그리고 이 두 가지 요인, 즉 학습자들이 사용하고 있는 발음교재와 학습자들을 직접 가르치고 있는 발음 교사에 대한 분석과 검토를 거쳐 좋은 발음교재의 개발과 훌륭한 발음교사의 자질을 제고하기 위한 적시적인 방안에 대해 모색한다.

대학생들의 발음오류 실태 2장

외국어 교육에서 발음의 좋고 나쁨은 학습자들이 의사소통을 함에 있어서 가장 기본적이면서도 중요한 요소이다.

특히 성인이 되어, 모국어의 간섭과 영향하에 있는 중국 대학생들을 놓고 보면 이런 발음은 수없이 많은 오류를 반복하는 단계를 거쳐 완성되는 어려운 분야의 공부로, 인지하고 나서 오류를 내고, 다시 익히면서 오류를 내며, 또 발음을 잘한다고 장담하면서 오류를 내는, 어렵고도 힘든 분야의 공부이다.

현재 초급단계에서 내고 있는 학습자들의 발음 오류 양상을 살펴보면 대체로 모음보다 자음에서, 그리고 종성의 받침부분과 음운변화 부분에서 오류가 많은바, 범하는 오류가 다양할 뿐만 아니라 그에 따르는 양 또한 방대하다.

본장에서는 초급단계의 중국 학습자들에게서 많이 발생하는 발음 오류 양상에 대해 자세히 조사, 분석한 후 그 문제점 현황에 대해 주로 파악해 보고자 한다.

1. 자료의 구성과 조사방법

본장에서는 우선 일반대학 학습자들이 가장 어려워하는 발음에 대해 전면적이면서도 실제적으로 조사하는 것을 목적으로, 실험범위와 조사내용을 정했다.

실험 대상은 중국 청도과학기술대학 한국어 학과 09학급의 27명 학생[16]들을 선택했다.

청도과학기술대학은 중국의 일반대학으로서 다른 일반대학과 마찬가지로 1년에 한 번씩, 정규적인 입시를 거쳐 학생을 모집하며 합격된 학생들은 전국 각지에서 온다.

구체적인 조사방법은 한국의 등급별 기준[17]을 참조로, 1학년을 1급과 2급으로 나눈다.

---

16) 중국 청도과학기술대학 한국어학과의 1학년 학생들은 중국정부에서 해마다 통일적으로 진행하는 대학입시를 거쳐 입학하였으며 중국 일반대학 학습자들을 대표하기에 적합한 대상이다(대학 입시는 보통 6월 초에 진행되고 9월이면 개학함).

17) 본서는 발음조사의 편리를 위하여 한국의 등급과정을 참조한다. 우선 한국의 2명 연구자의 연구를 참조하면 최은규, 「발음 교육의 과제와 전망」, 『한국(조선)어 교육 연구』 창간호, 2003, p.33에서는 한 급은 10주 동안 200시간의 교육을 받는다고 하였고 이정희, 『한국어 학습자의 오류 연구』, 도서출판 박이정, p.32에서는 경희대학교 국제교육원은 교육 과정을 초급, 중급, 고급 세 단계로 나누는데, 각 단계별로 한 학기 동안 약 300시간 이상(경희대학은 한 급이 150여 시간)의 한국어 수업을 진행하고 150시간을 한 급으로 보았다. 즉 최은규(2003)와 이정희(2005)가 제시한 한국 내 주요 한국어 교육기관의 등급별 교육목표와 한국어 능력시험에서 고시한 등급별 초급, 중급, 고급을 가르는 기준을 참조하면 1급과 2급은 초급에 속한다.
이상 두 연구자의 한국 등급별 기준을 보면 최은규는 200시간, 이정희는 150시간으로 한 급을 보고 있다. 이런 점을 감안하면 중국의 경우, 교과과정에 따라 대학마다 조금씩 차이가 있으나 대체적으로 초급에서 한 학기 동안 받는 수업이 200여 시간 전후이기 때문에 시간적으로 비슷하다. 때문에 대학 1학년 1학기를 1급으로, 2학기를 2급으로 보는 데 큰 무리가 없을 것으로 보인다(등급기준에 대한 자세한 자료는 2장 26페이지에서 참조하기 바람).
한편 최신 소식에 의하면 2010년 12월 18일, 중국한국어(조선어)교육학협회의 주최로 중국대학교 한국어학과 학부장 회의가 북경에서 열렸다. 회의에서는 금년부터 중국 내 한국어 4급, 8급 능력시험을 교육부의 능력시험으로 정식 출범시키려는 데 합의를 보았다. 시험출제는 연변대학 한국학학원에서 책임지고 전국 각 대학의 한국어학과 교수진 중에서 출제위원을 선정하였다. 원 계획에 따르면 금년에 4급 시험을 출제키로 했지만 여러 가지 원인으로 출제가 어려운 것으로 전해졌다. 지금의 추세를 보면 중국에서의 한국어 능력시험은 조만간 실현될 것으로 전망된다.

조사범위로 한정된 초급의 조사 대상자들을 살펴보면

1급: 1학년 1학기, 총 27명, 남자 10명, 여자 17명,

2급: 1학년 2학기, 총 27명, 남자 10명, 여자 17명이다.

실험에서는 자료의 객관성을 위하여 같은 학급일지라도 부동한 등급에 따라 배우는 내용이 다르기 때문에 한 학급을 두 번씩 조사대상으로 하였고, 조사 자료도 매 등급에서 배운 내용에 따라 선택하였다.

그리고 추출한 오류를 등급에 따라 1급과 2급[18]으로 나누어 조사하였다.

한국의 등급 이론으로 중국 대학생들에 한해서 급수를 정하는 건 다소 중국의 실정과 차이가 있겠으나 조사의 편리를 위하여 1학년 1학기는 1급으로, 1학년 2학기는 2급으로 정했다.

2. 초급학습자들의 발음오류 실태

실험 자료는 첫째 40개의 자모음과 둘째 현재 청도과기대학학생들이 배우고 있는 연세대학교 한국어 학당에서 편집하고 세계도서 출판사에서 출판한 교재 『한국어 교정 1』을 선택했다.

조사내용과 절차는 다음과 같다.

① 1급 학생들에 한해 두 가지 내용으로 조사를 진행한다.

먼저 한국어발음에서 가장 기초적이면서 핵심부분인 한국어 자모 발음에 대해 어느 정도 정확히 발음하고 있는지 알아보기 위한 테스

---

18) 참고로 이정희(2005)가 제시한 한국 내 주요 한국어 교육기관의 등급별 교육 목표와 한국어 능력시험에서 고시한 등급별 기준을 보면 다음과 같다.

트를 진행한다.

다음으로 제1책의 발음부분에서 나오는 어휘를 전부 조사한다.

② 2급 학생들에 한해서는 배운 과목인 제2책의 제15과를 선택하여 조사한다.

<제6회 한국어 능력시험의 등급별 기준>

등급	총괄기준
1급	자기소개하기, 물건사기, 음식 주문하기 등 생존에 필요한 기초적인 언어 기능을 수행할 수 있다. 또한 자기 자신, 가족, 날씨 등 매우 사적이고 친숙한 소재와 관련된 간단한 내용을 이해하고 표현할 수 있다. 약 800여 개의 기초 어휘와 기본 문법에 대한 이해를 바탕으로 간단한 문장을 생성할 수 있다. 또한 간단한 생활문과 실용문을 이해하고 구성할 수 있다.
2급	전화하기, 부탁하기, 제안하기 등의 일상생활에 필요한 언어 기능과 우체국, 은행, 병원 등의 공공시설 이용에 필요한 기본적 기능을 수행할 수 있다. 약 1,500~2,000개의 어휘를 이용하여 일과, 취미, 약속 등 사적이고 친숙한 소재에 대한 내용을 이해하고 표현할 수 있다. 공식적 상황과 비공식적 상황에서 언어를 구분해 사용할 수 있다.
3급	한국어로 일상생활을 영위하는 데 별 어려움을 느끼지 않는다. 출입국 관리사무소, 여행사 등의 공공시설을 이용하고, 사회적인 관계를 유지하는 데 필요한 설명하기, 묘사하기, 거절하기 등의 언어 기능을 기본적으로 수행할 수 있다. 자신에게 친숙한 사적인 소재뿐만 아니라 직업, 사건, 국가, 생활, 문화 등의 친숙한 사회적 문단 단위로 표현하거나 이해할 수 있다. 문어와 구어의 기본적인 특성을 구분해서 이해하고 사용할 수 있다.
4급	공공시설 이용과 사회적 관계 유지에 필요한 대부분의 언어 기능을 수행할 수 있으며, 간단한 서류 작성 및 보고 등 일반적인 업무 수행에 필요한 기능을 어느 정도 수행할 수 있다. 또한 뉴스, 신문 기사 중 비교적 평이한 내용을 이해할 수 있다. 친숙한 사회적, 추상적 소재를 비교적 정확하고 유창하게 이해하고 표현할 수 있다. 자주 사용되는 관용적 표현과 대표적인 한국 문화에 대한 이해를 바탕으로 사회, 문화적인 내용을 이해하고 표현할 수 있다.
5급	요약하기, 논증하기, 추론하기, 토론하기 등 자신의 전문 분야에서의 연구나 업무 수행에 필요한 언어 기능을 어느 정도 수행할 수 있다. 정치, 경제, 사회, 문화 전체에 걸쳐 친숙하지 않은 소재에 관해서도 대치적으로 이해하고 표현할 수 있다. 공식적, 비공식적 맥락과 구어적, 문어적 맥락에 따라 언어를 적절히 구분해 사용할 수 있으며 논설문, 보고서, 문학 작품, 대담, 토론 등을 이해하고 구성할 수 있다.
6급	자신의 전문 분야에서의 연구나 업무 수행에 필요한 언어 기능을 비교적 정확하고 유창하게 수행할 수 있으며 정치, 경제, 사회, 문화 전체에 걸쳐 친숙하지 않은 소재에 관해서도 이해하고 표현할 수 있다. 원어민 화자의 수준에는 이르지 못하나 대부분이 기능 수행이나 의미 표현에 어려움을 겪지 않는다.

조사의 질을 담보하기 위하여 1급의 자모조사는 1차적으로 끝내지만 1급의 어휘조사와 2급의 과목조사는 두 번에 거쳐 완성한다.

1차 조사는 먼저 학급에서 발음이 좋지 못한 학생 4명을 선택하여 조사한다.

그 기초에서 2차 조사는 1차 조사에 참가했던 발음이 좋지 못한 학생 4명을 제외하고 다시 전 반 학생들을 상대로 1차에서 추출한 발음 오류들을 한명씩 돌아가며 읽게 하는 방법으로 재차 조사한다. 조사 방법19)은 조용한 교실에서 진행하기에 녹음을 하지 않고 자료 표에

〈한국 내 주요 한국어 교육기관의 등급별 교육목표〉

단계	교육목표
초급	1. 일상생활에 필요한 의사소통을 한다(인사, 사기소개, 가족 소개, 물건 사기, 주문하기, 하루 일과, 날씨, 여가 생활, 길 묻기, 대중교통수단 이용하기). 2. 간단한 질문과 응답을 한다. 3. 한국어의 구문 구조와 문법을 익혀 기본적인 문장을 생성하고 이해한다. 4. 단순한 감정 표현을 이해하고 표현한다. 5. 한글자모의 발음을 정확히 익힌다.
중급	1. 개인적인 관심사뿐만 아니라 다소 복잡한 일상적인 주제나 공동의 관심사를 유창하게 다룬다. 2. 일상적이고 구체적인 문제에 대해 문단 단위로 이해하고 표현한다. 3. 복잡하지 않은 상황에서 화자와 청자의 관계를 이해하고 적절한 어법으로 사용할 수 있다. 4. 생활 주변에서 일어나는 상황을 설명, 묘사할 수 있고 의견을 제시할 수 있다. 5. 일부 격식적인 맥락에서도 발화 수행이 가능하고 부분적으로 업무를 수행한다. 6. 빈도가 높은 추상어, 속담, 관용어를 이해하고 표현한다. 7. 한국 사회, 문화와 관련된 일반적 내용을 이해하고 표현한다.
고급	1. 대부분의 맥락과 상황에서 구체적, 추상적, 전문적 주제를 다룬다. 2. 하나 이상의 문단 단위로 주장, 토론, 논박, 가설 수립 등의 기능을 수행한다. 3. 공식적인 맥락에서 정치, 경제, 사회, 문화 등의 전문적인 주제에 관해 토론한다. 4. 독해, 토론, 작문, 강의 수강이 가능하여 대학에서의 수학이 가능하다. 5. 자기 전문 분야의 업무를 전면적으로 수행한다. 6. 논설문, 전문 서적을 읽고 공식석상에서 발표한다. 7. 간단한 보고서, 신문기사, 공문서를 작성한다. 8. 담화 맥락, 상황, 담화 참여자, 주제 등에 따라 격식과 화법을 적절히 구사한다. 9. 문화적 지시어, 의성어, 의태어를 자유롭게 구사한다.

19) 참고로 조사에서 소요되는 시간을 보면 1급 1차에서는 대략 1시간 30분 전후, 1급 2차에서는 30분 전후, 2급 1차에서는 2시간 30분 전후이고 2급 2차에서는 2시간 남짓이 소요되었다.

표기하는 방법을 택했다.

③ 초 분절음소 발음부분에서는 간혹 부자연스러운 억양이나 어휘에서 장단을 제대로 지키지 못하는 등 여러 가지 오류가 나타났으나 분절음에서의 오류가 주류를 이루고 있고, 또 분절음교육이 현재 중국에서의 한국어 발음 교육의 주된 문제점인 데 비추어 초 분절음에 대해 취급하지 않았다.

④ 조사시간

1급: 1학년 1학기, 2009년 11월 30일, 자모조사

　　　2009년 12월 16일, 통합교재에서 나오는 발음부분의 어휘 조사

2급: 1학년 2학기, 2010년 5월13일, 통합교재에서 나오는 과목조사

대학생들의 발음난이도 측정을 해 봐도 그렇고, 또 필자의 교수경험에 의하더라도 중국대학생들은 2학년이 되어도 ㄹ발음은 물론 평음이나 경음과 격음을 똑바로 구별하지 못하는 경우가 너무나 흔하다. 성인 학습자가 제2언어로 외국어를 배운다 할 때 원어민과 똑같은 언어를 구사하라는 것은 다소 무리이겠지만 소기에 달성하고자 하는 목표와 너무 큰 차이를 보인다면 그것도 역시 문제이다. 그렇다면 발음 교육이 가장 중요한 단계에 있는 1급부터 2급 사이에서 중국대학생들의 한국어 발음현황은 어떠하며 대학생들의 발음 교육이 어느 단계에 와 있는지를 아래 구체적으로 조사해 본다.

조사순서를 보면 다음과 같다.

① 기초발음 교육 상황을 진맥하기 위한 수단으로 1급, 즉 1학년 첫 학기에서 자모조사와 어휘조사를 진행한다. 자모 조사내용은 8개의 단모음과 13개의 이중모음, 그리고 19개의 자음이고, 어휘부분의

조사내용은 1책에서 나오는 발음부분의 어휘이다.

② 초급단계인 2급에서는 2책에서 배운 과목 하나를 선택하여 조사하는데 여기에는 옹근 한 과목 안의 단원부분과 문법 예 부분, 그리고 유형부분, 및 연습부분을 모두 포함한다.

먼저 1급에서 진행한 자모발음의 조사순서[20]를 살펴보면 다음과 같다.

모음조사 순서는 ㅏ, ㅗ, ㅓ, ㅕ, ㅡ, ㅔ, ㅐ, ㅜ, ㅣ, ㅠ, ㅐ, ㅘ, ㅖ, ㅝ, ㅢ, ㅒ, ㅞ, ㅛ, ㅚ, ㅝ, ㅑ이고 자음의 조사순서는 ㄱ, ㅂ, ㅅ, ㄷ, ㅈ, ㅉ, ㅃ, ㄸ, ㄸ, ㅍ, ㅆ, ㅌ, ㅋ, ㄹ, ㅇ, ㅁ, ㄴ, ㅎ, ㅊ이다.

<그림 2-1>에서 1급 학습자들이 자모발음에서 내고 있는 모음발음 오류현황을 실펴보면 다음과 같다.

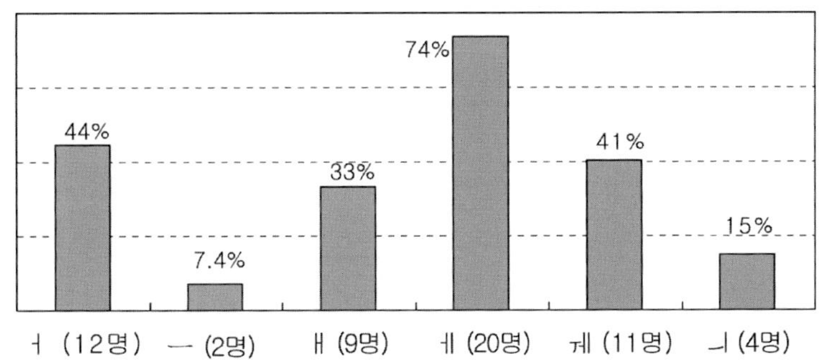

〈그림 2-1〉 모음발음 오류율

1급 학습자들이 내고 있는 모음오류를 보면 모두 6가지로서 오류가 적다고 할 수 있다. 구체적으로 볼 때 모음 ㅔ에서 오류를 보인 학

---

20) 교재에 나오는 자모 순서대로 조사하면 정확한 발음을 테스트하는 데 영향이 있다고 생각되어 자모의 순서를 뒤섞어 위의 순서에 따라 진행하였다.

생은 20명으로 전체 학생의 74%를 차지하여 가장 많았고, 다음 ㅓ의 오류는 12명으로 44%를 차지하였으며, ㅔ는 11명으로 41%, ㅐ는 9명으로 33%, ㅓ는 4명으로 15%, ㅡ는 2명으로 7.4% 순이었다.

초급학습자들의 모음오류 특징은 모음이 21개에 달하는 데 비해 오류가 단 6가지 종류이며, 오류 또한 모음 ㅓ, ㅐ, ㅔ, ㅖ 등 네 개 종류에만 집중되어 나타난 점이다.

자음발음 오류 조사결과를 <그림 2-2>에서 제시해 보면 다음과 같다.

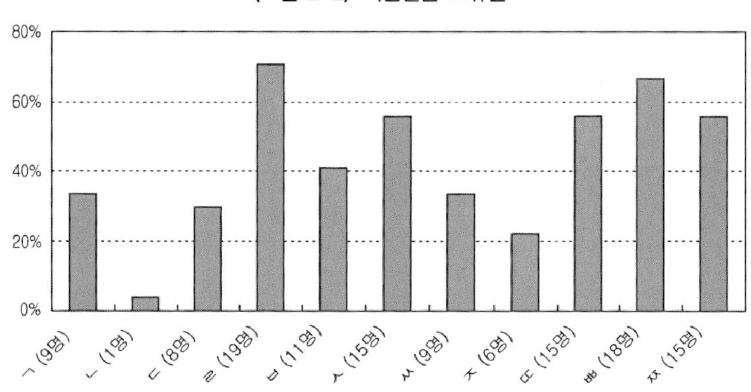
<그림 2-2> 자음발음 오류율

보다시피 학습자들은 19개 자음 중 11개나 되는 종류에서 오류를 내 모음발음보다 자음발음을 훨씬 어려워하는 것으로 집계되었다.

그중 자음 ㄹ의 오류가 19개로 전체 학생의 70%를 점하고, 자음 ㅃ는 18명으로 67%를 차지했으며, ㅅ, ㄸ, ㅉ는 각각 15명으로 55%를 점했다. 그 아래의 오류순위를 계속 배열해 보면 ㅂ가 11명, ㄱ와 ㅆ가 9명, ㄷ는 8명, ㅈ는 6명, ㄴ는 1명이다.

자음오류의 특징은 대체로 유음 ㄹ을 제외하고는 모두 평음과 경음의 오류가 주류를 이루고 있다.

학습자들이 모음과 자음에서 내고 있는 184개의 오류 가운데서 자음오류가 차지하는 오류비율은 68.5%이고, 모음오류가 점하는 오류비율은 31.5%로, 자음에서 학습자 1명이 평균 4.7개의 오류를 내고 있는 데 반해, 모음에서는 1명이 평균 2.2개의 오류를 보였다.

전체적으로 모음은 21개에서 58개의 오류를 보였으나 자음은 19개에서 126개나 되는 방대한 오류를 보여, 오류종류나 오류개수가 모음이 자음보다 훨씬 적었다.

그림으로 대조해 보면 다음과 같다.

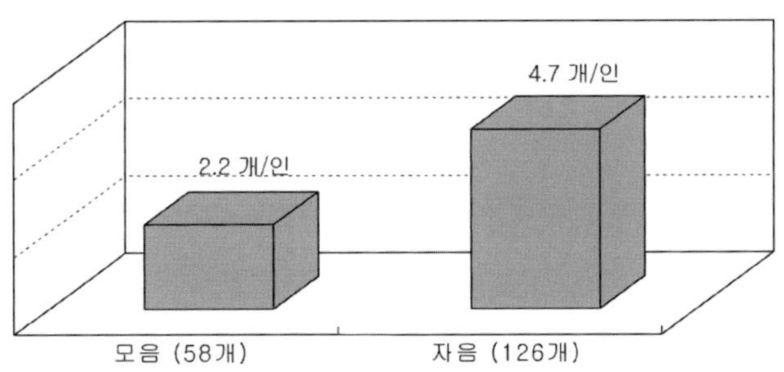

〈그림 2-3〉 자모음발음의 오류 비교

다음은 1급[21]의 어휘부분과 2급의 과목부분의 오류에 대해 함께 살펴보기로 한다.

1급에서는 발음부분의 1책에서 나오는 282개에 달하는 어휘를 전부 조사내용으로 하였고 2급에서는 2책에서 나오는 제15과의 한 개

---

21) 1급과 2급에서 처음 정한 오류 조사내용과 1차와 2차에서 추출한 오류내용을 부록에 자세히 싣는다.

단원을 전부 조사내용으로 하였다.

이상에서 선택한 조사내용을 우선 1차적으로 발음이 차한 4명 학생들을 대상으로 조사한 결과 1급에서는 도합 162개에 달하는 어휘오류를, 2급에서는 161개에 달하는 어휘오류[22]를 추출하였다.

다시 1차 오류조사에 참가했던 4명 학생들을 제외한, 전체 학생들을 대상으로 조사한 결과, 1급 2차에서는 49개[23]의 오류를 추출하고, 2급 2차에서는 213[24]개의 오류를 추출하여 초급에서 모두 262개의 오류를 집계해 냈다.

본서에서는 1급과 2급에서 최종적으로 조사해 낸 262개의 오류를 가지고 초급학습자들의 발음현황[25]에 대한 조사를 실시했다.

아래 초급단계에서 중국 학습자들이 내고 있는 오류, 즉 제2차 조사에서 추출해 낸 오류종류에 대해 분석하기로 한다.

첫 번째 오류종류인 모음 대치오류[26]를 <그림 2-4>에서 살펴보면 다음과 같다.

---

22) 실제로 1급과 2급에서 추출한 어휘오류에는 어휘와 짧은 문장까지를 포함하였다.

23) 1급 1차의 어휘부분에서 오류가 급감한 원인을 필자는 첫째, 발음이 차한 4명 학생 중 1명이 천성적인 원인으로 특별히 오류를 많이 내는 것과 둘째, 선발된 4명 학생들이 반급에서 성적이 가장 차한 원인으로 발음규칙을 잘 모르는 데 있다고 생각한다.

24) 1, 2급에서 추출한 오류 중, 어떤 오류들은 상황에 따라 한 번 내지 최고 5번까지 각기 다른 오류로 판정되어 설명되었을 때, 똑같은 어휘나 짧은 문장의 오류일지라도 한 번 이상이면 그 개수를 전체 오류개수에 더했다.
결과 1급에서는 3개의 중복오류가 나오고 2급에서는 31개의 중복 오류가 나와 2급 2차의 오류개수는 2급 1차의 오류개수보다 훨씬 많게 되었다.

25) 조사는 대학생들이 실제적으로 어려워하는 발음을 구체적으로 조사하려는 데 주된 목적이 있으므로, 1급에서는 자모조사와 함께 발음부분에서 배운 어휘전부를 조사내용으로 하고, 2급에서는 전체 교재의 거의 20%에 해당하는 한 개 단원의 내용을 전부 선택함으로써 단원과 문형연습 등 전체 내용을 포함하여 도합 20페이지 남짓한 양에 달하는 내용을 선택 조사하였다. 때문에 1급이나 2급 학습자들에게서 발생하는 보편적인 오류는 기본상 거의 반영한 것으로 짐작된다.

26) 모음은 음절을 이루는 핵으로서 자음처럼 탈락되면서 오류를 내지 않는다. 하지만 반대로 다른 모음으로 잘못 대치되어 발음되는 오류는 있다. 이때의 오류를 본서에서는 모음대치오류라고 부르기로 한다.

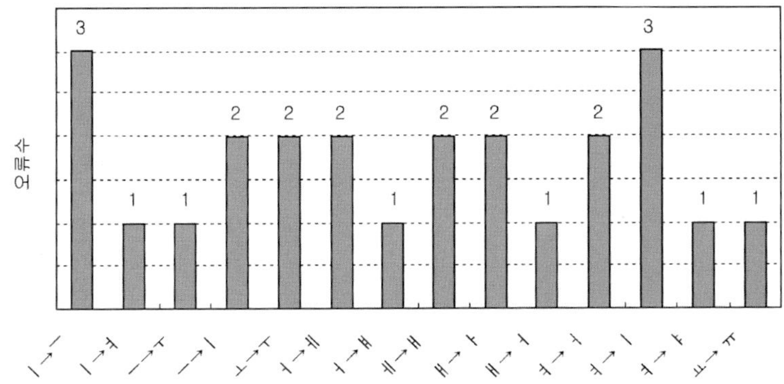

〈그림 2-4〉 모음 대치오류

　　조사결과 모음대치오류에서 발생한 오류는 총 24개로서, 그중 가장 많이 발생한 오류가 ㅣ→ㅡ, ㅕ→ㅣ로 3개이며 ㅡ→ㅣ, ㅗ→ㅜ, ㅓ→ㅔ, ㅔ→ㅐ, ㅐ→ㅏ, ㅕ→ㅓ는 2개, ㅣ→ㅕ, ㅡ→ㅜ, ㅔ→ㅖ, ㅖ→ㅐ, ㅐ→ㅓ, ㅕ→ㅑ, ㅛ→ㅠ는 각각 1개씩이다. 학습자들은 모음 ㅣ를 ㅡ로, 모음 ㅡ를 ㅣ로 발음해 가장 많은 오류를 보였다. 결과 모음대치오류비율은 초급의 총 262개 되는 전체 오류비율에 비해 9.16%되었고 그중 오류빈도가 가장 높은 ㅣ→ㅡ, ㅕ→ㅣ는 각각 3개로 전체 오류율의 1.15%를 차지했다.

　　다음 모음확장오류[27]에서 얼마만 한 오류를 내고 있는지, 구체적인 오류결과를 <표 2-1>로 살펴보면 다음과 같다.

---

27) 김정욱(2009)은 중국학습자들이 음절을 늘려서 발음하는 경우, 즉 음소를 첨가하여 발음하는 경우를 '확장'이라는 용어로 사용하였다. 본서에서도 그의 이런 새로운 용어에 동조하여 중국 학습자들에게서 나타난, 한국어 발음규칙에 없는 그런 오류를 모음확장오류라 부르기로 한다.

〈표 2-1〉 모음확장오류

규칙	표준발음	오류발음
확장	좋은[조은], 손수건[손쑤건]	좋은[조으은], 손수건[손쑤거언]
	강당에[강당에], 학생[학쌩]	강당에[강다앙에], 학생[하쌔웅]
	보여 주십시오[보여 주십시오]	보여 주십시오[보여어 주십시오]
	호텔[호텔], 광경[광경], 결석[결썩]	호텔[호우텔], 광경[광겨웅], 결석[겨러썩]

모음 확장오류에서 학습자들의 오류를 살펴보면 대체로 종성의 발음을 어려워하는 데서 오류가 발생하는 것으로 판단된다. 예를 들면 손수건과 같은 어휘는 종성 ㄴ발음을 내기 어려워 자연히 두 개의 ㅓ발음으로 확장시킨 결과이다. 학습자들은 한국어 발음 중에서 종성발음을 가장 어려워한다. 특히 종성 ㅇ발음과 ㄴ발음, 그리고 ㄹ발음과 ㄱ발음은 한국어발음에서 학습자들이 가장 골칫거리 발음이라 해도 과언이 아니다.

이 종류의 오류에서 학습자들은 8개의 오류로, 초급전체 오류의 3.05%로 되는 비교적 낮은 비율을 보였다. 하지만 발음 시 굉장히 어색하게 들리기 때문에 학습자들이 반드시 극복해야 할 부분으로, 입문단계에서 반드시 굳어진 발음으로 되기 전에 분명히 잘 배우고 넘어가야 할 부분이라고 생각된다.

초성의 마찰음 대치오류어휘에 관해 <그림 2-5>에서 살펴보면 다음과 같다.

〈그림 2-5〉 초성의 마찰음 대치오류율

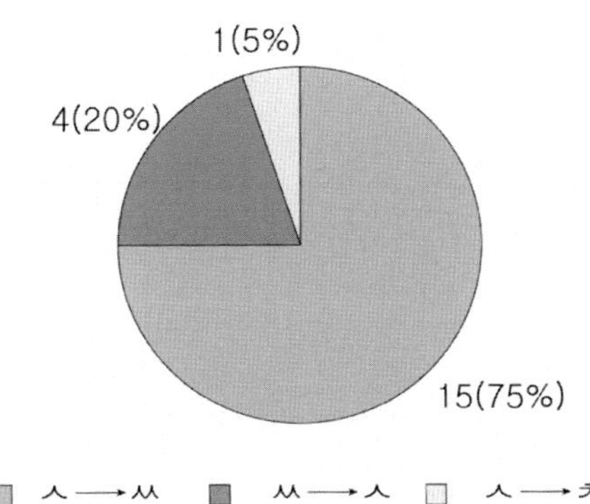

<그림 2-5>에서 보다시피 초성의 마찰음 대치오류 중 평음 ㅅ을 경음 ㅆ으로 발음하는 오류는 15개로 마찰음 대치오류의 75%를 점하고 경음 ㅆ을 평음 ㅅ으로 발음한 오류는 4개로 20%, 평음 ㅅ을 격음 ㅊ으로 발음한 오류는 1개로 5%를 차지한다.

초급 전체 오류에 비해볼 때, 마찰음 대치오류는 20개로 7.63%의 오류비율을 보였고 마찰음 대치오류 중 가장 많은 오류를 보인 평음 ㅅ을 경음 ㅆ으로 발음한 오류는 15개로 전체 오류의 5.72%나 되었다. 특히 주목되는 것은 중국 학습자들이 평소에 어려워하는 발음이 오류조사에서 그대로 반영되고 있는 점이다. 중국 학습자들은 평음 ㅅ을 배울 때면 그 시간에 순조롭게 통과되는 학생이 거의 없다. 빠르면 한 달, 심지어 반년, 혹은 1년이 지나서야 ㅅ발음을 제대로 발음하게 된다. 학습자들은 ㅅ을 흔히 경음 ㅆ나 격음 ㅊ으로 대치하여 발음함으로써 이 면에서의 오류가 특별히 많다. 이것은 중국어의 자음체계는 2계열 대립체계, 즉 평음과 격음체계밖에 가지고 있지 않으나 한국어의 자음체계는 3계열의 대립체계를 갖고 있어 그중의 한 개

체계를 다른 2가지 체계에 대입하려 하는 데서 내는 오류라고 볼 수 있다. 때문에 평음, 경음, 격음 등 대치오류에서 학습자들의 오류는 적지 않을뿐더러 굉장히 어색한 것이 특징적이다.

초성의 파찰음 대치오류에서 학습자들이 내고 있는 오류빈도를 <그림 2-6>에서 보면 다음과 같다.

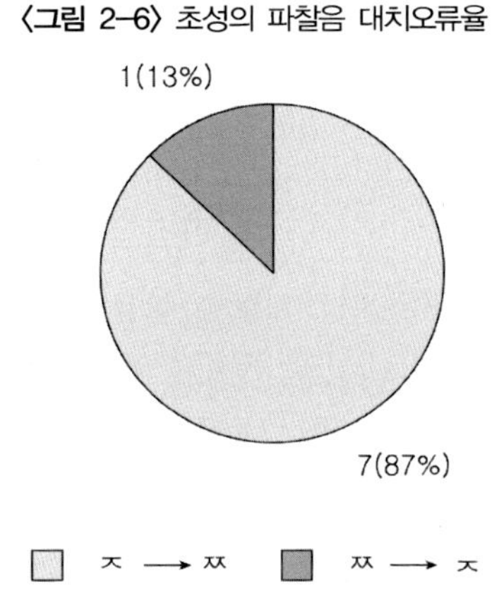

<그림 2-6> 초성의 파찰음 대치오류율

초성의 파찰음 대치오류는 총 8개로 초급 전체 오류율의 3.05%를 차지해, 낮은 분포를 보였으나 마찰음 대치오류와 같이 평음을 경음으로 발음하는 오류에서 절대적인 오류비율을 보여 파찰음 대치오류율의 87%를 점했다.

초성의 파찰음 대치오류에 이어 초성의 파열음 대치오류에서 학습자들이 내고 있는 오류를 <그림 2-7>과 <표 2-2>로 살펴보면 다음과 같다.

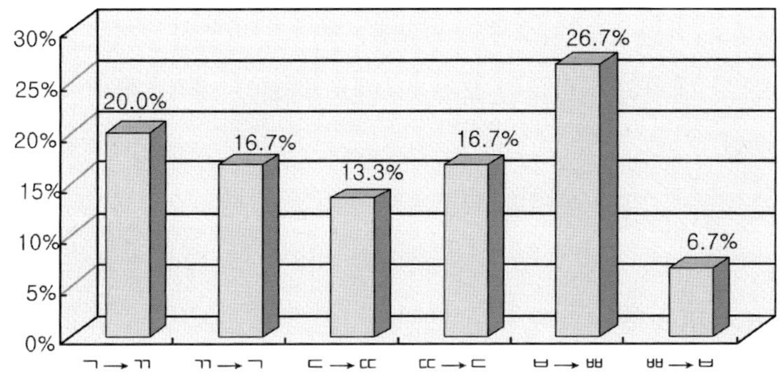

〈그림 2-7〉 초성의 파열음 대치오류율

초성의 파열음 대치오류에서는 평음 ㅂ을 경음 ㅃ으로 대치하여 발음하는 오류가 26.7%로 가장 높고, 평음 ㄱ을 경음 ㄲ으로 대치하여 발음하는 오류가 20.0%로 두 번째이며, 경음 ㄲ을 평음 ㄱ으로, 성음 ㄸ을 평음 ㄷ으로 대치하여 발음하는 오류가 각각 16.7%로 세 번째, 평음 ㄷ을 경음 ㄸ으로 대치하여 발음하는 오류가 13.3%로 네 번째이고, 경음 ㅃ을 평음 ㅂ으로 대치하여 발음하는 오류가 6.7%로 마지막이었다.

초성의 파열음 대치오류에서 보면 평음을 경음으로 대치하는 오류가 파열음 오류율의 60%를 점했고 경음을 평음으로 대치하는 오류는 40.1%를 차지했다.

초성의 파열음에서는 도합 30개의 오류로, 초급 전체 오류율의 11.45%를 차지했다. 오류상황을 살펴보면 크게 평음을 경음으로 발음하거나 경음을 평음으로 발음하는 두 가지 오류가 위주이다. 가장 높은 오류를 보이고 있는 평음을 경음으로 발음하는 경우를 살펴보면 다음과 같다. 초성의 파찰음에서는 평음 ㅈ을 경음 ㅉ으로 발음하는 오류가 절대적으로 많아 파찰음 대치오류의 87%를 차지하고, 초

성의 마찰음 대치오류에서는 평음 ㅅ을 경음 ㅆ으로 발음하는 오류
가 15개로 마찰음 대치오류의 75%를, 초성의 파열음에서는 평음 ㅂ
을 ㅃ으로 대치하여 발음한 오류가 8개로 파열음 대치오류의 26.7%를
차지했다.

학습자들이 가장 어려워하는 초성의 파찰음 대치오류와 초성의 마
찰음 대치오류, 그리고 초성의 파열음 대치오류 개수와 초급에서의
전체 오류비율을 비교해 보면 초성에서의 파열음에서 30개의 오류로
11.45%를 차지하여 가장 많았고, 초성에서의 마찰음 대치오류는 20
개로 7.36%의 오류비율을 보여 그다음 많았으며, 초성에서의 파찰음
대치오류는 총 8개로, 3.05%의 오류비율로 마지막이었다.

초성의 파열음 대치에서 구체적인 오류어휘들을 살펴보면 <표
2-2>와 같다.

〈표 2-2〉 초성의 파열음 대치오류

규정	표준발음	오류발음
평음-경음ㄱ→ㄲ	달고[달고], 갈 테니까[갈 테니까]	달고[달꼬], 갈 테니까[깔 테니까]
	그런데[그런데], 뭐가[뭐가]	그런데[끄런데], 뭐가[뭐까]
	괜찮은데요[괜차는데요]	괜찮은데요[깬찬은데요]
	가기가[가기가]	가기가[까끼가]
경음-평음ㄲ→ㄱ	오실까요[오실까요], 할까요[할까요]	오실까요[오실가요], 할까요[할가요]
	하십니까[하십니까]	하십니까[하심닝가]
	올 테니까[올 테니까]	올 테니까[올 테니가]
	깨질 것들은[깨질껄 걷뜨른]	깨질 것들은[개질 걷들은]
평음-경음ㄷ→ㄸ	강당에[강당에], 댁을[대글], 돌[돌]	강당에[가땅에], 댁을[때글], 돌[똘]
	댁으로[대그로]	댁으로[때그로]
경음-평음ㄸ→ㄷ	때문에[때무네], 어떻게[어떠케]	때문에[대문에], 어떻게[어더케]
	따뜻하다[따뜨타다], 어떤[어떤]	따뜻하다[다듣하다], 어떤[어던]
	어때요[어때요]	어때요[어대요]

	발로[발로], 백화점[백콰점]	발로[빨로], 백화점[빼콰쩜]
평음-경음ㅂ→ㅃ	손발[손발], 바빠요[바빠요]	손발[손빨], 바빠요[빠바요]
	바지[바지], 병이나[병이나]	바지[빠찌], 병이나[뼝이나]
	박 선생이[박 썬생이]	박 선생이[빠 썬쌩이]
	한 다발에[한 다발에]	한 다발에[한 따빨에]
경음-평음ㅃ→ㅂ	바쁘세요[바쁘세요]	바쁘세요[바브세요]
	바쁘신[바쁘신]	바쁘신[바브신]

학습자들은 또 어중에 ㄹ이 올 경우 유음, 즉 설전음을 설측음으로 발음하는 경우에 적지 않은 오류를 보이고 있는 것으로, 그 오류비율이 높을 뿐만 아니라 발음에서 심각할 정도로 어색했다.

설전음을 설측음으로 발음하는 오류를 <표 2-3>에서 살펴보면 다음과 같다.

〈표 2-3〉 설전음을 설측음으로 발음하는 오류

규칙	표준발음(탄설음ㄹ) (탄설음ㄹ→국제 음성 기호[r])	오류 발음(설전음ㄹ) (설전음ㄹ→국제 음성 기호[l])
초성에서 모음과 결합된 탄설음이지만 설측음으로 발음하는 경우	소리[소리], 지르는[지르는]	소리[소리], 지르는[지르는]
	오른쪽[오른쪽], 길이[기리]	오른쪽[오른쪽], 길이[기리]
	포도철이[포도처리], 요리[요리]	포도철이[포도처리], 요리[요리]
	이런[이런], 어려운[어려운]	이런[이런], 어려운[어려운]
	그런데[그런데], 오리[오리]	그런데[그런데], 오리[오리]
	드리지요[드리지요], 사람[사람]	드리지요[드리지요], 사람[싸람]
	댁으로[대그로], 유리[유리]	댁으로[대그로], 유리[유리]
	옳은 것[오른 걷], 다리[다리]	옳은 것[오른 걷], 다리[다리]
	것들은[걷뜨른], 걸려요[걸려요]	것들은[걷뜨른], 걸려요[거려요]
	몇 살이나[멷 싸리나]	몇 살이나[며 사리나]
	오래간만에[오래간마네]	오래간만에[올래간만에]
	설악산[서락싼], 머리[머리]	설악산[써락싼], 머리[머리]

르발음에서 설전음을 설측음으로 발음하는 오류어휘는 도합 22개로 초급 전체 오류율의 8.40%를 차지했다. 예를 들면 발음 '우리[uri]'를 '[uli]'와 같이 발음하는 오류들이다. 초급에서 학습자들은 르의 설전음 발음에서 많은 오류를 내면서도 자신이 왜 틀리게 발음했는지, 또 왜 틀렸는지를 모르고 있어 안타까웠다. 우선은 틀린 발음에 대해 그 원인을 똑똑히 알고 있어야 오류를 수정할 수 있는 것으로, 이런 발음 오류는 입문에서부터 주의를 돌리고 꾸준히 강조되어야 할 중요한 부분이라고 생각된다.

설전음을 설측음으로 발음하는 오류어휘에 이어 초급에서 가장 많은 오류를 내고 있는 음운변화발음에 대하여 살펴보면 다음과 같다. 음운변화는 학습자들이 초급단계에서 가장 어려워하는 오류 중의 하나로, 도합 79개의 오류로, 초급전체 오류의 30.15%를 점했다.

<그림 2-8>에서 보다시피 음운변화오류 가운에서 학습자들이 실제로 어려워하는 발음오류를 보면 경음화가 41.8%로 오류비율이 가장 높았고, 비음화가 25.3%로 두 번째로 높았으며, 연음화는 15.2%로 세 번째, 르첨가가 10.1%로 네 번째, 격음화가 5.1%로 다섯 번째, 구개음화가 3.8%로 가장 낮았다.

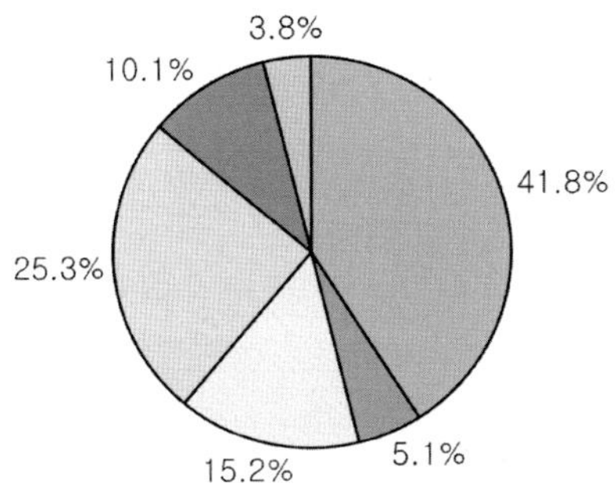

<그림 2-8> 음운변동 발음 오류율

<표 2-4> 음운변화 발음 오류

규칙	표준발음	오류발음
경음화	음식점[음시쩜], 없으니까[업쓰니까]	음식점[음식점], 없으니까[업쓰니가]
	극장[극짱], 육교[육꾜]	극장[극장], 육교[육교]
	찍고[찍꼬], 다섯 개[다섣 깨]	찍고[찌고], 다섯 개[다섣 개]
	웃습니다[욷씀니다]	웃습니다[우슴니다]
	잘못된[잘몯뙨], 끊어졌군요[끄너젿꾼요]	잘못된[잘모된], 끊어졌군요[끄너져군요]
	깨질 것들은[깨질 걷뜨른]	깨질 것들은[개질 걷드른]
	다섯 잔[다섣 짠], 손수건[손 쑤건]	다섯 잔[다섣 잔], 손수건[쏜수건]
	복잡할테니까[복짭팔테니까]	복잡할테니까[보잡할테니가]
	신고[신꼬], 몇병이나[면뼝이나]	신고[신고], 몇병이나[면병이나]
	보여주십시오[보여주십씨오]	보여주십시오[보여어주십시오]
	알겠습니다[알겓씀니다]	알겠습니다[알겐습니다]
	그쪽 길이[그쪽 끼리], 발동[발똥]	그쪽 길이[끄조 기리], 발동[발동]
	미끄럽겠네요[미끄럽껜네요]	미끄럽겠네요[미끄럽겐네요]
	몫몫이[몽목씨], 밭갈이[받까리]	몫몫이[목목시], 밭갈이[받가리]
	하십니까[하심니까], 절도[절또]	하십니까[하심닝가], 절도[절도]
	아름답다[아름답따], 물질[물찔]	아름답다[아름답다], 물질[물질]
	몇 살이냐[면 싸리냐], 일시[일씨]	몇 살이냐[며 사리냐], 일시[일시]
	오실가요[오실까요]	오실가요[오실가요]
경음화	들르실 수[들르실 쑤]	들르실 수[들르실 수]
	읽습니다[익씀니다]	읽습니다[익습니다]
	앉다[안따], 할까요[할까요]	앉다[안다], 할까요[할가요]

격음화	백화점[배콰점], 어떻게[어떠케]	백화점[빼꽈점], 어떻게[어떠게]
	따뜻하다[따뜨타다], 복잡할테니까[복짜팔테니까]	따뜻하다[따뜨하다], 복잡할테니까[보짭할테니까]
연음화	한 다발에[한 다바레], 밖이[바끼]	한 다발에[한 따발에], 밖이[바기]
	1000원씩이에요[처눤씨기에요]	1000원씩이에요[천원씩이에요]
	6000원씩[육처눤씩], 설악산[서락싼]	6000원씩[육천원씩], 설악산[설악싼]
	사원을[사워늘], 들으세요[드르세요]	사원을[싸원을], 들으세요[들으세요]
	알아볼까요[아라볼까요]	알아볼까요[알아볼까요]
	목욕을[모교글], 현금을[현그믈]	모욕을[모욕을], 현금을[혀금을]
	500원입니다[오배궈님니다]	500원입니다[오백원입니다]
	읽어요[일거요]	읽어요[일꺼요]
비음화	옛말[옌말], 국물[궁물], 깎는[깡는]	옛말[옏말], 국물[국물], 깎는[깎는]
	앞마당[암마당], 몫몫이[몽목씨]	앞마당[앞마당], 몫몫이[목목씨]
	닫는[단는], 쫓는[쫀는], 붙는[분는]	닫는[닫는], 쫓는[쫃는], 붙는[붇는]
	침략[침냑], 대통령[대통녕]	침략[침략], 대통령[대통령]
	꽃잎[꼰닙], 늑막염[능망념]	꽃잎[꼳닙], 늑막염[늑마겸]
	백리[뱅니], 협력[혐녁], 십리[심니]	백리[백리], 협력[혐력], 십리[심리]
	막론[망논], 흑룡[흥뇽], 익명[잉명]	막론[막론], 흑룡[흑룡], 익명[익명]
	꽃망울[꼰망울], 밟는[밤는]	꽃망울[꼳망울], 밟는[발는]
ㄹ첨가	알아볼까요[아라볼까요], 이런[이런]	알아볼까요[알라볼까요], 이런[일런]
	들으세요[드르세요], 일인분[이린분]	들으세요[들르세요], 일인분[일린분]
	일했습니까[이랟습니까], 올해[오래]	일했습니까[일랬습니까], 올해[올래]
	미끄러울테니까[미끄러울테니까]	미끄러울테니까[미글러울테니까]
구개 음화	굳이[구지], 밭이[바치]	굳이[구디], 밭이[바티]
	벼훑이[벼훌치]	벼훑이[벼훌티]

학습자들은 인식조사에서 음운변동부분을 가장 어렵다고 지적했고 또 오류조사에서도 가장 많은 오류를 기록해 도합 79개로, 초급 전체 오류의 30.15%를 점했다. 조사과정에 어떤 학생들은 맞게 읽었다가 다시 틀리게 읽는 폐단이 적지 않았다. 아마도 음운변화에 대한 지식이 공고하지 못한 까닭이라고 판단된다.

　다음 종성의 폐쇄음 탈락 오류에서도 학습자들은 적지 않은 오류를 보인 것으로, 그 조사결과를 <그림 2-9>와 <표 2-5>에서 제시하면 아래와 같다.

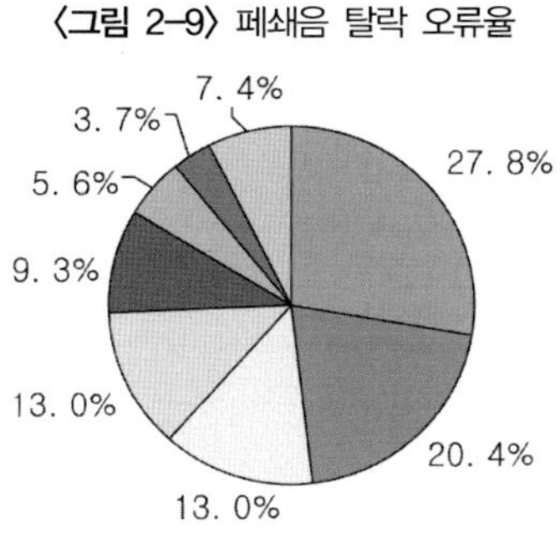

<그림 2-9> 폐쇄음 탈락 오류율

　학습자들이 내고 있는 종성에서의 폐쇄음 탈락오류는 총 54개로, 초급전체 오류율의 20.61%에 달해 음운변화 다음으로 많은 오류율을 보였다. 오류 빈도를 높은 데서 낮은 순위로 살펴보면 ㄹ탈락은 15개, ㄱ탈락은 11개, ㅇ와 ㄴ탈락은 각각 7개, ㅊ탈락은 5개, ㅆ탈락은 3개, ㅎ탈락은 2개에 달했고 ㅂ, ㅈ, ㅅ, ㄲ탈락은 각각 1개였다.

　학습자들은 받침 ㄹ이나 ㄱ, 그리고 ㅇ과 ㄴ의 발음에서 오류를 가장 많이 내, 받침발음을 크게 어려워하는 것으로 집계되었다.

　종성의 폐쇄음 탈락 오류의 특징이라면 ㄹ탈락과 ㄱ탈락이 20%의 비율을 넘은 외 기타의 오류율은 3.7%와 13%사이에서 비교적 비슷한 오류분포를 보였다.

　학습자들이 내고 있는 종성의 폐쇄음 탈락 오류 어휘에 대해 구체적으로 살펴보면 다음과 같다.

<표 2-5> 종성의 폐쇄음 탈락 오류

규칙(탈락)	표준발음	탈락 오류 유형
ㅊ→∅	이 꽃[이 끋], 몇 병이나[면 뼝이나]	이 꽃[이 꼬], 몇 병이나[며 빙이나]
	몇 명[면 명], 몇 살이나[면 싸리나]	몇 명[며 명], 몇 살이나[며 사리나]
	몇 칠[면 칠]	몇 칠[며 칠]
ㅈ→∅	맞추면서[맏추면서]	맞추면서[마추면서]
ㄱ→∅	백화점[배콰점], 그쪽[그쪽]	백화점[빼콰점], 그쪽[그쪼]
	복잡할테니까[복짜팔테니까]	복잡할테니까[보짬할테니까]
	학교[학꾜], 넉 잔이나[넉 짜니나]	학교[하교], 넉 잔이나[너 짜니나]
	식당[식땅], 손뼉을[손뼈글]	식당[씨땅], 손벽[쏜뼈]
	작다[작따], 가족[가족]	작다[자따], 가족[가쪼]
	박 선생이[박 썬생이], 학생[학쌩]	박 선생이[빠 썬생이], 학생[하쌩]
ㄴ→∅	손벽을[손뼈글], 다섯 잔[다섣 짠]	손벽을[쏘뼈글], 다섯 잔[다섣 짜]
	운전[운전], 현금을[현그믈]	운전[운저], 현금을[혀금을]
	편찮으셔서[편차느셔서], 괜찮은[괜차는]	편찮으셔서[펴차느셔서], 괜찮은[괘차는]
	오래간만에[오래간마네]	오래간만에[오래가마네]
ㄹ→∅	날리다[날리다], 달리다[달리다]	날리다[나리다], 달리다[다리다]
	월급[월급], 들다[들다]	월급[워꿉], 들다[드다]
	발로[발로], 들르실 수[들르실 쑤]	발로[바로], 들르실 수[드르실 수]
	열 장이나[열 짱이나], 열 시[열씨]	열 장이나[여 짱이나], 열 시[여어 씨]
	될지[될찌], 영철[영철], 굴러[굴러]	될지[되찌], 영철[여처], 굴러[꾸러]
	걸려요[걸려요], 밀려서[밀려서]	걸려요[거려요], 밀려서[미려서]
	드릴까요[드릴까요], 결석[결썩]	드릴까요[드리까요], 결석[겨썩]
ㅂ→∅	십뿐[십뿐]	십뿐[시뿐]
ㅇ→∅	통에[통에], 한 장에[한 장에]	통에[토에], 한 장에[한 자에]
	설악산 행은[서락싼 행은]	설악산 행은[설악산 해은]
	영철[영철], 풍경들이[풍경들이]	영철[여철], 풍경들이[푸경들이]
	빵으로[빵으로], 강당에[강당에]	빵으로[빠으로], 강당에[가땅에]
ㅅ→∅	싯다[싣따]	싯다[시따]
ㅆ→∅	갔다[갇따], 탔다[탇따]	갔다[가따], 탔다[타따]
	비싸졌습니다[비싸젿씀니다]	비싸졌습니다[비싸지습니다]
ㄲ→∅	밖이[바끼]	밖이[빠끼]
ㅎ→∅	좋소[졷쏘], 낳다[나타]	좋소[조소], 낳다[나따]

계속하여 종성 대치오류를 <표 2-6>에서 살펴본다. 보다시피 종성 대치오류는 전체 오류에 비해 오류율이 비교적 낮다.

<표 2-6> 종성의 대치오류

종성(규칙)	표준발음	대치오류 발음
ㄱ→ㄴ	색깔이[색까리]	색깔이[샌깔이]
ㄷ→ㄹ	받다[받따]	받다[발따]
ㄱ→ㅇ	한국[한국]	한국[한궁]
ㅇ→ㄴ	영수[영수], 생선[생선]	영수[연수], 생선[샌썬]
	용돈을[용또늘]	용돈을[욘돈을, 윤똔을]
ㄹ→ㅇ	열심히[열씨미], 열 시간[열 씨간]	열심히[영심히], 열 시간[영 시간]
ㅇ→ㄹ	영어[영어]	영어[열어]
ㄴ→ㅇ	맞추면서[맏추면서]	맞추면서[맞추밍서]
	웃으면서[우스면서]	웃으면서[우스명서]

종성의 대치오류는 종성에서의 탈락오류보다 현저하게 적어 도합 11개의 오류로, 초급전체 오류율의 4.20%를 차지했다. 그중 가장 많은 오류라 할지라도 받침 ㅇ을 ㄴ으로 대치하는 오류로 3개이며, 두 번째로 많은 오류는 받침 ㄴ을 ㅇ으로 대치하는 오류로 두 개, 나머지는 모두 1개씩이다.

그리고 겹받침 줄이기에서는 <표 2-7>과 같이 오류가 총 6개로 1.94%의 오류율을 내 초급에서 가장 적은 것으로 나왔다.

<표 2-7> 겹받침 잘못 줄이기 오류

종성(규칙)	표준발음	대치오류 발음
겹받침 줄이기	읊는[음는], 넓다[널따]	읊는[을는], 넓다[넙따]
	얇다[얄따], 넓죽[넙쭉]	얇다[얍따], 넓죽[널쭉]
	읊조리다[읍쪼리다], 닭장[닥짱]	읊조리다[을조리다], 닭장[달장]

총체적으로 초급에서 내고 있는 오류는 종류나 내용상에서 적지
않은바, 순위별로 종합해 보면 <그림 2-10>과 같다.

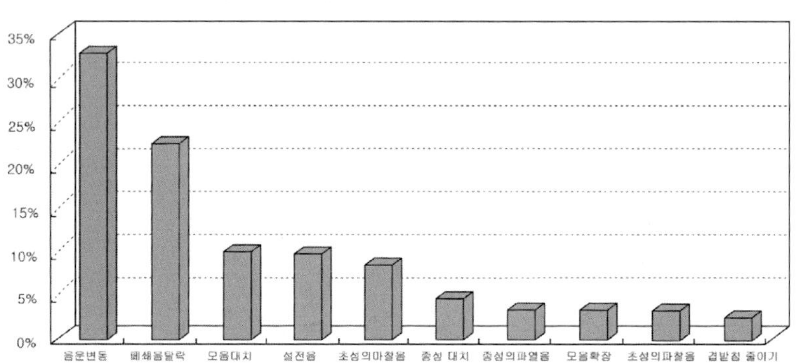

<그림 2-10> 초급에서의 발음 오류양상

초급에서의 여러 오류 종류들을 그 순위별로 살펴보면 우선 음운
변화의 오류가 총 79개로, 30.15%의 오류율을 보였고, 종성폐쇄음은
총 54개의 오류로 20.61%의 오류율을 내 음운변화 다음으로 많았다.
순위별로 계속해 보면 초성에서의 파열음은 30개의 오류로, 11.45%
를 차지하였고, 모음대치오류는 총 24개로 9.16%, ㄹ의 설전음을 설
측음으로 발음하는 오류는 총 23개의 오류로 8.40%, 초성에서의 마찰
음 대치오류는 20개로 7.63%, 종성 대치오류에서는 11개로 4.20%, 초
성에서의 파찰음 대치오류는 총 8개로 3.05%, 모음 확장 오류는 8개
로 3.05%, 겹받침을 잘못 줄이기 오류는 총 6개로 1.94%의 오류 비율
을 보였다.

지금까지 대학생들이 한국어 초급단계인 1급과 2급에서 내고 있는
자모부분과 어휘부분, 그리고 단원부분의 오류에 대해 비교적 구체적

이면서도 객관적인 측면에서 조사해 보았다.

우선 초급단계에서 학습자들의 자모발음을 살펴보면 모음에서는 오류가 비교적 적었으나 자음에서는 현저하게 많아 모음보다 자음을 훨씬 더 어려워하는 것으로 집계됐다. 자모단계의 오류특징은 모국어의 비슷한 발음을 대치하거나, 유사하게 얼버무려 틀리게 발음하는 경우가 많다.

먼저 모음부분에서 학습자들의 오류양상을 보면 초급단계에서는 21개 모음에서 58개의 오류를 보였으나 자음오류는 19개에서 126개나 되는 오류를 보였다.

학습자들이 내고 있는 자모의 오류수를 평균해 보았더니 모음은 한 명당 2.2개가 되었고, 자음은 4.7개가 되었다.

한국어 자모는 언어구사의 기초이며, 발음 교육에서 음절을 구성하는 핵심으로서, 초기에 정확하고도 바르게 배우지 못하게 되면 어휘나 문장, 그보다 발음규칙이 제시되는 단계에서 더 어렵게 된다.

어휘부분에서도 음운변화오류, 폐쇄음 탈락오류, 초성의 파열음 대치오류, 모음대치오류, 설전음을 설측음으로 대치하는 오류, 초성의 마찰음 대치오류, 종성의 대치오류, 모음확장오류, 초성의 파찰음 대치오류, 겹받침을 잘못 줄이기 오류 등 10개 부분에서 총 262개의 오류가 추출돼 평균 9.7개 되는 방대한 오류량을 보였다.

전체적으로 빈출된 오류상황을 종합해 보면 그 유형과 양상이 매우 다양하고 수량도 방대한바 음운변화에서와 초성에서의 파열음의 대치현상, 그리고 종성에서의 폐쇄음 탈락현상과 설전음 르을 설측음 르으로 발음하는 등의 오류현상들이 특별히 많았다. 즉 음운변화를 잘 몰라서 내는 오류나 평음·경음·격음 발음을 혼동하여 내는 오류, 그리고 어중에서 ㄹ의 설전음 발음을 어말의 설측음으로 잘못 발음하여 내는 오류, 종성에서의 ㄹ, ㅇ, ㄱ을 정확하게 발음하지 못하는 등의 오류가 상상외로 많았다.

학습자들이 오류를 내는 원인은 한 가지 원인으로 설명할 수 없을 만큼 많은 원인이 있는 건 사실이다. 특히 음운변화 같은 경우, 한국어에는 음절과 음절 사이에서 음운변화가 잘 일어나지만 중국어는 성조의 변화[28]나 얼화음변(兒化音變)[29] 등을 제외하고 음운변화가 잘 일어나지 않는다. 즉 대부분의 한자어는 하나의 형태소이며 하나의 음절로 되어 있어 음절마다 완전한 뜻을 가지고 있고, 또한 그런 완전한 뜻을 표현하기 위해서라도 음운변화가 잘 일어나지 않는다. 때문에 중국인 학습자들은 음절 하나를 발음해도 하나하나씩 끊어 발음하려 하며 음절 사이에 일어나는 연음화 현상이나 자음 동화, 그리고 구개음화와 같은 한국어의 발음변화규칙을 굉장히 어렵다고 한다. 하지만 음운변화나 겹받침 줄이기와 같이 복잡하면서 혼동하기 쉬운 변화발음은 규율성이 있고 규칙성이 강해, 좋은 교재와 훌륭한 교사만 있으면 얼마든지 극복할 수 있는 부분이다.

우선 교재에서, 학습자들이 이해하기 쉽게 자세히 설명한다거나 학습 대상자에 맞는 적당한 양과 적당한 위치제시를 한다면 학습자들이 자가 학습을 통해서라도 얼마든지 잘할 수 있는 부분이다. 동시

---

28) 성조의 변화란 성조와 성조가 잇달아 발음되면서 본래의 음조가 달라지는 어음현상을 말한다. 성조의 변화는 두 가지 상황이 있는데 하나는 음과 음이 연결되면서 상호 영향을 주어 발생하는 변화이고 다른 하나는 말할 때의 어투가 다르고 감정이 달라서 발생하는 변화를 말한다.
羅常培, 王均編著 《普通語音學綱要》, 1981, 北京商務, p.151 참조.

29) 중국의 북경, 동북, 사천, 남경 등지의 방언에서는 일종의 권설음이 음절에 첨가되어 권설음을 만드는 데 이때의 권설음을 兒化韻이라고 하며 이러한 변화를 兒化현상이라고 한다. 즉 "얼화음"이란 곧 발음의 끝 부분에서 혀가 우로 말려 혀끝이 입천장에 붙으면서 나는 소리를 말한다. 예를 들면 "happy new year"를 "해피뉴여"로 읽지 않고 "해피뉴열"로 읽을 때의 그 마지막 [~r]의 발음을 말한다.

에 교재 말고라도 교사의 설득력 있는 해석과 설명으로도 오류를 얼마든지 줄일 수 있는 부분이기에 보다 과학적이고도 체계적인 구성 방법으로 된 교재 개발이나 또한 발음을 직접 가르치고 있는 교사의 자질문제와 교수법 탐구가 지속적으로 요청된다. 때문에 제3장에서는 이 부분을 학습자들의 발음오류 원인의 주된 문제점으로 삼고 교재와 교사문제에 대해 집중적으로 분석, 검토해 보고자 한다.

한국어 발음교재[30] 3장

교재는 학습자에게는 학습 내용과 학습 방법, 학습의 동기를 부여해 주고, 교사에게는 교수내용과 교수방법, 교수목표를 결정하게 하며, 나아가 교육철학과 교육과정 등 교육 전체를 변화·고정시키는 중요한 요소로 작용한다.[31] 즉 교재는 학생들에게 무엇을 어떻게 가르쳐야 할지에 대한 깊은 내용을 담음으로써 교사들에게는 교수학습의 목표와 방향을 제시해 주고, 학생들에게는 보다 쉽게 배우고 이해할 수 있는 지침서 역할을 한다.

한국어 교육에서 교재의 역할은 아무리 강조해도 지나치지 않을 것이다. 교재가 교수법을 좌우하기도 하고, 학습자들의 학습 흥미를 유발하기도 한다. 특히 교재 개발이 미숙한 현시점에서 좋은 교재의 개발은 한국어 교육 전체의 중요한 고리이기도 하다.[32] 이런 의미에서 교재가 가지는 중요성은 그 어디에도 비할 수 없는 것으로서, 교육의 내용과 방법까지 보여 주며 교육의 질을 결정하는 척도라고도

---

30) 중국대학에서 한국어 발음 교육은 전문으로 나온 발음교재가 없이 입문단계에서 보통 통합이나, 화화, 듣기와 같은 교재에 의해 이루어지고 있다. 그중에서 회화나 듣기교재에서는 발음교육에 대해 아주 간단히 취급하고 있으나 통합교재에서는 한 개의 큰 내용으로 다루는 게 일반이다. 본서에서는 아래 분석의 편리를 위해 한국어 발음 교육을 주로 담당하고 있는 통합교재를 발음교재라고 명칭하기로 한다.

31) 김중섭, 「한국어 교재론」, 한글학교 교사 연수용 교재, p.291.

32) 노금송, 「초급 한국어 교재 분석과 교재 개발」, 한국(조선)어 교육 연구, 2004, 제2호, p.320.

할 수 있다.

1992년 한중 수교를 계기로 중국에서의 한국어교육은 급속한 발전을 가져왔다. 수교 전 까지만 해도 5개 대학에만 한국어학과가 있던 것이 지금은 250(권혁률, 2010)여 개소나 되는 대학교, 전문학교에서 한국어학과를 설치하였다. 불과 18년 사이에 이렇듯 빠른 성장을 했다는 것은 어찌 보면 한국어교육의 비약적인 발전의 징표로서 괄목할 만한 성과이나 반면에 적지 않는 문제점 또한 지적하지 않을 수 없다.

현재 중국의 한국어교육은 한국어교재 그대로 번역해 쓰거나 자체로 자료를 얻어 가며 쓰던 역사에 종지부를 찍고 지금은 중국 실정에 맞는 교재들을 적지 않게 자체로 편찬해 쓰고 있다.

교재 개발은 듣기, 읽기, 쓰기와 같은 기초적인 분야로부터 신문, 번역, 무역, 문법 등 다양한 전업분야에 이르기까지 눈부신 발전을 가져왔다. 하지만 유감스러운 것은 한국어교육의 시발점이자 종착역이라고 할 수 있는 한국어 발음 교육에서 아직까지 발음전문교재가 나오지 못하고 있다는 사실이다.

백소영(2010)은 최근의 한국어 교육 연구에서 효과적인 발음 교육을 위해 다른 언어기능과는 별도의 발음을 위한 독립된 교육이 이루어져야 하고, 교재에 있어서도 통합 교재와는 독립된 발음 교재가 있어야 한다는 김정숙(1992) 외 여러 의견들에 동조하면서 외국어 학습에서 발음의 정확성은 언어를 배우는 데 있어 무엇보다 중요한 일인바, 발음의 정확성이 담보되지 않으면 모국어 화자와의 의사소통에서도 제한을 받는다[33]고 하였다. 물론 전문으로 된 발음교재를 사용하

---

33) 백소영, 「한국어 통합 교재를 통한 발음 교육 고찰」, 『시학과 언어학』 제18호, 시학과 언어학회, 2010. 2. pp.119~120 참조.

거나 독립된 발음 교육을 하게 되면 소홀하기 쉬운 발음 교육을 집중적으로 다룰 수 있는 동시에 또 음운론적 면에서 전문지식을 소유한 교사가 학습자의 상황에 근거하여 전략적인 교육 방안을 마련할 수 있다. 뿐만 아니라 제때에 문제점을 파악하고 학습자들의 눈높이에 맞춰 거기에 알맞은 처치를 할 수 있어 대단히 고무적이다. 하지만 현재로 중국 대학에서의 발음 교육은 발음전문교재도 따로 없이 통합교재를 통해 이루어지기 때문에 교재내용 역시 어떤 교재에서는 아주 간단하게, 또 어떤 교재에서는 지나치게 자세히 다루어지고 있다. 그나마 통합교재에 제시된 발음 교육내용도 교재마다 달라 국가의 통일적인 입시를 거쳐 대학에 들어온 학생들일지라도 사용하는 교재에 따라 내용상 많은 실력 치이가 나는 것이 실제 문제로 제기된다. 때문에 중국의 많은 대학들에서는 아직까지도 발음 교육이 제시된 통합교재 사용에서 만족을 느끼지 못하고 있으며 필자가 소속한 대학에서도 3종류의 교재를 바꿔 쓴 경험이 있음에도 불구하고 지금까지 발음 부분이 이상적인 교재는 별로 없다고 생각하고 있는 실정이다.[34]

---

34) 1. 통합교재를 바꾸는 데는 물론 여러 가지 원인이 있는 것으로, 단지 발음 교육문제 때문 만 이 아닌 경우도 있다. 그것은 통합교재가 쓰기나 읽기, 그리고 어휘나 문법, 번역을 종합적으로 가르치는 것을 전제로 하기 때문에 그만큼 여러 면에서 교재에 대한 요구가 높기 마련이다. 필자가 소속한 대학에서는 2004년부터 지금에 이르기까지 북경대학 출판사에서 출판한 『표준 한국어』를 사용하다가 연변대학출판사에서 출판한 『초급 한국어』를 사용했으며 현재는 연세대학교 한국어학당에서 편찬하고 세계도서출판사에서 출판한 『한국어 교정』을 사용하고 있다. 현재로 이미 세 편의 교재를 바꿔 사용했지만 발음 부분이나 기타 여러 내용에서 그리 이상적이지 못한 것으로 판단하고 있는 상황이다.
2. 중국에서 출판된 통합교재를 살펴보면 4년제 대학교육과정을 위해 출판된 교재와 3년제 전과교육과정을 대상으로 나온 교재가 있다. 4년제 대학과정을 위해 나온 통합교재는 1책부터 6책까지, 본과교육과정에 대비하여 출판된 것이고 1책부터 4책까지 나온 통합교재는 3년제 전과교육과정에 맞춰 출판된 교재들이다. 본과교육을 대상으로 나온 통합교재는 위에서 소개한 4부의 교재 외에도, 강은국 주필로 된 상해교통대학 출판사에서 출판한 『초급 한국어』, 그리고 김중섭 등이 편찬하고 외연사에서 출판한 『신표준 한국어』와 한국 서강대학교 한국어교육원에서 편집하고 외연사에서 출판한 『한국어 기초교정』 등 정독교재가 있으나 중국 대학에서 일반적으로 많이 사용하고 있는 교재나 또는 6권까지 이미 나와 있는 교재에 한해서만 분석검토하기로 한다.

그렇다면 중국 현장에서 쓰이고 있는 한국어 발음교재에는 어떤 것들이 있고, 현지에서 주로 쓰이고 있는 발음교재는 어떤 것들이며, 발음내용과 체계성 면에서 학습자들의 언어 학습에 어느 정도 적합하게 편찬되었는지, 4년제 일반대학을 대상으로 나온 발음교재를 중심으로 알아본다.

우선 4년제 본과교육을 대상으로 나온 발음교재 중, 지금 현지에서 가장 많이 사용하고 있는 교재[35]로는 4종의 교재를 들 수 있다. 첫째는 연변대학출판사에서 출판한 『초급 한국어 상』과 둘째는 세계도서출판사에서 출판한 『한국어 교정 1』, 셋째는 북경대학 출판사에서 출판한 『대학 한국어 1』과 마지막으로 흑룡강 조선민족출판사에서 출판한 『기초 한국어 1』[36]이다.

본서는 일반대학 발음교재를 중심으로 분석하기 때문에 현재 1권부터 6권까지 이미 나온 교재 가운데서 발음 부분의 내용을 담고 있는 첫 1권에 한해 그들의 공통점과 차이점, 그리고 문제점에 대해 집중적으로 살펴본다.

먼저 4종 교재에 대해 표로 소개하면 다음과 같다.

---

35) 여기서 지적해 둘 점은 비록 본과 혹은 전과의 교과체계에 따라 교재가 집필, 출판되고 있지만 각 대학들마다 자기 적성에 맞는 교재를 자체로 선택하여 사용하다 보니 본과대학에서 전과용 교재를 사용하는 경우도 적지 않고 또 전과대학에서 본과교재를 사용하는 경우도 가끔 있다.

36) 본서에서는 교재분석의 편리를 위해 순서상 교재를 아래와 같이 간략히 적는다.
  'A' 교재: 『초급 한국어 상』, 최희수, 연변대학출판사, 2007. 10.
  'B' 교재: 『한국어 교정 1』, 연세대학한국어학당 집필, 세계도서출판사 출판, 2007. 3.
  'C' 교재: 『대학 한국어 1』, 우림걸, 북경대학출판사, 2009. 8.
  'D' 교재: 『기초 한국어 상』, 김영수, 흑룡강조선민족출판사, 2007. 8.

〈표 3-1〉 일반대학에서 사용되고 있는 통합교재 유형

교재명칭	작자	출판사	출판 연도	비고
『초급 한국어 상』	최희수 주필	연변대학출판사	2007. 10. 제3판 5차 인쇄	
『한국어 교정 1』	연세대학 한국어학당	세계도서출판사 출판	2010. 9. 11차 인쇄	장광군 등 번역
『대학 한국어 1』	우림걸 주필	북경대학출판사	2010. 3. 제2판 2차 인쇄	일반대학교 "제11차 5 개년 계획"에 든 국가 급 교재
『기초 한국어 상』	김영수 주필	흑룡강조선민족 출판사	2007. 8. 제1판 4차 인쇄	

이상 4종 교재의 출판연도를 보면 알 수 있지만 모두 한국어교육의 제2단계, 즉 한국어 교육이 급부상하면서 교재개발이 집중적으로 이루어진 시기[37]에 출판되있다. 4종 교재 가운데서 『초급 한국어 상』은 2007년 10월에 제3판으로 나온 후 이미 5차 인쇄하였고, 『한국어 교정 1』은 2007년 1월에 출판되어 11차 인쇄하였으며, 『대학 한국어 1』은 2010년 3월에 제2판으로 2차 인쇄하였고, 『기초 한국어 상』은 2007년 8월에 제1판으로 4차 인쇄하였다.

통합교재 중에서 차지하는 4종 교재의 발음내용 분량에 대해 살펴보면 <표 3-2>와 같다.

---

37) 중국에서 한국어 교육단계를 나눔에 있어 연구자들마다 다소 차이가 있으나 본서에서는 대체적으로 1992년 한중 수교를 기준으로 나누는 것을 참조한다. 서론에서 제기되었지만 제1단계는 1946년, 최초로 남경에서 동방 외국어 학원에 소속된 한국어학과의 설립으로부터 20세기 80년대 말, 즉 한중 수교 전까지이고 제2단계는 1992년 8월 24일, 한중 수교가 이루어진 후로부터 지금까지이다.

〈표 3-2〉 통합교재 가운데서 차지하는 발음 내용의 분량

'A' 교재	•자모: 1~9과에 배치, p.1~p.31(약 31쪽 차지) •받침: 10~16과에 배치, p.32~p.56(약 25쪽 차지) •음운 변화: 17과 한 단원에 배치, p.57~p.63(약 7쪽 차지) •교재 총 269쪽 중 발음 부분이 63쪽으로 전체 쪽수의 약 23.4% 차지
'B' 교재	•자모: 1~9과, p.1~p.24(약 24쪽 차지) •받침과 음운변화를 함께 다룸: 해당하는 단원은 10~15과이고 p.25~p.51이다(받침과 음운현상을 동시에 다룸, 약 27쪽 차지). •교재 총 323쪽 가운데서 발음 부분이 51쪽으로 전체 쪽수의 약 15.8% 차지
'C' 교재	•자모: p.7~p.15(약 8페이지 차지) •받침: p.15~p.18(약 4페이지 차지) •음운변화: p.19~p.25(약 7페이지 차지) •교재 총 199페이지 가운데서 발음 부분이 27쪽으로 전체 쪽수의 14.8% 차지
'D' 교재	•발음 기관표시도: p.1 •모음 사각도: p.2 •자모: 1~8과에 배치, p.3~p.24(약 22페이지 차지) •받침: 9~12과에 배치, p.25~p.39(약 15페이지 차지) •음운변화: 13과 한 단원에 배치, p.40~p.46(약 7페이지 차지) •교재 총 309페이지 가운데서 발음 부분이 46쪽으로 전체 쪽수의 14.9% 차지

1. 교재의 구성 체계

교육과정의 측면에서 볼 때 교재는 교육과정의 내용과 방법을 실제 교실에서 교사와 학생이 구체적으로 가르치고 배울 수 있도록 자료화하여 전개시킨 교수학습의 자료이다. 교재는 학생들이 배워야 할 내용을 학습자들에게 알맞게 선택히여 배우기 쉬운 형태로 제시해 줌으로써 교사의 교수활동을 돕고, 교수기능을 대행하게 해 주며, 학생들이 스스로 읽고 이해하는 자발적인 학습[38]이 되도록 도와준다. 학습자에게나 교사에게 이처럼 중요한 자료인 교재를 통합교재의 발음 부분에서는 어떻게 체계적이면서 단계적으로 배치하고 있는지 먼

---

38) 김수연, 「중학교 국어 교과서와 고등학교 국어 교과서 단원 체제의 비교 연구」, 고려대학교 교육대학원, 석사 논문, 2003. 12. p.12 참조.

저 교재의 전체구성부터 구체적으로 살펴본다.

1) 교재의 전체 구성

위에서도 언급했지만 중국에서의 발음교육은 발음교재가 따로 없어 통합교재 1책의 앞부분에서 집중적으로 다룬다.

발음내용은 교재에 따라 다소 다르긴 하지만, 일반적으로 10~15개 좌우되는 단원을 통해, 자모발음과 음운변화에 관련되는 내용들을 전부 제시한다. 교재는 또 이상의 내용들을 발음 교육의 목적, 대상, 차례, 내용, 색인 등 전체구성에 따라 체계적이면서 단계적으로 배치한다. 때문에 교재의 진빈적인 구성체계는 골격과도 같이 중요한 것으로서, 전체구성이 체계적으로 잘 되어야 단원구성들도 잇따라 체계적이면서 단계적으로 잘 될 수 있다. 즉 교재의 전체구성 체계는 교재의 매 단원 구성 체계와 직접적으로 연관되어 있다고 할 수 있다.

아래 <표 3-3>을 보면서 4종 교재의 전체 구성 체계를 살펴보기로 한다.

〈표 3-3〉 4종 교재의 전체 구성 체계

	'A' 교재	'B' 교재	'C' 교재	'D' 교재
머리말[39] 일러두기에서 발음 소개	언급	간단 언급	언급 없음	언급
차례	있음	없음	있음	있음
내용	1~17과 63쪽 23.4% 차지	1~15과(차례가 없이 단원 배치) 51쪽 15.8% 차지	1~4과 27쪽 14.8% 차지	1~13과 46쪽 14.9% 차지

보조자료	모음 사각도, 발음 기관도, 자모표, 모음분류표, 자음분류표, 겹모음 분류표, 받침분류표	CD자료, 자모표, 연습문제 전문집 제시	CD자료, 발음 기관도, 자모표, 모음분류표, 자음분류표, 겹모음 분류표, 받침분류표, 사진 삽입, 두 가지 컬러로 교재 꾸밈	CD자료, 발음기관도, 자모표, 모음사각도, 자모표, 모음분류표, 자음분류표, 겹모음 분류표, 받침분류표, 사진 삽입
색인	있음	있음	있음	있음

'A' 교재는 머리글에서 발음 부분을 문법단원과 함께 두 개 큰 부분으로 나눈 후, 발음부분의 특징과 내용에 대해 비교적 상세하게 소개하였다. 그리고 발음 교육의 대상이나 목적에 대해 전체 교재 부분과 함께 다루었지만 발음 교육의 의의에 대해서는 어디에서도 언급하지 않아 아쉬움을 보였다. 기타 구성 체계들을 살펴보면 차례-제시-내용(과목-자모 명칭-음절 소개)-색인 등 순서로 교재가 갖추어야 할 전형적인 요건들을 모두 제시하였다.

'A' 교재는 발음부분의 차례를 과목 부분과 함께 목차에서 똑같이 제시하였다. 그리고 보조 자료부분에서 모음사각도와 발음 기관도 및 자모표는 제시하고 있으나 발음 분야에서 가장 중요한 CD청각자료를 제시하지 않아 단점을 보였다. CD자료는 학습자들이 수업시간에 배운 발음을 복습하는 보충자료로서 입문단계에 있는 학습자들로 부면 아주 중요한 보조 수단이라고 할 수 있다. 그리고 단원수가 4종 교재 가운데서 가장 많아 무려 17과나 되었다. 내용적으로 봐서 발음 부분이 63쪽으로, 전체 교재의 약 23.4%를 차지하였다. 이렇게 되면 초급학습자들을 배려하는 차원에서 보다 많은 내용을 상세하게 제시할 수 있

---

39) 머리말에서는 우선 책의 내용이나 목적 따위를 간략하게 적는 글을 뜻하지만 여기서는 발음교재가 없이 통합교재를 이용하여 발음내용을 다루는 특수한 실정에 따라 머리글 부분에서 발음 부분에 대한 제시가 있는지 없는지에 대해서도 중요한 부분으로 간주하고 살펴보았다.

어 장점이라고 할 수 있겠지만 학습자들이 발음 교육에 너무 많은 시간을 할애하게 되어 지루하거나 싫증을 느끼지 않을까가 우려된다.

일러두기에서 'B' 교재를 보면 발음 부분을 'A' 교재나 'D' 교재처럼 두 개 부분으로 나누지 않았고 '어음부분이 상세하고 정확하고 규범적'이며 CD자료를 첨부하여 학습자들이 자가 학습을 할 수 있다는 몇 글자의 해석만 간단히 했을 뿐, 전체 발음 부분에 대한 소개를 하지 않았다. 머리말에서는 단원 부분과 함께 교재의 대상과 의의에 대해 간단하게나마 언급했으나 발음부분에 대한 목적 제시는 따로 하지 않았다. 뿐만 아니라 발음 부분을 교재의 본 차례에 넣어 제시하지도 않았고, 한글이라는 큰 제목 하에 통째로 표시했으며, 일정한 목차가 없이 1과부터 15괴 사이에다 배치를 했다. 목차는 교재의 전체적인 학습내용을 일목요연하게 보여 줌과 동시에 교재의 전체적인 구성 체계도 대략 짐작케 한다. 이 모든 점을 고려해 볼 때 'B' 교재는 발음부분에 한해 부차적인 내용으로 다루지 않았는지가 의심된다. 아울러 발음 교육에서 가장 중요한 부분의 하나인 발음 기관도나 모음사각도가 제시되지 않은 점도 학습자들이 발음 공부를 할 때 불편한 점이 상당히 많을 것으로 사료된다. 하지만 다른 교재에 비해 발음 부분이 51쪽으로 15.8%에 달해, 내용상으로 볼 때 발음 부분에 깊은 중시를 돌린 것만은 사실이다. 그리고 보조자료 중의 청각자료인 CD자료를 발음 부분에서뿐 아니라 교재 1책부터 6책까지 전부 제시하였고, 연습활동을 중심으로 한 연습문제집까지 나와 있는 점이 특이하다.

'C' 교재를 살펴보면 다음과 같다.

'C' 교재는 우선 외관에서부터 교재에 대한 학습자들의 시선을 끌고 흥미를 유발하기 위한 노력을 기울였다. 'C' 교재는 내용부분에서 두 가지 컬러로 교재를 꾸몄다. 특히 발음 부분에서는 CD자료, 발음기관도 등을 제시했고 매 단원마다 그림을 삽입했다. 차례 부분에서도 본문의 내용과 동등하게 목차를 제시했다. 하지만 머리말과 일러두기에서 북경대학출판사에서 추천한 "21세기 한국어 계열교재"라는 소개는 나와 있어도 발음 부분에 대한 소개는 일언반구도 나와 있지 않다. 그 밖에 교재의 목적이나 의의, 학습자대상에 대한 소개도 전체 교재를 대상으로만 나와 있다. 뿐만 아니라 총 4개 단원에 해당하는 발음내용만을 간단하게 취급한 점을 보아 어휘나 문법 부분을 중심으로 편찬한 교재로 발음 부분에 대해서는 그다지 중시하지 않은 것으로 보인다. 한편 모음발음에는 모음사각도 제시가 없고, 발음기관도만 제시되었으며 교재에서 발음내용이 27쪽으로 전체 교재의 14.8%를 차지해, 다른 세 교재보다 발음 부분에 할애한 내용이 극히 빈약하다. 만약 이런 교재로 발음 교육을 진행한다면 양적으로나 질적으로 기대치에 미치지 못할 것으로 짐작된다. 때문에 이런 교재를 사용하여 발음을 가르칠 경우 교사는 많은 부분의 자료를 별도로 준비해야 하고, 학생들은 교사의 도움이 없이 스스로 발음공부를 하기 어려울 것으로 예상된다.

'D' 교재를 보면 다음과 같다.

'D' 교재는 'A' 교재와 같이 일러두기에서 교재를 크게 두 개 부분으로 나눈 후, 발음 부분의 내용과 특징에 대해 첫 부분에서 비교적 자세하게 설명하였다.

'D' 교재는 전체 교재 소개에서 한국어 발음 교육의 대상에 대해서 언급했으나 발음 교육의 의의나 목적에 대해선 제시하지 않았다. 차례는 본문과 함께 똑똑하고 명확하게 제시했을뿐더러 제1과부터 제

13과 사이에서 발음 교육에 필요한 내용들을 비교적 알맞게 배치하였다. 그리고 CD자료, 발음기관도, 모음사각도, 자모표 등과 같이 다양한 보조 자료들을 알기 쉽게 제시하여 학습자들을 배려하였다. 특히 발음내용에서 46쪽에 달하는 면수로 전체 교재의 14.9%를 차지해, 'A' 교재나 'B' 교재보다 적고, 'C' 교재보다 많아 발음내용 부분에서 차지하는 양이 4종 교재 가운데서 3위를 차지했다.

색인 부분에 관해서는 4종 교재를 함께 살펴보기로 한다.

이 부분에서 4종 교재는 모두 핵심적이고 빈도가 높은 어휘, 또는 중요한 용어들을 기본상에서 다루고 있다. 다만 『대학 한국어 1』에서 제시한 어휘가 적지 않나 생각된다. 예를 들면 두부나 여자, 누나와 같은 어휘는 사용빈도를 보나 어휘의 중요성을 봐서 넣는 것이 바람직하나 들어가 있지 않다.

전체적으로 볼 때 'A' 교재는 청각자료가 제시되지 않고 있는 것과 단원이 너무 많이 배치된 점이 단점으로 보이며, 'B' 교재는 모음사각도와 발음기관도의 제시가 없고 발음부분을 차례에 넣지 않은 것이 흠이다. 그리고 'C' 교재는 머리글이나 일러두기에서 발음부분에 대해 일언반구의 소개도 없을뿐더러 발음내용에 한해서도 너무 간단하게 취급되고 있다는 게 최대의 단점이다.

그 밖에 CD자료를 제시하고 있는 3종 교재는 음질이 깨끗하고 똑똑하나 정확성에만 초점을 맞추다 보니 부드럽지 못하고 너무 딱딱하고 따분하다. 뿐만 아니라 내용상에서도 교재 내용대로만 평범하게 따라 읽는 식이어서 속도가 천편일률적이고 다양하지 못하며 지루한 느낌이 많이 난다. 특히 난도가 있는 내용에 대한 중복이 적은 등, 학습자들이 보조 자료로서의 가치를 제대로 활용할 수 있을지가 의문이 된다. 제대로 된 청각자료라면 반드시 구성을 참신하게 하고 속도에 약간의 변화를 주거나 어려운 발음은 반복하여 녹음하는 등 학습자들의 수요에 따르고 학습자들의 흥미에 따라 여러 가지 방법과 수단, 그리고 조절이 필요하다.

그 밖에 또 한 가지 아쉬운 점이라면 머리글이나 일러두기에서 가장 중요한 부분에 대한 언급이 빠져 있는 점이다. 위에서 살펴보았지만 4종의 교재들은 통합교재 안에서 다루는 한계 때문에서인지, 발음 부분에 대한 소개를 전혀 하지 않고 있는 교재가 있는가 하면 발음교육의 대상이나 목적을 단원 부분과 함께 다루어 다소 뭐가 뭔지 분명하지 못한 경우도 있다. 이런 면에서 볼 때, 4종 교재가 발음 부분에서 그 목적 달성을 위한 내용이나 연습을 과연 어떻게 선정하고 제시할 수 있을까가 심히 우려되는 바이다.

2) 교재의 단원 구성

발음교재 구성을 위한 구체적인 기준 가운데서 가장 중요한 부분은 단원구성이 단계적이면서도 체계적인 배열을 이루어야 하는 것이다. 즉 좋은 교재는 단원 구조가 명확하고 논리적이며 다양한 활동을 제공하여야 한다. 또한 교사의 수업 계획에 맞으면서도 학생들이 성취감을 느끼는 구조로 이루어져야 한다. 이런 의미에서 교재의 단원 구성 체계는 전체 교육목표와도 직접적으로 연관성을 갖고 있다고 할 수 있을 만큼 중요하다.

4종 교재의 단원 구성 체계는 <표 3-4>에서 제시한 것과 같이 'A' 교재와 'D' 교재가 대체적으로 비슷하게 구성·배치되었고 'B' 교재와 'C' 교재는 앞의 두 교재에 비해 매 과마다 어음부분에 대한 소 상식들을 첨가하여 학습자들이 음운지식에 대한 이해를 돕게 한 것이 특징적이다. 그중 'B' 교재는 또 다른 교재들에 비해 마지막 단원에서 집중하여 음운변화를 다룬 것이 아니라 받침이 제시되는 단원에서부터 분산적으로 다룬 것이 특이하다.

<표 3-4> 4종 교재의 단원 구성 체계

'A' 교재	제시→설명→쓰기방법→어휘→연습문제
'B' 교재	제시→설명→쓰기 및 발음→상식→어휘→연습문제(1~9과) 제시→설명→음운변화 제시→설명→상식→어휘→연습문제 (대체로 10~15과) 이 교재는 다른 교재와 달리 받침이 제시된 단원에서 음운변화를 다루고 발음이 끝난 후 집중하여 음운변화를 취급하지 않은 관계로 한 단원 건너 음운변화가 제시된다.
'C' 교재40)	어음 상식→제시→설명→연습문제(1과, 3과) 제시→설명→연습문제(2과, 4과)
'D' 교재	제시→설명→쓰기방법→어휘→연습문제

보다시피 4종 교재는 많은 면에서 유사성을 가지고 있는 반면, 차이점도 있으나 먼저 'A' 교재의 단원구성부터 하나하나 자세히 살펴보기로 한다.

(1) 'A' 교재의 단원구성

<표 3-5>를 보면서 'A' 교재의 단원 구성 체계를 자세히 살펴보면 다음과 같다.

---

40) 'C' 교재는 발음부분을 총 4개 단원에 집중하여 배치하였는데 1과에서 24개 자모, 2과에서 16개 자모, 3과에서 27개 받침, 4과에서는 음운변화를 다루었다. 때문에 매 단원마다 단원구성도 다른 것이 특징적이다.

〈표 3-5〉 'A' 교재의 단원 구성 체계

제시	국제음성기호 표기가 있음, 매 자모의 발음 위치와 유형 및 발음 방법 지적
설명	•학습자의 모국어로 비교적 알기 쉽게 설명 •ㄹ발음을 제외하고 학습자의 모국어와 대조하여 설명하지 않았음. •모음삼각도와 발음 기관도 제시
쓰기	자모의 쓰기 방법이 제시되긴 했으나 글이 작고 한 줄에 너무 많은 글을 채워 한눈에 알아보기 어렵고 복잡한 느낌이 있음.
어휘	총 어휘량이 435개로, 매 단원에서 평균 26개 이상의 어휘가 배치됨. 그리고 빈도가 낮은 어휘와 난도가 있는 어휘의 제시도 있음.
연습	•연습 부분이 대부분 읽기와 쓰기이며 전반적으로 다양하지 못하고 전통적이며 연습에 배치한 음절 부분의 내용이 너무 방대함. 특히 한 연습문제 안에서의 음절 반복과 한 단원에서의 음절 반복 현상이 많음. •발음 부분의 연습에서 총 1,648개에 달하는 음절 자가 제시되었음

이상에서 보다시피 ① 'A' 교재는 먼저 자모의 발음유형과 발음성질을 간단히 밝히고 국제음성 기호로 표기하였다.

② 자모 설명에서 자모의 구체적인 조음방법, 즉 발음위치와 혀의 높낮이에 대해 한어로 비교적 자세하게 다루었다. 그중 10개의 단모음은 모음사각도와 발음기관도를 각각 보여 주고 있으나 겹모음에서는 모음사각도만 제시하고 있고 자음 부분에서는 ㄱ, ㄴ, ㄷ, ㄹ, ㅁ, ㅂ, ㅅ, ㅈ, ㅎ 등과 같은 부분적인 자음에서만 발음기관도를 제시하면서 설명하고 있다. 표시된 모음사각도에는 발음위치를 정확하게 표시하고 있어 학습자들에게 큰 도움이 될 것으로 기대된다. 하지만 부분적인 발음기관도는 그림이 작은 데다 단색이어서 표시된 발음위치가 선명하게 알리지 않아 조음되는 위치를 한눈에 알아보기 어렵다.[41] 그리고 중국 학습자들이 어려워하는 ㄹ발음은 한어의 설측음과 비교하여 설명했으나 기타 발음에 대해서는 학습자의 모국어와

---

41) 참고로 'A' 교재 2쪽에 있는 발음기관도를 보면 시각 효과가 이상적이지 못하다.

대조를 하지 않아 아쉬움을 보였다.

③ 1과부터 9과 사이에서 주로 자모 쓰기 순서를 배치하였다. 쓰기 방법은 획의 순서에 따라 배치하여 학습자들이 쉽게 이해할 수 있었으나 채택한 글자가 작은 데다 행의 마지막까지 음절 자를 채우고 있어 복잡한 느낌이 든다. 이렇게 되면 학습자들의 학습의욕을 불러일으키는 데 손색이 있을 것으로 예상된다.

④ 어휘 부분에서 살펴보면 어휘를 가장 적게 제시한 단원이 제1과로서 9개이고, 가장 많이 제시한 단원은 제12과로서, 33개에 달하여 발음 부분의 총 어휘량이 무려 435개에 달한다. 예를 들어 발음 부분에서 제시한 과목이 17개라 할 때, 한 과목을 한 시간에 가르친다 하더라도 17시간에 435개의 어휘공부를 해야 하므로 낯선 발음을 배우는 학습자들에게 결코 과중한 부담이 아닐 수 없다. 또한 자칫하면 이런 양의 어휘 제시는 발음보다 어휘공부에 중점을 두게 할 수 있어 효율적인 발음 교육을 기대하는 데 어려움이 따를 것으로 예상된다. 그 밖에도 빈도가 낮은[42] 어휘와 난도[43]가 높은 어휘들이 많이 속출하여 학습자들의 부담을 증가시킬 것으로 보인다.

⑤ 연습문제 구성을 보기 쉽게 <표 3-6>로 제시해 보면 다음과 같다.

〈표 3-6〉 'A' 교재의 연습 제시순서

연습유형	1) 음절 자 읽기 2) 부동한 음절의 발음 위치를 구별하면서 읽기 3) 음절 자 및 어휘쓰기 4) 음절 자와 어휘를 숙련되게 읽고 받아쓰기 5) 합성어 또는 짧은 문장을 읽고 그 의미를 지적하기 6) 일상 회화

---

42) p.50. 곬, 훑다, 꿇다, 기와집 등

43) p.30. 괘도 궤도, 꿰다 등

‘A’ 교재에서 나오는 연습내용은 1번부터 6번까지 똑같게 제시된 것이 아니라 학습 진도에 따라 점차적으로 문제 양을 늘리고 있다. 제1과에서는 두 개의 비슷한 발음의 음절을 구별하면서 낭독하기와 어휘 받아쓰기 등 간단한 연습문제가 제시되었지만 제2과, 제3과부터는 4개의 연습유형을, 제5과에서는 5개의 연습유형을, 제6과부터 마지막 단원인 제17과에서는 6개의 연습유형을 다루고 있다. 하지만 전체적으로 봐서 연습유형이 음절과 어휘읽기, 그리고 짧은 문장을 읽고 쓰는 것으로 되어 있어 따분하고 기계적인 느낌이 많이 든다. 즉 읽고 쓰고 대조하여 음절 읽기, 그리고 음절 또는 어휘 받아쓰기와 일상 회화 등과 같은 연습유형들을 매 단원에다 내용만 다를 뿐 형식은 똑같이 배치하였다.

특히 문제가 되는 것은 연습 1번부터 3번까지, 음절연습 부분인데 한 단원 안에 똑같은 음절 자가 중첩해 들어간 것이 굉장히 많고, 제시된 수량이 너무나 많은 것이다. 음절의 중첩은 한 단원 안에서 중첩되는 현상과 한 연습문제 안에서 중첩되는 등 대부분 단원에 거의 다 그러한 형편이다. 한 단원 안에서 중첩되는 음절을 예로 보면 제9과 31쪽에 있는 연습1과 연습3에서 각각 70개의 음절이 중첩되고, 제11과 37쪽에서는 1번과 3번에서 40개의 음절이 똑같이 반복되고 있다. 더구나 한 연습문제 안에서 중복되는 현상도 보편적인데 제6과 19쪽의 1번에서는 64개의 음절 자 중, 48개의 음절이 두 번씩 반복하여 중복하지 않은 음절이 불과 16개밖에 안 되었고, 전체 음절의 25%를 겨우 차지했다. 특히 주목되는 것은 한 단원 안의 3개 연습문제 사이에서 음절 중첩 현상을 보이고 있는 점이다. 제8과 26쪽의 연습을 보면 1번에서 100개의 음절 중 절반의 음절이 중복해 제시된 후, 아래 2번과 3번에 가서 다시 24개의 음절과 똑같이 중첩되어 한 단원의 연습에서만 96개의 음절 반복 현상이 나타나고 있다. 또 다른 문제는 음절의 수량 배치를 과도하게 한 것으로, 27쪽에 있는 제8단원에서는 1번부터 3번 사이에서 무려 242개나 되는 음절을 제시하고 있다. 음절 중첩 현상은 대체로 매 단원의 1번부터 3번 사이에서 거의 있었고, 음절의 양은 어느 단원에서나 보편적으로 많은 양상을 보인다.

연습 부분에서 'A' 교재는 단어와 음절, 그리고 짧은 문장 읽기와 같은 내용을 너무 많이 제시해, 연습방법이 단조롭고 기계적이며 참신하지 못한 것이 큰 단점이다. 특히 일러두기에서 학습자들의 발음 효과를 높이기 위한 수단으로 자모단계에서 대량의 음절연습을 배치한다고 실명을 가하고 있긴 하지만 그렇다고 이처럼 방대한 수량의 음절을 제시하는 것은 아무래도 무리가 아닌가 싶다. 즉 읽기 위주로만 발음연습을 시킨다면 학습자들의 흥미를 저하시켜 진정한 발음능력을 향상시키는 데 비효과적일 것이다. 'A' 교재가 발음 부분에서 많은 지면을 할애하여 학습자들의 발음학습을 중시하려 한 의도는 좋으나 그렇다고 너무 자세하게 너무 많은 수량을 다루고 있는 점은 장황하다고 느껴진다.

전체적으로 지면을 대폭 늘리거나 내용상 중복 제시를 하는 방법으로 참된 학습효과를 기대하기는 어렵다. 이렇게 되면 학습자들로 하여금 한국어 학습에서 어려움을 느끼게 하거나 지루하게 할 수 있으며 나아가 혼동까지 줄 수도 있어 오히려 그들의 학습의욕을 저하시킬 수도 있다. 발음부분에 대한 내용 제시나 설명, 그리고 연습활용은 적절해야 하며, 교재에 수록되는 내용은 반드시 교수학습에 필요하고 학습자들의 눈높이와 적성에 맞는 핵심적이면서도 효과적인 내용이 우선이어야 한다.

(2) 'B' 교재의 단원 구성

'B' 교재의 단원구성 체계 역시 <표 3-7>을 보면서 분석하기로 한다.

〈표 3-7〉 'B' 교재의 단원 구성

제시	•국제음성기호와 한어병음, 두 가지로 표기했음. •발음 교육을 위한 모음사각도나 발음기관도가 없음.
설명	자모설명에서 혼동하기 쉬운 발음에 대해 학습자의 모국어와 대조하면서 설명하려고 시도했으나 어떤 면에서 어떻게 같고 비슷하다는 설명이 구체적으로 되지 않아 효과가 이상적이지 못함.
쓰기와 발음	자모음 결합 표가 매 단원마다에서 제시됨.
상식	한국어 학습자들에게 필요한 상식들을 소개함.
어휘	난도가 높은 어휘와 빈도가 낮은 어휘가 적지 않음 .
연습문제	•매 단원의 연습들이 똑같은 방식으로 구성되었고 또 다양하지 않는 단점이 있음. •연습문제집이 별도로 나와 있으나 발음 방면의 문제가 한두 개뿐이어서 학습자들에게 실용적이지 못할 것으로 짐작됨.

'B' 교재의 단원 구성 체계를 살펴보면 'A' 교재의 단원 구성 체계와 비슷하나 쓰기와 어휘 사이에 소상식 부분이 더 배치되어 있다. 즉 제시단계-설명단계-쓰기와 발음-상식-어휘-연습문제 등 순서이다.

① 제시부분에서 우선 발음위치와 발음유형에 대해 개괄적으로 제시하진 않았지만 국제음성기호로 표시했고, 부분적 자음에 관해서는 한어 병음으로 표기하는 등 두 가지 표기법을 사용했다. 학습자들을 배려하는 면에서 부동한 방법으로 발음의 정확한 음가를 알려 주기 위한 노력은 엿보이나 한 가지 음에 두 가지 표기법을 사용하면 오히려 학습자들한테 한국어 발음을 배움에 있어서 혼동을 일으키게 할 수 있으므로 국제음성기호 하나로만 표기하는 것이 더 바람직하다고

짐작된다.

② 설명 부분에서 'B' 교재는 학습자들이 이해하기 쉽게 한어로 학습자들의 모국어에 있는 비슷한 발음들을 대조해가며 설명했다. 하지만 구체적으로 어떻게 같고 어떻게 다른지에 대해선 설명하지 않았다. 실제로 한국어와 중국어 사이에는 음소 체계상 적지 않은 차이가 있으며, 아주 유사하게 들릴지라도 두 나라 언어에는 똑같은 발음이 하나도 없다. 다시 말하면 혀의 높이나 조음점에라도 약간한 차이가 있기 마련인 것이다.

만약 학습자들의 지침서인 교재에서 한국어의 /이/ 발음과 중국어의 /i/ 발음을 비슷하다거나 유사하다고 설명을 한다면 학습자들은 단연코 사기에게 익숙한 모국어의 발음 지식 안에서 상대방의 발음을 정의하기 때문에 보다 정확한 발음을 구사하기가 상당히 어렵게 된다. 교재는 이상과 같이 비슷하면서도 쉽게 혼동되는 발음에 한해서 반드시 어떤 면에서 비슷하고 어떤 면에서 차이가 있는지를 정확하면서도 구체적으로 대조하면서 상세하게 설명하는 것이 바람직하다. 예를 들면 모음 ㅣ 발음을 'B' 교재에서는 한어의 [i] 발음과 근사하다고만 하였다.

조재은(2007)이 김평원(2004)의 연구를 의거로 인용한 데 의하면 중국어 /i/와 한국어 /이/의 음성 실험결과를 대조해 보면 F1[44]의 값은 거의 차이가 없지만, F2의 값은 /이/보다 훨씬 더 높은 결과를 갖는 것

---

44) 조재은, 「한국어와 중국어 음소대조분석을 통한 중국어 발음지도 연구」, p.45.
　　김평원(2004)의 연구를 보면 제1포먼트(F1)란 혀의 높이, 입의 개방과 연관성이 있는 공명 주파수이며, 입을 많이 개방하는 고모음일수록 주파수가 낮게 나타난다는 것이다. 그리고 제2포먼트((F2)란 혀의 전후 위치와 연관성 있는 공명 주파수이며, 전설모음일수록 주파수는 높게 나타나고 후설모음은 낮게 나타난다는 것이다.

으로 지적됐다. 즉 두 발음은 비슷한 높이에서 소리가 나지만 중국어 /i/가 더 앞쪽에서 실현된다는 것이다. 때문에 학습자들의 길잡이 역할을 하고 있는 교재에서는 쉽게 오류를 낼 수 있는 발음에 대해 정확하면서도 자세한 설명을 해 주는 것이 바람직하다.

③ 쓰기와 발음 부분에서, 쓰기방법에 대해 구체적으로 제시하지 않고, 배운 범위 내의 자음과 모음 결합 표만 제시했다. 예하면 ㄴ과 ㅏ가 결합하면 [나]로 발음되는 자모 결합 표만 제시했지 정확한 쓰기방법에 대한 설명이 없다. 이렇게 되면 음절 자를 발음하는 데는 도움이 있겠으나 쓰기방법을 익히는 데는 별로 큰 도움이 없을 것으로 보인다. 그리고 자모 결합 표를 과목마다에 일일이 제시하는 것도 바람직한지 의문이 들며, 처음 부분에 쓰기순서나 방법을 제시하고, 결합 표에 한해서는 두 단원에 한 번씩 제시하여 학습자들에게 지루하고 반복적인 느낌을 주지 않는 것이 좋을 것으로 판단된다.

④ 다른 교재에 비해 상식 부분을 제시함으로써 여러 가지 음운지식과 필요한 상식들을 학생들에게 소개해 주고 있다. 이런 창을 통해 학생들에게 필요한 지식을 줄 수 있을뿐더러 학습자들의 학습의욕도 불러일으키게 할 수 있어 창의적인 배치라 하겠다.

⑤ 어휘 부분에서 살펴보면 총 251개의 어휘가 제시되어 매 단원에서 평균 16개가 좀 넘었다. 양적으로 봐서 'A' 교재보다 어휘량은 적지만 반대로 난도가 높고 빈도가 낮은 어휘의 제시는 더 많다. 예로 '계급', '삐삐', '기와', '신여성', '솔전', '옳', '흑룡' 등은 빈도가 아주 낮은 어휘이며 '베', '게', '궤도', '푸다', '훑다', '닭장', '삯돈', '읊조리다', '누각', '능묘', '익사', '경례', '은닉', '유수' 등과 같은 어휘는 난이도 역시 고려되므로 학습자들의 발음단계에 배치하는 것이 적절

하지 못할 것으로 사료된다.

⑥ 연습구성에서 살펴보면 제1과부터 제3과까지는 음절읽기 연습 문제가 하나씩 제시되고 있고 제4과부터 제6과까지는 2개씩, 제7과부터 제11과까지 3개, 그다음부터는 4개씩 배치되었다.

‘B’ 교재 연습문제 순서를 <표 3-8>에서 보면 다음과 같다.

<표 3-8> ‘B’ 교재의 연습 제시순서

연습유형	1) 아래의 음절을 읽으시오. 2) 아래의 어휘를 읽으시오. 3) 아래 음운 변화가 있는 어휘를 읽으시오. 4) 짧은 문장을 읽으시오(짧은 회화). 즉 음절 자 읽기→어휘 읽기→음운변화의 어휘→회화의 순서이다.

‘B’ 교재의 연습은 총 4가지 유형에서 제시되고 있는데 읽기내용으로만 되고 학습 진도에 따라 문제가 하나씩 더 증가하였을 뿐, 역시 새롭고 참신한 연습유형들은 보이지 않는다. 즉 1번부터 4번까지 음절 읽기-어휘 읽기-음운변화가 있는 어휘 읽기-짧은 문장 읽기-짧은 회화 읽기 등 전부 읽기 연습이며 처음 단원부터 마지막 단원까지 줄곧 이런 똑같은 방식의 제시이다. 하지만 ‘B’ 교재는 다른 세 교재와 달리 별도로 연습문제집이 나와 있는 점이 특이하다. 연습문제집은 빈칸을 채우는 것에서부터 그림을 보고 말하거나 주어진 단어를 가지고 말하기, 그리고 보기의 문형을 이용해 말하는 등 학습자가 배운 내용을 충분히 활용할 수 있도록 참신하면서도 다양하게, 그리고 연습내용을 재미있으면서도 풍부하게, 특별히 창의적이면서 독특하게 만들었다. 하지만 그것은 과목 부분에 한해 제시된 연습활동이지, 발음 부분에서는 빈칸을 채우는 것과, 자모쓰기와 같이 한두 문제

정도로 나와 있어 활용가치를 별로 느끼지 못할 것으로 보인다. 즉 과목 부분에서처럼 학습자가 배운 내용을 최대한으로 활용할 수 있게 충분한 내용을 주지 못하여 학습자들의 발음 연습에 별로 큰 도움이 없을 것으로 판단된다.

(3) 'C' 교재의 단원 구성

'C' 교재의 단원 구성 체계 역시 <표 3-9>를 보면서 살펴본다.

<표 3-9> 'C' 교재의 단원 구성 체계

상식	상식 부분은 학습자들에게 물론 필요한 지식이지만 발음부분이 차지하는 면수가 적은 까닭에 우려되는 부분이기도 함.
제시	국제음성기호와 발음기관도를 제시, 하지만 발음기관도 그림의 효과가 이상적이지 못함.
설명	•학습자의 모국어로 비교적 알기 쉽게 설명 •모국어에 있는 비슷한 음을 대조하는 것은 좋으나 설명이 자세하게 이루어지지 않음.
연습	다양하지 못하고 연습량도 지나치게 적음.

전체 구성에서 살펴보았듯이 'C' 교재는 발음부분에 할애한 면수가 대단히 적은 것으로 제1과와 제2과에 자모를 배치하고, 제3과에는 받침을, 제4과에는 음운지식을 취급했다. 때문에 매 단원의 구성 체계도 약간씩 다르다.

제1과와 제3과에서는 어음상식을 제시한 후 제시·설명·연습단계에 들어갔고, 제2과와 제4과에서는 직접 제시·설명·연습단계로 들어갔는바 다른 세 교재에 비해 발음편의 내용이 특별히 빈약하다.

① 먼저 어음 상식 부분에 대해 살펴보면 한국어의 개황이나 한국어의 기본 어순, 한국어의 언어유형, 그리고 한국어 어휘나 문자 및

발음특성 등에 대해 학습자들에게 필요한 상식들을 제시했다는 점에서는 긍정적이나 27쪽밖에 안 되는 발음 부분에서 4쪽이나 되는 지면을 할애하여 이런 상식들을 단원에 싣는다는 것은 고려해 볼 바가 아닌가 생각된다.

② 자모는 국제음성기호로 표기하고, 푸른색 바탕에 까만 활자로 선명하게 제시했으며 발음규칙에 대한 설명을 비교적 상세하게 했다. 하지만 한국어 발음을 설명할 때 자모의 조음 위치와 혀의 높낮이에 대한 제시가 없으며, 학습자의 모국어 발음과 비슷할 경우, 자세한 설명이 없이 비슷하다고만 하고 있어 'B' 교재와 같은 단점을 보이고 있다. 이 부분에서도 반드시 두 나라 발음의 차이점에 대해 확실하게 말해 주어 학습자들이 정확한 발음을 배울 수 있도록 설명해야 할 것이다.

③ 모음과 부분적인 자음에서 발음기관도를 제시하고 있으나 모음 사각도 제시는 없다. 특히 모음에서의 발음기관도는 그림이 작은 대로 발음부위를 알아볼 만했으나 자음 부분은 발음표기가 잘 알리지 않아 자료로서의 가치를 별로 느끼지 못하고 있다.

④ 다른 교재에 비해 또 다른 점이라면 어휘 부분을 따로 제시하지 않고 연습 부분에서 함께 다룬 것이다. 연습에서의 대체적인 구성이 1번은 음절 읽기, 2번은 어휘 읽기, 3번은 일상회화를 읽는 것이다. 2번 어휘 읽기에서는 '도토리', '투우사' 등 빈도가 낮은 어휘가 가끔 보인다. 뿐만 아니라 연습문제 유형이 너무 적고 다양하지 못하다. 다시 말하면 한 단원에 그처럼 많은 발음내용을 제시한 것을 감안하면 학습자들이 배운 내용에 대해 충분히 이해하고 복습할 수 있는 충분한 양과 내용이 다루어져야 마땅하겠지만 상대적으로 너무 간단하게

배치된 것이 큰 단점이라 하겠다.

전체적으로 볼 때, 음운체계나 음절구조가 생소한 학습자들에게 이처럼 소략한 내용으로 발음 교육을 시킨다면 정확한 발음보다는 어중간한 발음으로 되어 틀린 발음으로 화석화될 수 있을 것으로 크게 우려된다. 동시에 수업 시 교사들은 발음부분에서 많은 자료를 준비해야 하고, 한국어 지식이 전혀 없는 학습자들은 스스로 교재를 통해 발음을 이해하거나 자가 학습을 하기에 무리가 있을 것으로 보인다.

(4) 'D' 교재의 단원 구성

'D' 교재에서 제시된 단원 구성 체계를 살펴보면 다음과 같다.

〈표 3-10〉 'D' 교재의 단원 구성

제시	국제음성기호와 자모의 발음위치 및 유형 제시
설명	학습자의 모국어와 연계하여 한어로 비교적 자세히 설명했음.
쓰기방법	배운 음절과 어휘에 대한 연습을 학습자들에게 알맞게 배치함.
어휘	빈도가 낮은 어휘 몇 개를 제외하고 학습자들의 수준에 맞춰 비교적 적당한 양과 내용의 어휘를 제시했음.
연습문제	연습문제가 다양하게 제시되지 않았지만 배운 내용을 익히기에는 비교적 적당한 양으로 보임.

① 'A' 교재와 마찬가지로 자모의 발음유형과 성질에 대해 간단하게 밝힌 후, 국제음성기호로 표기하였다.

② 'D' 교재는 한문 설명으로, 비슷한 발음에 대해 학습자의 모국어와 대조해 가면서 자세하면서도 알기 쉽게 설명하였다.

예를 들면 한국어 모음 ㅏ를 설명할 때, 한어의 a발음이 한국어 ㅏ

발음에 비해 혀의 위치가 약간 뒤에 있다는 점과 한국어 ㅓ발음은 한어의 e발음보다 혀의 뒤 부분이 약간 낮고 입을 벌리는 크기도 좀 더 크다는 등 두 언어의 비슷한 발음에 대해 비교적 자세하게 대조·설명함으로써 학습자들이 보다 정확하고 표준적인 발음을 배울 수 있게 배려하였다.

③ 발음부위와 혀의 위치를 밝힌 모음사각도와 발음기관도를 자모 시작 전인 차례가 끝난 뒤에 알아보기 쉽게 큰 그림으로 제시했다. 비록 다른 2종의 교재에 비해 시각자료가 매 자모마다에 일일이 제시되지 않아 학습자들이 발음공부를 하는 데 어느 정도 불편은 있겠으나 반대로 그림이 크고 알아보기 쉬워, 구체적인 발음위치를 똑똑히 볼 수 있는 장점이 있다.

④ 쓰기방법에서는 'A' 교재와 마찬가지로 제1과부터 제8과 사이에서 자모의 쓰기순서를 가르쳤다. 쓰기방법은 획의 순서에 따라 한 획씩 자모를 쓰는 방법을 제시하였는데 글줄 사이가 넓고 한 줄에 글자를 꽉 채우지 않아 보기에도 좋고 배울 때 복잡한 느낌도 주지 않아 'A' 교재보다 인상적이다.

⑤ 어휘 부분에서 '곬'이나 '핥다' 등 빈도가 낮은 어휘들이 간혹 보이긴 하나 대체적으로 학습자들의 눈높이에 맞춰 선택하려 한 점이 돋보이며 더구나 학습자들의 적성에 맞게 적당한 양의 어휘를 제시했다는 점에서 긍정적이다.

'D' 교재의 총 어휘량은 231개로, 'A' 교재보다 많이 적고 'C' 교재보다는 훨씬 많으며 'B' 교재와 비슷하여 발음부분에서 가장 적당한 양으로 판단된다. 그리고 음운변화를 일으켜 어려울 것으로 예상되는 발음에 관해서는 어휘 뒤에다 한국어 발음대로 표기를 하여 학습자들의 발음학습에 큰 편리를 도모한 것으로, 이것은 다른 교재에서 볼 수 없는 장점이다.

⑥ 연습부분에서 제시된 순서를 도표로 보면 <표 3-11>과 같다.

<표 3-11> 'D' 교재 연습 제시순서

연습유형	1) 읽기 연습－쓰기 연습－받아쓰기 연습(1~4과) 2) 읽기 연습－받아쓰기 연습(5~11과) 3) 12과 겹받침과 음운변화부분은 단원의 내용에 따라 연습유형이 많이 다름. ※ 제6과에서 10개의 단모음과 14개의 단자음으로 구성된 가갸표를 제시하여 암기 하도록 하였다.

연습 부분의 제시순서를 보면 제1과부터 제4과까지는 읽기 연습－쓰기 연습－받아쓰기 연습이고 제5과부터 제11과까지는 읽기 연습－받아쓰기 연습이며 제12과 겹받침과 제13과 음운변동 부분은 단원의 내용에 따라 좀 다르게 배치되었다. 1번에서는 이미 배운 내용에 따라 음절 읽기 연습을 주로 제시했고 한 단원 건너 배운 내용만큼의 모음과 자음으로 구성된 결합 표를 제시해 읽기 연습을 돕도록 배치했다. 2번에서는 이미 배운 음절이나 어휘에 대한 쓰기 연습을 주로 배치하고, 3번에서는 배운 음절이나 어휘들을 받아쓰는 연습을 배치했다. 연습문제는 읽기, 쓰기 등과 같이 일반적인 활동유형을 제시한 외 괄호 안에 한국어 발음대로 써넣는 등 색다른 방식의 연습문제도 제시하였다. 그리고 발음 교육의 마지막 부분인 겹받침과 음운변동에서는 배운 내용을 위주로 발음표기대로 적는 연습을 조직하였고 제6과에서는 총 복습을 배치하여 다른 교재에 비해 배운 내용을 공고히 할 수 있었다.

전체적으로 'D' 교재는 적당한 어휘량의 제시와 학습자들의 수준에 알맞은 어휘선택, 그리고 어려운 자모설명을 학습자의 모국어와 비교하여 알기 쉽게 대조적으로 설명한 점이 특징적이다. 한편 단원 구성에서 어려운 어휘에 관해 한글로 표기했고 연습활용에서는 읽기 연습을 제시한 것 외에 쓰면서 익히고 복습하는 등 여러 가지 연습유형을 제시하여 학습자들에게 실제적으로 도움을 주었다. 그리고 교재 설계에서도 중요한 부분을 검은색 바탕에 큰 활체로 한눈에 알아볼 수 있도록 선명하게 제시하였다. 하지만 단점이라면 연습내용이 단조롭고 기계적이며 아직까지 썩 다양하지 못하여, 앞으로 학습자들의 흥미를 유발시킬 수 있는 연습활용 제시에 주력할 것과 부차적으로 질 좋은 종이의 선택, 그리고 컬러가 들어 있는 사진자료 같은 것들을 많이 제시해 주면 효과가 훨씬 이상적일 것으로 예상된다.

3) 교재의 구성 체계 비교 및 분석

4종 교재의 전체 구성과 단원 구성을 비교 분석해 보면 다음과 같다.

① 머리글이나 일러두기에서 1종의 교재를 제외한 3종 교재는 한국어발음을 배우는 목적에 대해 분명하고도 뚜렷하게 제시하지 못했고 그 대상과 의의에 대한 제시도 어떤 교재에는 언급되고 어떤 교재에는 없다. 특히 2종의 교재에서는 발음 부분을 중요한 내용으로 삼고 머리글에서 비교적 자세히 소개하고 있으나 다른 2종의 교재는 그렇지 못하다. 뿐만 아니라 3종의 교재에서는 발음 부분을 전체 목차에 넣어 소개하고 있으나 1종의 교재는 목차에 넣지도 않고 있다.

우선 잘된 교재, 훌륭한 교재라면 교재편찬의 기본 요건인 목적이나 이용 대상에 대한 제시가 분명해야 한다. 그래야만 그 목표에 따라 구체적이면서도 교육대상에 맞게, 난이도 조절에 성공할 수 있는 훌륭한 교재를 편찬할 수 있다.

왕단(2004)에서는 중국에서의 한국어 발음 교육이 제대로 이루어지지 못하는 원인은 여러 가지가 있는데 그중 교육이념, 교육원리, 교육과정, 그리고 교육방법론 등이 잘 반영된 교재가 부족한 것이 그 주요 원인 중의 하나라고 지적하고 있다. 실제로도 4종 교재는 이 부분에 대해 크게 간과한 것으로, 기대치에 미치기 어려운 점도 이런 문제점을 안고 있기 때문일 것이다.

② 자모 제시에서 4종 교재는 국제음성기호 표기와 함께 중국어로 비교적 자세하게 설명했다. 하지만 'B' 교재는 부분적 자모에다 중국어 병음표기를 더함으로써 학습자들의 발음공부에 혼동을 주는 폐단이 있었다.

③ 발음 부분에 할애한 면수로 발음 교육의 중요도를 결정한다면 'A' 교재나 'B' 교재가 발음 교육에 자못 깊은 중시를 돌렸다고 할 수 있다. 하지만 무조건 많은 쪽수를 할애했다 하여 결코 효과적이라거나 좋은 교재라고 할 수 없다. 4종 교재 가운데서 2종의 교재는 발음 부분에 대한 내용량 제시에서 장황하거나 반대로 지나치게 적어 발음효과에 역작용을 주는 폐단이 있다.

④ 연습활동 부분에서 다양하면서도 흥미를 유도할 수 있는 연습활동보다 주로 듣고 읽기 등과 같이 단순하고 기계적인 반복현상이 4종 교재에서 정도부동하게 존재한다. 동시에 배운 내용에 따라, 연습활동을 매 단계에 알맞게 배치하지 못했고 어떤 교재는 내용상에서 심한 반복현상까지 보여 학습자들의 기대치에 미치지 못할 것으

로 보인다.

⑤ 다음은 교재 구성에서 부차적으로 중요한 시각 자료와 청각자료에 대한 제시이다. 보조 자료는 처음으로 한국어를 배우고 있는 학습자들에게 교실 수업 외의 시간에 발음공부를 하는 데 있어 다른 영역의 자료보다 더없이 필요한 부분이다. 즉 시청각자료는 학습자들의 이해를 돕기 위해 있어야 할뿐더러 풍부할수록 더 좋다. 하지만 양만 있고 질이 따라가지 못한다면 그것도 문제가 되기 때문에 가급적이면 학습자들이 보다 정확하게 인지할 수 있게 구체적이면서도 효과적으로 제시하여야 한다. 이 면에서 4종 교재는 시각자료를 통해 입술의 모양과 입이 열리는 정도, 조음점 등에 대한 설명을 도표나 그림을 통해 알기 쉽게 제시하려는 의도를 보였다. 특히 'D' 교재에서는 발음기관도와 모음사각도를 크고도 선명하게 제시하여 학습자들이 자모 발음에 대한 원리나 설명을 그림과 결부시켜 공부하도록 배려하였다. 하지만 기타 2종의 교재는 발음기관도를 매 자모마다에 배치했으나 도리어 시각자료가 작고 단색이어서 효과적이지 못하다는 단점을 안고 있고, 그 밖의 1종의 교재는 그림 자료는 없고 도표자료만 제시하였다. 그리고 청각 자료인 CD자료에서는 1종의 교재가 아예 제시하지도 않았고, 기타 3종의 교재는 녹음이 너무 따분하여 학습자들의 흥미를 자아내지 못하는 등 한계점이 있었다.

전체적으로 4종 교재는 한국어 통합 교재 속에서 한국어 발음 교육을 어휘나 문법, 구절 등과 연계시켜 학습자들에게 한국어 발음에 대한 교육을 점진적이면서도 단계적으로 다루려고 노력한 흔적은 보이나 교과과정에서의 한계성과 기타 여러 가지 원인으로, 구성상 체

계적이고 과학적으로 나온 교재로 보기에는 아직까지 미흡한 부분이
적지 않다.

2. 음운체계

음운체계가 과학적이면서도 체계적으로 알기 쉽게 설명될수록 학
습자들은 음운지식에 대해 좀 더 쉽게 이해하고, 좀 더 쉽게 접근하
며, 좀 더 쉽게 배울 수 있다. 아래 음운체계 부분에서 4종 교재가 어
떤 구성을 보이고 있는지 우선 자모배열 순서 등 몇 가지 면부터 살
펴보고자 한다.

1) 음운 배열순서

발음 교육에서 자모교육의 중요성은 누구나 다 잘 아는 사실이지
만 정작 잘 배우려 들면 마음같이 안 되는 공부가 자모발음이다. 특
히 입문 단계에서 학습자들은 40개의 자모만 잘하면 한국어를 잘할
수 있다는 말에 처음에는 용기백배하여 배운다. 하지만 차츰 애로에
부딪치게 되고, 얼마 가지 않아서부터 흥미를 잃기가 일쑤이다.

자모교육은 한국어 발음 교육의 기초이면서 핵심적인 부분이다.
마치 기초가 튼튼치 못하면 아무리 좋은 집이라도 인차 무너지는 것
처럼 자모발음 교육이 제대로 되지 못하면 의사소통마저 운운하기
어렵다. 때문에 한국어 발음 교육에서 자모교육은 굉장히 중요하며,
과학적이면서도 체계적인 교육을 필요로 하는 중요한 고리이다. 그럼
4종 교재들에서 자모음 교육내용과 그 순서배치를 어떻게 하고 있는

지 구체적으로 비교·분석해 보고자 한다. 먼저 4종 교재들이 부동한 단원에서 제시한 모음과 자음의 제시순서부터 살펴보면 <표 3-12> 와 같다.

<표 3-12> 단원배치에 따르는 자모음 제시순서

교재	제시순서
'A' 교재	1과: ㅏ[a], ㅓ[ə], ㅗ[o], ㅜ[u], ㅡ[ɨ], ㅣ[i], (ㅇ) 2과: ㄱ[k], ㄴ[n], ㄷ[t] 3과: ㄹ[r], ㅁ[m], ㅂ[p] 4과: ㅔ[e], ㅐ[ɛ], ㅚ[ɸ], ㅟ[y] 5과: ㅅ[s], ㅈ[ts], ㅎ[h] 6과: ㅋ[k'], ㅌ[t'], ㅍ[p'], ㅊ[ts'] 7과: ㅑ[ja], ㅕ[jə], ㅛ[jo], ㅠ[ju], ㅖ[je], ㅒ[jɛ] 8과: ㄲ[k'], ㄸ[t'], ㅃ[p'], ㅆ[s'], ㅉ[ts'] 9과: ㅘ[ua], ㅝ[uə], ㅙ[uɛ], ㅞ[ue], ㅢ[ɨi]
'B' 교재	1과: ㅏ[ɑ], ㅑ[jɑ], ㅓ[ə], ㅕ[jə], ㅇ[ŋ](ng) 2과: ㄱ[k](g), ㄴ[n](n), ㄷ[t](d), ㄹ[r](l) 3과: ㅗ[o], ㅛ[jo], ㅜ[u], ㅠ[ju] 4과: ㅁ[m], ㅂ[p], ㅅ[s](s) 5과: ㅡ[ɯ], ㅣ[i], ㅐ[ɛ], ㅒ[jɛ] 6과: ㅈ[ts](z), ㅊ[ts'](c), ㅋ[k'](k), ㅌ[t'](t), ㅍ[p'](p), ㅎ[h](h) 7과: ㅔ[e], ㅖ[je], ㅚ[ø], ㅟ[y] 8과: ㄲ[ḱ], ㄸ[t́], ㅃ[ṕ], ㅆ[ṡ], ㅉ[tṡ] 9과: ㅢ[ɯi], ㅘ[wa], ㅝ[wə], ㅙ[wɛ], ㅞ[we]
'C' 교재	1과: ㅏ[a], ㅑ[ja], ㅓ[ə], ㅕ[jə], ㅗ[o], ㅛ[jo], ㅜ[u], ㅠ[ju], ㅡ[ɯ], ㅣ[i], ㄱ[k], ㄴ[n], ㄷ[t], ㄹ[l], ㅁ[m], ㅂ[p], ㅅ[s], ㅇ[─], ㅈ[ts], ㅊ[ts'], ㅋ[k'], ㅌ[t'], ㅍ[p'], ㅎ[h] 2과: ㅐ[ɛ], ㅒ[jɛ], ㅔ[e], ㅖ[je], ㅘ[wa], ㅚ[ø], ㅙ[wɛ], ㅝ[wə], ㅞ[we], ㅟ[y], ㅢ[ɯi], ㄲ[k'], ㄸ[t'], ㅃ[p'], ㅆ[s'], ㅉ[ts']
'D' 교재	1과: ㅏ[a], ㅓ[ə], ㅗ[o], ㅜ[u], ㅡ[ɯ], ㅣ[i], ㅇ 2과: ㄱ[k], ㄴ[n], ㄷ[t], ㄹ[l] 3과: ㅐ[ɛ], ㅔ[e], ㅚ[ø], ㅟ[y] 4과: ㅁ[m], ㅂ[p], ㅅ[s], ㅈ[ts] 5과: ㅊ[ts'], ㅋ[k'], ㅌ[t'], ㅍ[p'], ㅎ[h] 6과: ㅑ[ja], ㅕ[j□]45), ㅛ[jo], ㅠ[ju], ㅒ[jɛ], ㅖ[je] 7과: ㄲ[k'], ㄸ[t'], ㅃ[p'], ㅆ[s'], ㅉ[ts'] 8과: ㅘ[wa], ㅝ[wə], ㅙ[wɛ], ㅞ[we], ㅢ[ɯi]

---

45) 'D' 교재에서는 겹모음 ㅕ의 국제 음성기호표기를 할 때 [ ] 안의 j 오른쪽에 부호 대신 네모꼴을 대체하여 표기하고 있다. 즉, [j□] 형태로서 무엇 때문에 이런 표기를 했는지를 알 수 없다.

표에서 4종 교재를 보면 첫째, 모음을 먼저 제시하고 다음 자음을 제시하는 순서로 되어 있다. 이렇게 하면 음절의 중심인 모음을 먼저 배운 다음 혼자 발음되지 않는 자음 음가[46]를 모음과 함께 확인하며 배울 수 있다. 즉 모음을 먼저 배우고, 다음 자음을 배우며, 그다음 배운 모음과 자음으로 음절을 만들어 연습하면서 새로운 자모를 자연스레 익힐 수 있다.

둘째, 단원배치 면에서 4종 교재는 다소 다른 체계를 보이는바 'A' 교재는 모음을 한 단원에 자음은 두 단원에 배치하는 방법으로 모음－자음 순서로 총 9개 단원에 자모를 배치했고, 'C' 교재는 한 단원에 자모음을 엇바꿔 배치하는 방법으로 두 단원에서 자모를 끝냈다. 그리고 'B' 교재와 'D' 교재는 모음을 먼저, 그다음 자음을 배치하는 순서로 한 단원 건너 한 번씩 자모음을 제시했다. 자세히 보면 'A' 교재는 자모 단원배치에서 모음을 한 개 단원에 배치할 때 자음은 2개 단원에 배치하여 9개 단원 중 모음을 4개 단원에, 자음은 5단원에 배치했다. 'A' 교재에서의 자모음의 이런 배치순서는 쉬운 모음보다 어려운 자음에 대해 더 상세하게 다루었다는 점에서 학습자들에 대한 세심한 배려로 주목된다. 하지만 다른 교재에 비해 많은 지면을 할애하여 너무 자세하게 다루었기 때문에 단원수가 많아지고 따라서 배우는 시간이 길어져 학습자들이 따분한 발음공부에서 재미를 잃거나 지루해하지 않을까가 우려된다. 그리고 또 통합교재 안에서 한정된 시간에 발음 교육을 끝내야 하는 점을 감안하면 이것도 잘된 배치라 하기 어렵다.

---

46) 4종 교재에서 한국어의 자음이 발음되지 않는 경우가 있다는 것을 제시하지 않고 있다. 이 부분에 대한 설명도 자세히 이루어져야 한다고 생각된다.

'B' 교재를 살펴보면 모음을 먼저, 자음을 그 다음 순서에 배열한 건 좋으나 자음보다 배우기 상대적으로 쉬운 모음을 5개 단원에 배치하고 자음은 4개 단원에 배치한 것이 다른 교재와 많이 다르다. 물론 모음이 자음보다 2개가 더 많아 그렇게 되었는지는 몰라도 배치상으로 보면 그리 과학적이지 못한 것으로 판단된다. 그 밖에 'C' 교재는 학습자들이 가장 어려워하는 자모를 2개 단원에 거쳐 배치하였고, 'D' 교재는 모음을 4단원에, 자음을 4단원에 배치하여 총 8개 단원에다 자모를 배치함으로써 학습자들이 충분하게 배울 수 있게 하면서 지루하지 않게끔 비교적 알맞은 배정을 하였다. 전체적으로 4종 교재는 쉬운 모음부터 시작해 자모 배치를 한 점이 공통적이며, 또 과학적이라 할 수 있다.

그밖에 자모음의 배열순서도 효과적인 자모 교육을 진행함에 있어서 밀접한 상관관계를 갖는다.

대체적으로 4종 교재에서 제시하고 있는 자음과 모음의 체계는 비슷하게 배치되었으나 세분화된 자모 배치배열에서는 많게 적게 다름을 볼 수 있다.

아래 4종 교재의 총체적인 자모음 배열순서를 알기 쉽게 정리하면 <표 3-13>과 같다.

<표 3-13> 4종 교재의 자모음 배열순서

'A' 교재	•모음: ㅏ, ㅓ, ㅗ, ㅜ, ㅡ, ㅣ, (ㅇ), ㅔ, ㅐ, ㅚ, ㅟ, ㅑ, ㅕ, ㅛ, ㅠ, ㅖ, ㅒ, ㅘ, ㅝ, ㅙ, ㅞ, ㅢ •자음: ㄱ, ㄴ, ㄷ, ㄹ, ㅁ, ㅂ, ㅅ, ㅈ, ㅎ, ㅋ, ㅌ, ㅍ, ㅊ, ㅉ, ㄲ, ㄸ, ㅃ, ㅆ, ㅉ
'B' 교재	•모음: ㅏ, ㅑ, ㅓ, ㅕ, (ㅇ), ㅗ, ㅛ, ㅜ, ㅠ, ㅡ, ㅣ, ㅐ, ㅒ, ㅔ, ㅖ, ㅚ, ㅟ, ㅢ, ㅘ, ㅝ, ㅙ, ㅞ •자음: ㄱ, ㄴ, ㄷ, ㄹ, ㅁ, ㅂ, ㅅ, ㅈ, ㅊ, ㅋ, ㅌ, ㅍ, ㅎ, ㄲ, ㄸ, ㅃ, ㅆ, ㅉ
'C' 교재	•모음: ㅏ, ㅑ, ㅓ, ㅕ, ㅗ, ㅛ, ㅜ, ㅠ, ㅡ, ㅣ, ㅐ, ㅒ, ㅔ, ㅖ, ㅘ, ㅙ, ㅚ, ㅝ, ㅞ, ㅟ, ㅢ •자음: ㄱ, ㄴ, ㄷ, ㄹ, ㅁ, ㅂ, ㅅ, ㅇ, ㅈ, ㅊ, ㅋ, ㅌ, ㅍ, ㅎ, ㄲ, ㄸ, ㅃ, ㅆ, ㅉ
'D' 교재	•모음: ㅏ, ㅓ, ㅗ, ㅜ, ㅡ, ㅣ, (ㅇ), ㅐ, ㅔ, ㅚ, ㅟ, ㅑ, ㅕ, ㅛ, ㅠ, ㅖ, ㅒ, ㅘ, ㅝ, ㅙ, ㅞ, ㅢ •자음: ㄱ, ㄴ, ㄷ, ㄹ, ㅁ, ㅂ, ㅅ, ㅈ, ㅊ, ㅋ, ㅌ, ㅍ, ㅎ, ㄲ, ㄸ, ㅃ, ㅆ, ㅉ

표에서 보면 'A' 교재와 'D' 교재는 모음배열 순서가 비슷한 것으로, 모음 ㅖ와 ㅐ의 순서만 바뀌었고, 'B' 교재와 'C' 교재는 마지막 부분에서 ㅚ, ㅟ, ㅢ, ㅘ, ㅝ, ㅙ, ㅞ 등 7개 모음배열에서만 차이가 난다.

다시 4종 교재의 모음배열 순서의 특징을 살펴보면 'A' 교재와 'D' 교재는 가장 쉬운 모음인 단모음부터 제시한 것이 특징적이고, 'B' 교재와 'C' 교재는 기존에 흔히 배열하는 자모배열순서를 따른 것이 특징적이다. 그리고 자음에 한해 'C' 교재를 제외한 다른 세 교재에서는 자음 ㅇ을 빼고 18개의 자음만 제시한 것이 특이하다. 'A' 교재와 'B' 교재, 그리고 'D' 교재에서는 ㅇ의 발음을 모음에 넣어 다루면서 그의 이중성에 대한 설명은 했으나 자음 부분에서 다루지 않았다. 이렇게 되면 한국어에 40개의 자모, 즉 모음 21개와 자음 19개가 있는 것으로 알고 있는 중국 학생들에게 적지 않은 혼동을 가져다줄 것으로 우려된다.

그러면 4종 교재에서 제시한 자모 배열순서 중 학습자들이 한국어를 배움에 있어서 어느 교재의 것이 더 과학적이고 체계적이며 더 적합할 것인지를 살펴보기로 한다.

1933년 조선어학회(현재의 한글학회)에서는 조선어맞춤법통일안을 확정하면서 14자의 자음과 10자의 기본자모의 체계를 확정하였다. 한글맞춤법통일안에서 확정한 제1항을 참조하면 한글 자모의 수는 스물 넉자로, 그 순서를 보면 ㄱ, ㄴ, ㄷ, ㄹ, ㅁ, ㅂ, ㅅ, ㅈ, ㅊ, ㅋ, ㅌ, ㅍ, ㅎ, ㅏ, ㅑ, ㅓ, ㅕ, ㅗ, ㅛ, ㅜ, ㅠ, ㅡ, ㅣ이고 다음 위의 자모로 적을 수가 없는 두 개 이상의 자모는 붙임으로, 즉 ㄲ, ㄸ, ㅃ, ㅆ, ㅉ, ㅐ, ㅔ, ㅚ, ㅟ, ㅒ, ㅖ, ㅘ, ㅝ, ㅞ, ㅢ[47]였다. 하지만 이상의 조선어학회에서 확정한 한글 자모의 배열순서는 워낙 1527년 최세진의 『훈몽자회』 범례(凡例)에서부터 기원해 온 것이라고 전해지고 있다. 최초 『훈몽사회(訓蒙字會)』의 범례에 나오는 자모의 배열순서를 보면 초성은 ㄱ, ㄴ, ㄷ, ㄹ, ㅁ, ㅂ, ㅅ, ㆁ, ㅋ, ㅌ, ㅍ, ㅈ, ㅊ, ㅿ, ㅇ, ㅎ(16자)이고 중성은 ㅏ, ㅑ, ㅓ, ㅕ, ㅗ, ㅛ, ㅜ, ㅠ, ㅡ, ㅣ, ·이었다. 즉 오늘날 자모배열순서의 시초가 되는 『훈몽자회』 배열순서의 특징은 초성에서, 초성과 종성에 통용되었던 8자를 먼저 배열하고, 나머지 초성에만 사용되었던 8자를 후에 배열한 것이다. 그리고 초성에만 사용되었던 8자도 아음(牙音)(ㄱ), 설음(舌音)(ㄴ, ㄷ, ㄹ), 순음(脣音)(ㅁ, ㅂ), 치음(齒音)(ㅅ), 후음(喉音)(ㆁ)의 순으로 배열하고, 초성독용8자(初聲獨用八字) 역시 아음(牙音)(ㅋ), 설음(舌音)(ㅌ), 순음(脣音)(ㅍ), 치음(齒音)(ㅈ, ㅊ, ㅿ) 후음(喉音)(ㅇ, ㅎ)의 순으로 배열하였다.[48]

그렇다면 자모를 이렇게 배열하게 된 근거는 무엇이었는지에 대해서도 알아본다.

---

47) 네이트 지식에서 얻은 검색 자료임.

48) 디지털 한글박물관에서 검색.

　『훈몽자회』에서 제시된 범례에서 모음의 음소배열을 이렇게 한 것
은 개구도의 간극에 근거한, 즉 간극의 높은 데서 낮은 데로, 입을 벌
리는 크기의 순서에 따른 배열을 중시했기 때문이다. 즉 입을 벌리는
크기의 순서에 따라 차례로 낮은 데로 발음하면 발음하기도 쉽고 기
억하기도 특별히 쉽다는 것이다. 다음 자음의 음소 배열에서도『훈민
정음』은 조음기관을 중심으로 했으나『훈몽자회』는 초성에 쓰이는
가 종성에 쓰이는가를 먼저 구별함으로써 실용성을 강조한 배열법을
중시하였다. 동시에『훈몽자회』는『훈민정음』의 조음기관 순서를 지
키면서 초종성통용(初終聲通用)과 초성통용(初聲通用)의 순서를 보충하
였다.『훈몽자회』의 이런 자모음 배열순서는 현대 조음음성학적인 면
과 실용적인 면이 함께 고려된 것으로,『훈민정음』음소체계에 기초
하면서 역 이론이 거의 배제되고 실용성이 강조되어 당시 언중(言衆)
의 호응도 얻었다.49) 때문에 실제 교육현장에서 봐도『훈몽자회』에
서 배열한 음소순서에 원형을 둔 1933년 조선어학회(현재의 한글학
회)에서 확정한 조선어맞춤법통일안의 자모음 순서에 따라 교육하는
것이 훨씬 효과적이면서 실용적이다.50)

---

49) 김진규, 훈몽자회 어휘연구, 螢雪出版社, 1993. 11. 15. p.172 참조.
　　참고로 훈민정음과 훈몽자회의 자음배열 이론표를 제시한다.

	조음기관	아	설	순	치	후	반설	반치
훈민정음(17자)	기본자	ㄱ	ㄴ	ㅁ	ㅅ	ㅇ	ㄹ	△
	성출초려	ㅋ ㅇ	ㄷ ㅌ	ㅂ ㅍ	ㅈ ㅊ	ㅎ		
훈몽자회(16자)	초종성통용	ㄱ	ㄴ ㄷ ㄹ	ㅁ ㅂ	ㅅ	ㅇ		
	초성독용	ㅋ	ㅌ	ㅍ	ㅈ ㅊ △	ㅇ ㅎ		

때문에 본서는 1933년 조선어학회에서 제시한 자모 배열순서인 모음은 ㅏ, ㅑ, ㅓ, ㅕ, ㅗ, ㅛ, ㅜ, ㅠ, ㅡ, ㅣ, ㅐ, ㅔ, ㅚ, ㅟ, ㅒ, ㅖ, ㅘ, ㅝ, ㅙ, ㅞ, ㅢ이고 자음은 ㄱ, ㄴ, ㄷ, ㄹ, ㅁ, ㅂ, ㅅ, ㅇ, ㅈ, ㅊ, ㅋ, ㅌ, ㅍ, ㅎ, ㄲ, ㄸ, ㅃ, ㅆ, ㅉ 순서로 학습자들에게 가르치는 것이 바람직하다고 생각된다. 이렇게 되면 학습자들이 보다 과학적인 원리로 자모를 쉽게 접하고 쉽게 기억하고 쉽게 배울 수 있다.

자모 배열순서는 'A' 교재와 'D' 교재에서처럼 입문단계에서 가장 쉬운 단모음발음으로부터 시작하여 제시하는 것도 의의가 있겠지만 전체적으로 40개에 달하는 자모음을 배워야 하는 상황에서 그래도 보다 암기하기 쉬운 개구도 간극의 원리에 의해 배열된, 과학적이면서도 체계적인 자모음이 배열순서대로 가르치는 것이 훨씬 실용적이고 현실적이다.

2) 받침

한국어에는 도합 27개의 받침이 있는데 그 받침들은 모두 자기의 소리를 가지고 있는 것이 아니라 대표적으로 7개만 소리를 가지고 있다. 때문에 나머지 20개의 받침들은 7개의 대표받침 중의 하나로 바뀌어 발음된다.

받침에 대한 위치 제시나 설정에 있어 4종 교재는 적지 않는 차이

---

50) 본 대학에서는 2004년부터 지금까지 대학본과와 제2외국어 선수과목에서 '표준 한국어', '초급 한국어', '한국어 교정'교재를 사용하였다. 바로 지금 사용하고 있는 '한국어 교정' 즉 'B'교재의 자모 배치순서가 『훈몽자회』에서 배열한 음소순서에 원형을 둔 1933년 조선어학회(현재의 한글학회)에서 확정한 조선어 맞춤법통일안의 자모음 순서와 같다. 필자는 그동안 초급 학생들에게 'B'교재를 사용하면서 위의 자모배열순서가 학습자들을 가르치는 데 확실히 효과적이었음을 실제로 경험하였다.

를 보인다.

각 교재들에서 받침을 배치한 상황을 <표 3-14>에서 살펴보면 다음과 같다.

<표 3-14> 4종 교재의 받침 상황

'A' 교재	10과: 홑받침(ㅇ, ㄱ) 11과: 홑받침(ㄴ, ㄷ) 12과: 홑받침(ㅁ, ㅂ, ㄹ) 13과: 홑받침(ㄷ→ㅅ, ㅈ, ㅊ, ㅌ, ㅆ) 14과: 홑받침(ㅋ, ㄲ, ㅍ, ㅎ) 15과: 겹받침(ㄳ, ㄵ, ㄽ, ㅄ, ㄾ, ㄶ, ㅀ) 16과: 겹받침(ㄺ, ㄼ, ㄻ, ㄿ)
'B' 교재	10과: 홑받침(ㄱ, ㅋ, ㄴ, ㄷ, ㅅ, ㅈ, ㅊ, ㅌ, ㅎ) 11과: 홑받침(ㄹ, ㅁ, ㅂ, ㅍ, ㅇ) 12과: 겹받침(ㄳ, ㄵ, ㄶ, ㄺ) 13과: 겹받침(ㄻ, ㄼ, ㅄ, ㄾ) 14과: 겹받침(ㄿ, ㅀ, ㅄ) 15과: 겹받침(ㄲ, ㅆ)
'C' 교재	3과: ㄱ, ㄴ, ㄷ, ㄹ, ㅁ, ㅂ, ㅇ 1) ㄱ→ㄱ, ㅋ, ㄲ, ㄺ, ㄳ 2) ㄴ→ㄴ, ㄵ, ㄶ 3) ㄷ→ㄷ, ㅅ, ㅈ, ㅊ, ㅌ, ㅆ, ㅎ 4) ㄹ→ㄹ, ㄼ, ㅄ, ㄾ, ㅀ 5) ㅁ→ㅁ, ㄻ 6) ㅂ→ㅂ, ㅍ, ㄿ, ㄽ 7) ㅇ→ㅇ
'D' 교재	9과: 받침(ㄱ, ㄴ, ㄷ, ㄹ, ㅁ, ㅂ, ㅇ) 10과: (ㅅ, ㅈ, ㅊ, ㅌ, ㅎ, ㅆ, ㅋ, ㄲ, ㅍ) 11과: 겹받침(ㄳ, ㄵ, ㄼ, ㄽ, ㄾ, ㅄ) 12과: 겹받침(ㄺ, ㄻ, ㄿ, ㄶ, ㅀ)

표에서 보면 'C' 교재는 한 단원에 27개의 받침을 한꺼번에 제시했고, 'A' 교재는 3단원에 거쳐 7개의 대표음을 끝낸 뒤 4단원에 거쳐 홑받침과 겹받침을 끝냈다. 하지만 'B' 교재와 'D' 교재에서는 7개의 대표음을 한 단원에 집중하여 배치하고 그 밖의 받침에 대하여 'B'

교재는 6개 단원에 배치하고, 'D' 교재는 4개 단원에 배치했다.

받침 제시에서 4종 교재의 공통된 점이라면 모음과 자음을 마친 후, 음운변화를 다루기 전의 단원에서 받침을 제시한 것이 공통적이다. 그 밖의 4종 교재의 또 다른 공통적인 특점은 7개의 대표받침을 먼저 제시한 후 쉬운 홑받침에서 쌍받침으로 들어간 것이다. 하지만 'C' 교재의 받침제시 순서는 다른 3종 교재와는 달리 또 독특한 구조를 보여 준다. 예를 들면, 받침을 한 단원 내에 배치한 데도 있겠지만 제시에서 알아보기 쉽고 배우기 쉽게 대표음을 먼저 제시한 후 발음이 같은 받침을 함께 제시한 것이다.

〈표 3-15〉 'C' 교재에서의 받침 배치

대표음	국제음성기호	받침	예
ㄱ	k	ㄱ, ㅋ, ㄲ, ㄺ, ㄳ	국, 부엌, 밖, 닭, 닭, 넋
ㄴ	n	ㄴ, ㄵ, ㄶ	눈, 돈, 앉다, 많다
ㄷ	t	ㄷ, ㅅ, ㅈ, ㅊ, ㅌ, ㅆ, ㅎ	곧, 끝, 옷, 낮, 꽃, 있다, 넣다
ㄹ	l	ㄹ, ㄼ, ㅄ, ㄾ, ㅀ, ㅁ	달, 여덟, 물곬, 핥다, 잃다
ㅁ	m	ㅁ, ㄻ	곰, 젊다
ㅂ	p	ㅂ, ㅍ, ㄿ, ㄽ	집, 밥, 앞, 읊다, 값
ㅇ		ㅇ	종, 공, 병

보다시피 'C' 교재는 조음위치에 따라 똑같이 발음되는 받침들을 배우기 쉽게 함께 배치하였다. 하지만 겹받침 설명에서 ㄼ에 대한 설명만 자세하게 다루고, 다른 겹받침에 관해서는 예들만 하나씩 들고 있어 큰 아쉬움을 보였다. 겹받침은 소리의 경우에 따라 오른쪽 받침이 발음될 수도 있고, 왼쪽 받침이 발음될 수도 있다.

예로 ㄺ을 살펴보면 경우에 따라 ㄹ이 발음되기도 하고, ㄱ이 발음되기도 한다.

ㄶ, ㅀ과 같은 경우에는 또 세 가지 방법으로 발음되기도 한다. 예를 들면 ① 겹받침 ㄶ, ㅀ이 뒤에 오는 첫 자음 ㄱ, ㄷ, ㅈ과 결합할 때 왼쪽의 ㄴ과 ㄹ만 발음되고, 오른쪽의 ㅎ은 뒤의 자음 ㄱ, ㄷ, ㅈ과 결합하여 격음 ㅋ, ㅌ, ㅊ으로 발음된다. ② 겹받침 ㄶ, ㅀ이 뒤의 자음 ㄴ, ㅅ과 결합될 때 왼쪽의 ㄴ과 ㄹ만 발음되고 ㅎ은 발음하지 않는다. ③ 겹받침 ㄶ, ㅀ이 뒤의 모음과 결합될 때 오른쪽의 ㅎ은 탈락되고 왼쪽의 ㄴ과 ㄹ은 연음되어 뒤의 모음 자리에서 발음된다. 때문에 겹받침일 경우, 반드시 자세한 설명을 함으로써 학습자들에게 어려움과 혼동을 주지 않게 주의해야 한다.

전체적으로 보면 'A' 교재와 'B' 교재는 7개 단원에서 받침을 제시했고 'D' 교재는 4개 단원에서 제시했으며 'C' 교재는 한 개 단원에서만 받침을 제시했다.

다음 받침제시 위치에서 4종 교재는 모두 7개의 대표음을 먼저 제시하고, 홑받침을 다룬 후 겹받침을 다루었다. 여기서 7개의 대표음을 먼저 다루는 것은 정확하다고 생각되나 나머지 받침을 다루는 면에서 홑받침과 겹받침들을 따로 떼어 다루지 말고 'C' 교재의 <표 3-15>에서처럼 다루는 것이 바람직하다.

예를 들면, ㄱ으로 발음되는 ㄱ, ㅋ, ㄲ, ㄺ, ㄳ과 ㄴ으로 발음되는 ㄴ, ㄵ, ㄶ, 그리고 ㄷ으로 발음되는 ㄷ, ㅅ, ㅈ, ㅊ, ㅌ, ㅆ, ㅎ과 ㄹ로 발음되는 ㄹ, ㄼ, ㄽ, ㄾ, ㅀ , 다음 ㅁ으로 발음되는 ㅁ, ㄻ과 ㅂ으로 발음되는 ㅂ, ㅍ, ㄿ, ㅄ, 그다음 ㅇ으로 발음되는 ㅇ의 순으로, 27개의 받침들을 조음위치나 조음방법에 따라 분류하여 제시하게 되면 학습자들에게 산만하다는 인상을 주지 않을뿐더러 대표음 발음대로 기타의 받침발음들을 정확하게 기억하고 재빨리 익힐 수 있다.

마지막으로 받침제시 마지막 단계에서 모든 겹받침들을 종합하여 그들의 공통점과 차이점들을 비교하면서 한 번 더 중복하여 간단히 제시하면 좋을 것이다.

그리고 받침제시가 가장 합당한 시간을 대학생들의 설문조사[51]를 통해 참조해 보면 받침학습에 필요한 시간은 모두 8교시로 많이 선호되어 4종 교재 중 'D' 교재의 시간 배치가 비교적 적중한 것으로 판단되었다.

겹받침 발음은 워낙 어렵고 복잡하며 혼동하기 쉬운 부분이지만 잘 살펴보면 규칙적인 면도 적지 않다. 바로 같은 성질의 받침들끼리 따로따로 묶어 제시하면 학습자들이 보다 쉽게 이해할 수 있고 보다 빨리 배울 수 있는 것이다.

3) 음절구조

한국어의 음절구조는 중국어의 음절구조와 많이 다르다.

더구나 중국어를 모국어로 하는 중국인 학습자가 한국어를 배울 경우, 두 언어의 음절구조 차이로, 많은 어려움을 보이는 것으로 나타났다.

---

51) 필자가 대학생들을 대상으로 조사했던 가장 적합한 받침 수업 시간은 다음과 같다.

가장 적합한 받침 수업 시간

	가장 적합한 시간				
	6교시	8교시	10교시	12교시	14교시
1학년	4	12	5	4	2
2학년	5	6	4		
3학년	4	8	6		
합계	13명	26명	15명	4명	2명

그 주요 원인의 하나는 중국어의 음절구조는 성모와 운모52)로 구성되었지만 한국어는 초성, 중성, 종성 세 부분으로 구성되었다는 점이다. 중국인 학습자들은 한국어 종성을 발음할 때면 보통 모국어의 음절구조를 한국어 음절에 대입하여 발음하려 하기 때문에 발음에서 자연히 어려움을 겪는다. 이런 어려운 음절구조 특징에 관해 'D' 교재를 제외한 3종의 교재에서는 비교적 자세히 다루고 있다.

그중 'A' 교재와 'C' 교재는 그 특징에 대해 네 가지 유형으로 다루고 있고, 음절특징과 관련하여 개음절과 폐음절에 대한 소개도 간단히 하고 있다. 하지만 'B' 교재는 개음절과 폐음절에 대한 소개를 하지 않았을 뿐만 아니라 그 유형에 대해서도 다른 교재와 달리 다섯 가지 유형으로 제시하고 있다. 우리가 보통 말하고 있는 네 가지 유형 외에 자음+모음+겹받침으로 된 규칙을 더 제기한 셈이다.

3종의 교재에서 제시하고 있는 음절구조는 학습자의 모국어로 비교적 알아보기 쉽게 설명하고 있다. 하지만 3종 교재에서는 음절 구조식에 대한 표시를 하지 않아 아쉬움을 보였다. 아마도 음절구조식에 대한 표시까지 한다면 학습자들이 더 혼동할 것으로 생각한 것 같다. 하지만 대상자가 한국어 전공의 학습자라는 점을 감안하면 일반적인 음절개념은 물론 음절표기와 음절구조식의 제시를 함께 해 주는 것이 바람직하다.

구조식과 음절표53)를 함께 제시해 보면 다음과 같다.

---

52) 중국어에서는 일반적으로 음절을 나눔에 있어서 크게 성모와 운모로 나누는데 음절의 맨 처음에 나오는 부분을 성모라 하고 뒤 부분은 운모라 한다(운모는 성모 이외의 부분을 말하고 운두, 운복, 운미로 나뉜다).

53) 'D' 교재는 구조식의 제시가 없이, 음절표만 제시하고 있다.

① v(모음) 예: 아, 어, 오, 우, 으, 이

② c+v(자음+모음) 예: 가, 나, 다, 라, 마, 바

③ v+c(모음+자음) 예: 악, 억, 옥, 욱, 윽

④ c+v+c(자음+모음+자음) 예: 각, 격, 곡, 국, 극, 긱

전체적으로 'D' 교재에서 음절구조 특징에 관해 다루지 않은 것은 아주 아쉬운 점이라고 생각되며, 'B' 교재에서 겹받침 자음유형을 마지막 조목에 넣어 다룬 것도 자칫하면 학습자들에게 복잡함을 더해줄 수 있으므로 일반적으로 나누고 있는 네 가지 유형에 국한시켜 제시하는 것이 바람직하다. 만약 그렇게 되지 않으면 학습자들이 종성에서 두 가시 발음을 내야 하는 것으로 착각할 수 있다.

3. 음운변화

제2장에서 학습자들의 발음오류를 살펴보면 음운변화부분에서의 오류가 절대적이고, 그 수량 또한 방대할 뿐만 아니라 다양한 것이 특징적이다. 외국인 학습자들에게 있어서 읽는 것과 쓰는 것을 달리하고 있는 한국어의 음운변화는 자모발음 다음으로 어렵고 힘든 과제이다. 한국어는 음운과 음운이 만나 소리의 변화를 일으키는 음운변화 현상들이 많을 뿐만 아니라 모아쓰기와 형태주의 표기를 취함으로써 표기와 발음의 불일치가 커 학습자들이 겪는 어려움이 적지 않다. 따라서 한국어를 배우는 외국인 학습자들에게 체계적인 음운변화의 교육은 반드시 필요하다.[54]

중국어도 한국어와 마찬가지로 음절과 음절 사이에서 일부 변화의

규칙을 갖고 있기는 하지만 한국어의 음운변화와는 완전히 다른 규칙 체계를 갖고 있다. 때문에 중국 학습자들에게 있어서 한국어 음운변화는 복잡하면서 아주 어려운 분야인 동시에 또한 홀시해서는 안될 중요한 부분이기도 하다. 음운변화 규칙의 설명과 제시 위치에서 4종 교재는 내용이나 방식상에서 큰 차이를 보인다. 특히 발음변화규칙의 제시 위치는 대체로 교재마다 달라 마지막 단원에 집중적으로 배치하거나 또는 단원의 본문에서 분산적으로 분포하여 제시하는 경우가 있다. 다음에서 4종 교재들에서 음운변화규칙을 어떤 내용으로, 어떤 순서로 어떻게 제시하고 있는지에 대해 분석·검토해 본다.

1) 음운변화의 위치

백소영(2010)은 언어 교육이란 한 언어의 구어와 문어의 모든 요소를 고루 교육하지 않고는 완벽하게 이루어졌다고 볼 수 없다면서 특히 발음은 말하기, 듣기, 읽기와 별개의 것으로 다루어질 내용이 아니라고 하였다. 게다가 발음의 오류가 학습자의 쓰기 오류에도 한몫을 차지하고 있음을 볼 때 통합교재에서도 발음의 제시 순서와 교육방법이 논의되어야 한다고 보았다.[55]

그러면 4종 교재들에서 음운변화에 관해 어떻게 위치 제시를 하고 있는지 먼저 살펴본다. 4종 교재에서 다루고 있는 음운변화를 보면 제시한 순서나 내용은 물론 제시되고 있는 위치가 대동소이함을 알 수 있다.

---

54) 장항실, 「외국인 한국어 학습자를 위한 음운변화 항목 선정 연구」, 『한국언어문학회』, 2008. p.2.
55) 백소영, 「한국어 통합 교재를 통한 발음 교육 고찰」, 『시학과 언어학』, p.132.

‘A’ 교재에서는 받침을 다루는 단원에서 경음화와 연음화, 격음화와 동화 등 현상을 간단히 다룬 후, 발음부분의 마지막 단원에 가서 위의 음운변화를 포함하여 7개 항목의 음운변화를 집중하여 상세하게 다루었다. 그리고 문법이 주로 제시되는 과목 중간 부분에 가서는 6개에 달하는 불규칙활용을 다루었다.[56]

그 밖에 ‘C’ 교재와 ‘D’ 교재는 발음 부분의 마지막 단원에 가서 집중적으로 음운변화를 다루고 불규칙활용에 한해서는 과목 중간부분에서 다루었다. 하지만 ‘B’ 교재는 이상의 세 교재와는 달리 받침이 나오는 단원에서 몇 번에 나누어 분산적으로 음운변화를 다루고 과목 중간 부분에서는 받침단원에서 다룬 5개의 불규칙활용을 중복하여 나눈 외에 기디 3종의 교재처럼 마지막 단워에서 음운변화를 집중하여 다루지 않았다.

그렇다면 4종 교재에서 제시하고 있는 음운변화규칙의 제시가 어느 교재의 것이 학습자들에게 더 효과적일지 선행연구자들의 의견을 참고하여 판단해 보기로 한다.

장향실은 외국어로서의 한국어 교육에서는 하나의 음운변화라 하더라도 한꺼번에 가르치지 말고 단계별로 나누어 제시할 수 있는데 이는 하나의 문법 항목이라도 그 의미와 기능이 다양할 경우 의미를 구분하여 단계적·순환적으로 제시하는 것과 같은 원리라고 했다. 그러면서 발음 교육에서는 음운이든 음운변화든 그 내용을 반복적으로 가르쳐야 하는데, 그것은 외국인 학습자의 발음이 쉽게 모국어 화자의 발음처럼 되기 어렵기 때문[57]이라 지적했다.

---

56) 불규칙활용에 대해서는 뒤 부분에서 자세히 다루기로 한다.

57) 장향실, 「외국인 한국어 학습자를 위한 음운변화 항목 선정 연구」, 『한국언어문학회』, 2008. p.9.

겹받침이나 음운변화규칙을 여러 단원에 분산시켜 제시해야 할 필요성에 대해 이선아(2000)도 음운변화를 모두 제시하되 처음에 한꺼번에 제시할 필요는 없다고 했다. 한국어의 음운변화는 종류도 많고 복잡하므로 조금씩 필요에 따라 기본적이고 쉬운 것부터 제시하고, 그 후에도 간단하게 언급해 주거나 연습하게 해야 한다. 무엇보다도 발음이나 발음 규칙을 계속적으로 자연스럽게 익힐 수 있게 제시해야 한다는 것이다. 동시에 발음의 제시와 학습은 반드시 교재의 전체에 걸쳐 체계적이고 반복적으로 이루어져야 할 것[58]이라고 보았다.

안주희(2000)도 경음화와 같이 나타나는 환경이 다양한 현상은 한 단원에서 설명을 끝낼 것이 아니라 현상이 필수적으로 나타날 때와 수의적으로 나타날 때 등으로 단원을 쪼개어 설명하는 것이 좋다고 논의하면서 동일한 규칙이 적용되는 현상을 분산시켜 제시하는 것이 훨씬 효과적[59]인 것으로 지적했다.

이상의 연구를 참조해 보면 사용빈도가 높고 중요하거나 복잡한 음운변화는 반복적인 제시와 분산적인 배치가 필수적임을 알 수 있다. 때문에 4종 교재 중 'A' 교재나 'B' 교재처럼 분산적으로 제시하는 것이 학습자들에게 있어서 효과적인 방법일 것이라고 보아진다.

특히 'A' 교재에서는 중요하거나 빈도가 높으며 어려운 변화에 대해서는 중복하여 반복적으로 다루었다. 예를 들면 받침을 다룰 때, 중화현상을 다루었음에도 불구하고 음운변화를 다루는 부분에서 다시 반복하여 제시하였고, 음운규칙 가운데서 중요하면서도 빈도가 높은

---

58) 이선아, 「일본어 화자를 위한 한국어 교재의 분석과 개발 방향」, 이화여자대학교 교육대학원, 석사학위 논문, 2000. p.91.

59) 안주희, 「외국인을 위한 한국어 발음 교육 연구」, 숙명여자대학교 교육대학원 국어교육전공, 석사 학위 논문, 1999. p.94.

일부 항목에 관해서는 받침단원에서 1차적으로 간단히 다룬 후, 발음 내용을 마무리하는 마지막 단원에서 또 한 번 상세히 다루었다. 그리하여 복잡하고 어려운 부분에 대한 음운변화 내용들을 학습자들에게 반복적으로 환기시켜 주면서 잘 배울 수 있게 배려하였다. 또한 음운변화에 대한 설명은 자세하여 학습자들이 자가 학습은 물론 교사가 없이도 모르는 것을 제때에 해결할 수 있게 하는 장점이 있었다. 하지만 여기서 아쉬운 점이라면 'B' 교재는 음운변화 제시에서 분산적으로 제시는 했지만 반복하여 제시하지 않고 단 한 번에 제시를 끝냄으로써 어려운 음운규칙을 이해하고 기억하는 데 'A' 교재보다 효과적이지 못할 것으로 보아진다. 교재의 음운변화 규칙은 반드시 간단하고 쉬운 것부터 시작히어 분산적으로 반복하여 제시해야 학습자들이 음운변화지식을 인지하는 데 큰 도움이 될 수 있고 복잡하고 어려운 음운변화를 배우는 데 효율적일 수 있다.

전체적으로 음운변화를 한 번에 집중적으로 제시하여 학습자들에게 과중한 부담과 학습의욕을 떨어뜨리고 학습효과를 저하시키는 제시 방법은 반드시 재고해야 할 부분이라고 생각된다.

2) 음운변화의 내용

이 부분에서는 주로 4종 교재들이 음운변화의 내용을 어떻게 선정하고 있는가에 대해 중점적으로 살펴보고자 한다.

'A' 교재의 음운변화 내용을 <표 3-16>에서 보면 다음과 같다.

〈표 3-16〉 'A' 교재의 음운변화 내용

받침이 나오는 단원에서 제시한 음운 변화	발음부분의 마지막 단원에서 제시한 음운변화	문법단원에서 제시한 음운변화 ※ 과목 중간에서 다룬 음운변화
1, 10과: 자음의 된소리화 (ㄱ,ㄷ,ㅂ,ㅅ,ㅈ+ㄱ,ㄷ,ㅂ,ㅅ,ㅈ=ㄲ,ㄸ,ㅃ,ㅆ,ㅉ) 2, 11과: 연음 현상 3, 13과: 동화, 격음의 정의 및 간단한 예	1, 7개의 대표음으로 전이하는 받침의 발음. 2, 연음화 현상 3, 동화현상 A, ㄱ(ㄱ,ㄲ,ㅋ,ㄺ)=ㄴ,ㄹ,ㅁ=ㄱ⇒ㅇ(근접동화, 역행동화) B, ㄷ(ㄷ,ㅌ,ㅅ,ㅆ,ㅈ,ㅊ,ㅎ)+ㄴ,ㄹ,ㅁ=ㄷ⇒ㄴ(근접동화, 역행동화) C, ㅂ(ㅂ,ㅍ,ㅄ,ㄼ,ㄿ)+ㄴ,ㄹ,ㅁ=ㅂ⇒ㅁ(근접동화, 역행동화) D, ㄴ+ㄹ, 혹은 ㄹ+ㄴ=ㄴ⇒ㄹ(근접동화, 순행동화, 역행동화) E, 1)유향자음 ㄹ가 받침 ㅁ,ㅇ, 혹은 ㄱ, ㅂ뒤에서 ㄴ로 변함. 2) 자음 ㄹ가 받침 ㄱ,ㅂ뒤에서 ㄴ로 변함(호상동화) 4, 구개음화 현상 5, 거센소리음화 현상 ㄱ,ㄷ,ㅈ+ㅎ=ㄱ,ㄷ,ㅈ⇒ㅋ,ㅌ,ㅊ 6, 된소리화 현상 A, 평음+평음=경음 B, 한자어 중 받침 ㄹ+ㄷ,ㅅ,ㅈ=ㄷ, ㅅ,ㅈ ⇒ㄸ,ㅆ,ㅉ C, 어미(-ㄹ고,-ㄹ게,-ㄹ수록,-ㄹ지,-ㄹ지라도)중의 ㄹ 가=ㄱ,ㅅ,ㅈ, ㄱ,ㅅ,ㅈ⇒ㄲ,ㅆ,ㅉ로 발음 7, 중간음 현상 A, 합성어에서 형태소의 마지막 음절이 개음절이나 혹은 유향자음 (ㄴ,ㄹ,ㅁ,ㅇ)+평음=경음(봄비→봄삐) B, 합성어중 뒤의 형태소가 모음 ㅣ 혹은 ㅑ,ㅕ,ㅛ,ㅠ로 시작될 때 그 사이에 한 개 혹은 두 개의 ㄴ가 첨가된다. 예: 집일→ 집닐→짐닐	제20과:ㄹ,ㅂ,ㄷ, ㄹ,ㅎ,ㅅ등 불규칙 제21과: ㄹ의탈락 제23과:ㅂ의 불규 칙 제24과: ㅡ의 탈락 제27과: ㄷ, ㄹ의 불규칙 제29과: ㅎ의 불규칙

'A' 교재는 음운변화를 도합 3개 단계에서 제시하고 있다. 하나는 받침을 제시하는 단원에서 빈도가 높고 필요한 규칙 즉 된소리화, 연

음화, 동화 등 현상에 대해 간단히 제시하고 두 번째는 음운변화가 끝나는 마지막 단원에서 위의 항목에다 구개음화, 중간음 등 현상을 포함하여 7개의 큰 조목에 대해 집중적으로 상세하게 다룬다. 그리고 문법단원이 제시되는 가운데서 불규칙활용을 다룬다.

'A' 교재에서 배치한 음운변화들을 살펴보면 동화현상은 모두 6개 내용이고, 된소리화는 3개 내용이며, 중간음 현상은 2개, 그리고 거센 소리현상과 구개음화 현상, 연음화 현상까지 하면 도합 14개 내용에 달한다. 거기에다 7개의 불규칙활용까지 하면 'A' 교재에서 다루고 있는 음운변화는 총 22개에 달하고 있는 것으로 집계되었다.

'B' 교재의 음운변화 내용을 <표 3-17>에서 살펴보면 다음과 같다.

<표 3-17> 'B' 교재의 음운변화 내용

받침이 나오는 단원에서 제시한 음운 변화	발음부분의 단원에서 제시한 음운변화
10과: ㄷ,ㅅ,ㅎ 불규칙 11과: ㄹ, 르, 러, ㅂ 불규칙 12과: A.연음 현상 　　　 B,축약, 탈락, 첨가현상 13과: 된소리 현상 A, ㄱ,ㄷ,ㅂ,ㅅ,ㅈ+ㄱ,ㄷ,ㅂ,ㅅ,ㅈ=ㄲ,ㄸ,ㅃ,ㅆ,ㅉ B, 받침ㄴ,ㅁ+ㄱ,ㄷ,ㅈ=ㄲ,ㄸ,ㅉ C, 한자어의 받침 ㄹ뒤의 ㄷ,ㅅ,ㅈ=ㄸ,ㅆ.ㅉ D, 관형사형어미(-ㄹ/을)+ㄱ,ㄷ,ㅂ,ㅅ,ㅈ=ㄲ,ㄸ, 　　ㅃ,ㅆ,ㅉ 14과: 동화 현상 A, ㄱ,ㄷ,ㅂ+ㄴ,ㅁ=ㄱ,ㄷ,ㅂ⇒ㅇ,ㄴ,ㅁ. B, 1)받침 ㅁ,ㅇ뒤의 자음 ㄹ=ㄹ⇒ㄴ 　　2)ㄴ+ㄹ=ㄴ⇒ㄹ C,일부 한자어 중 받침ㄱ,ㅂ+ㄹ=ㄹ⇒ㄴ D,받침ㄷ,ㅌ,ㄸ+조사혹은 어미(-이)= ㅈ,ㅊ 15과: 르와 ㄴ의 불규칙	5과: 르불규칙; 부르다, 불렀습니다 6과: 르불규칙; 살다, 삽니다 ㅂ불규칙; 덥다, 더워요 ㄷ불규칙; 듣다, 들었습니다. 7과:ㅎ불규칙; 빨갛다, 빨간

우선 'B' 교재의 음운변화 내용배치를 보면 'A' 교재와 달리 받침 단원에서 관련성 있는 어휘와 함께 연음현상, 된소리현상, 동화현상 등 빈도가 높은 항목에 대해 분산하여 다루었다. 그리고 과목 중간 부분에 가서는 일부 불규칙활용만 중복하여 다루었고 받침단원에서는 분산하여 3개 항목에 달하는 10개의 불규칙활용과 3개 항목의 11개에 달하는 음운변화를 다루었다.

전체적으로 된소리현상에서는 'A' 교재보다 한 항목이 더 많은 4항목의 세부항목을 다루었지만 동화현상에서는 한 항목이 적은 5개의 세부적 항목을 다루고 있다. 그 밖에 다른 교재와 또 다른 점이라면 첨가현상과 경음화현상에 대해 중간음 현상이라고 명칭하고 따로 다룬 점이 특이하다.

전체적으로 봐서 격음화의 법칙이 빠져 있는 점이 아쉽고, 다음은 구개음화라는 명칭을 따로 쓰지 않고 동화현상에다 함께 넣어 다룬 것이 특이하다. 즉 'B' 교재의 음운변화에 대한 배치는 학습자들에게 한꺼번에 부담을 주지 않으면서도 자연스럽게 한 항목씩 배우도록 분산적인 배치를 했다는 점에서 다른 교재에 비해 긍정적이다.

계속하여 'C' 교재의 음운변화 내용을 <표 3-18>에서 살펴보면 발음 교육내용의 마지막 단원에서 집중적으로 음운변화 내용들을 다룬 후 과목 부분에서 한 개의 불규칙활용만 다룬 것이다.

'C' 교재의 음운변화 내용을 <표 3-18>에서 정리해 보면 다음과 같다.

〈표 3-18〉 'C' 교재의 음운변화 내용

발음부분의 마지막 단원에서 제시한 음운변화	문법단원에서 제시한 음운변화
1, 연음현상	
2, 동화 현상	
A, 구개음화 현상	
B, 비음화	
㉮ ㄱ,ㅂ,ㄷ+ㄴ,ㅁ=ㅇ,ㅁ,ㄴ	
㉯ ㅁ,ㅇ+ㄹ=[ㄴ]	
㉰ ㅂ,ㄱ+ㄹ=[ㄴ], [ㄱ]→[ㅁ]	
C, 설측음화	
3, 된소리화	14과:르불규칙
A, ㄱ,ㄷ,ㅂ,ㅅ,ㅈ+ㄱ,ㅂ,ㄷ=ㄲ,ㄸ,ㅃ,ㅆ,ㅉ	살다 ,삽니다, 사는
B, ㄹ+ㄷ,ㅅ,ㅈ=ㄸ,ㅆ,ㅉ	
C, 합성명사에서 앞 받침 ㄹ, ㅁ, ㄴ뒤의 첫 음절이 된소리로 발음	※ 르불규칙 외 다른 불규칙은 설명이 너무 간단하여 불규칙설명에서 제외함
4, 거센소리화 현상	
5, 축약 및 탈락	
A, ㅎ탈락	
B, ㄹ탈락	
C, 아서/어서/여서의 축약	
6, 어음 첨가 현상	
A, 받침+야, 여, 요, 유, 이→ [냐, 녀, 뇨, 뉴, 니]	
B, ㄹ+야,여,요,유,이=ㄹ첨가 (솜니불)	
C, ㅅ 첨가	

　　'C' 교재는 'A' 교재에 비해 동화현상에다 비음화현상과 설측음화 현상, 그리고 비음의 유음화현상 외에 구개음화현상을 더 포함시켜 다루었다. 그리고 된소리 현상은 'A' 교재와 마찬가지로 3개 항목을 다루었고, 'B' 교재보다는 한 항목을 적게 다루었다. 전체적으로 'C' 교재는 6개 항목에서 17개 되는 세부적 항목을 다루어 가장 기본적인 음운변화는 언급했다. 하지만 불규칙활용에서 르불규칙활용만 다루고 있어 다른 교재보다 제시한 내용이 많이 적다.

　　<표 3-19>에서 'D' 교재의 음운변화 내용을 정리한 표를 참조해 보면 다음과 같다.

<표 3-19> 'D' 교재의 음운변화 내용

발음부분의 마지막 단원에서 제시한 음운변화	문법단원에서 제시한 음운변화
1, 연음현상	
2, 경음화 현상	
A, ㄱ,ㄷ,ㅂ+ㄱ,ㄷ,ㅂ,ㅅ,ㅈ=ㄲ,ㄸ,ㅃ,ㅆ,ㅉ	
B, 받침ㄴ,ㅁ+ㄱ,ㄷ,ㅅ,ㅈ=ㄲ,ㄸ,ㅆ,ㅉ	
C, ㄼ,ㄾ+ㄱ,ㄷ,ㅅ,ㅈ=ㄲ,ㄸ,ㅆ,ㅉ	
D, 한자어 중 ㄹ+ㄷ,ㅅ,ㅈ=ㄸ,ㅆ,ㅉ	19과:ㄹ불규칙; 멀다, 먼산, 멉니다
E, ㄹ+ㄱ,ㄷ,ㅂ,ㅅ,ㅈ=ㄲ,ㄸ,ㅃ,ㅆ,ㅉ	20과:ㅎ불규칙; 노랗다, 노란, 노래요
F, ㄴ,ㄹ,ㅁ,ㅇ+ㄱ,ㄷ,ㅂ,ㅅ,ㅈ=ㄲ,ㄸ,ㅃ,ㅆ,ㅉ	21과:ㅂ불규칙; 어렵다, 어려워요
3, 격음화	26과: ㄹ불규칙; 모르다, 몰라서
4, 구개음화	
5, 음의 동화 현상	
A, ㄱ(ㄱ,ㄲ,ㅋ,ㄹㄱ)+ㄴ,ㄹ,ㅁ=[ㄱ]→[ㅇ]	
B, ㄷ(ㄷ,ㅌ,ㅅ,ㅆ,ㅈ,ㅊ,ㅎ)ㄴ,ㄹ,ㅁ=[ㄷ]→[ㄴ]	
C, ㅂ(ㅂ,ㅍ,ㅂㅅ,ㄹㅂ,ㄹㅍ)+ㄴ,ㄹ,ㅁ=[ㅂ]→[ㅁ]	
D, ㄴ+ㄹ, ㄹ+ㄴ, =[ㄴ]→[ㅁ]	
E, 받침(ㅁ,ㅇ,ㄱ,ㅂ)+자음[ㄹ]→[ㄴ]	

'D' 교재는 'A' 교재나 'C' 교재처럼 발음부분이 끝나는 마지막 단원에서 5개 항목의 14개에 달하는 세부적 항목을 집중적으로 다루었다. 음운변화에는 연음화현상, 경음화현상, 격음화현상, 구개음화현상 등 중요하고 빈도가 높은 내용이 제시되었다. 그리고 과목 부분에서는 분산하여 4개의 불규칙활용을 다루었고, 구개음화현상은 어디에도 귀속시키지 않고 단독으로 다루어 다른 교재와 많이 달랐다.

'D' 교재에서는 또 된소리화라는 명칭을 쓰지 않고 경음화라는 명칭을 쓰고 있으며, 다른 교재들보다 특이하게 경음화현상에서 6개나 되는 세부적 항목을 자세하게 다루고 있다. 그리하여 네 교재 가운데서 된소리되기 현상을 가장 많이 제시하고 있는 'B' 교재의 4개 항목보다 2개나 더 많이 경음화현상을 다루고 있다.

그리고 유음화현상은 따로 명칭하지 않고 동화현상 속에 포함시켜

다루고 있으며, 'B' 교재나 'C' 교재와 다르고 'A' 교재와 같이 구개음
화현상을 따로 다루고 있는 것이 특징적이다.

　이상 4종 교재에서 다루고 있는 음운변화 종류를 내용면에서 정리
해 보면 'A' 교재는 22개, 'B' 교재는 21개, 'C' 교재는 17개, 'D' 교재
는 18개이다. 4종 교재는 음운변화 부분에서 반드시 다루어야 할 기
본내용에 대해 대체적으로 언급하고 있으나 일부 용어의 명칭이 다
르거나 기본적인 순서배열이 대동소이하다. 특히 일부 내용들은 단독
으로 다루어져야 할 세부 항목임에도, 동화현상 안에서 통틀어 다룬
것이 문제이다. 즉 비음화현상이나 설측음화현상, 그리고 경음화현상
이나 구개음화현상들을 따로 제시하지 않고 경우에 따라 다른 항목
에 포함시켜 다루고 있다. 음운변화는 워낙 복잡하고 어려운 항목이
기 때문에 이 면에서 가급적이면 각각 분류하여 제시하는 것이 바람
직하다.

　전체적으로 4종 교재는 발음단계에서 학습자들이 배워야 할 기본
적이면서 필수적인 음운변화 내용을 대체적으로 언급하고 있다. 'A'
교재는 음운변화에서 많은 내용을 다루어 내용이 충분하다는 감은
있으나 통합교재 안에서 발음 교육을 진행한다고 할 때, 내용제시가
너무 많지 않나 하는 느낌이 있다. 그리고 'B' 교재는 격음화현상을
언급하지 않아 아쉬움을 보였다.

　초급단계 중국 학습자들에게 가장 적합한 음운교육의 내용에 대해
서는 아래 음운변화의 순서에서 함께 제시해 보기로 한다.

3) 음운변화의 순서

음운변화에서 4종 교재가 어떤 내용을, 어떤 위치에 제시했는가를 살펴본 뒤를 이어 음운변화의 제시순서에 대해 자세히 살펴보기로 한다.

먼저 각 종 교재들의 제시순서를 정리하면 <표 3-20>과 같다.

<표 3-20> 4종 교재의 음운변화 제시순서

'A' 교재	받침의 발음(7개)→ 연음화→ 동화(6개)→ 구개음화→ 거센소리음화→ 된소리화(3개)→ 중간음현상(첨가현상,2개)→ (ㄹ,ㅂ,ㄷ,르,ㅎ,ㅅ)불규칙→ ㄹ의 탈락→ㅂ의 불규칙→ ㅡ의 탈락→ ㄷ,르의 불규칙→ ㅎ의 불규칙
'B' 교재	(ㄷ,ㅅ,ㅎ)불규칙→(ㄹ,르,러,ㅂ)불규칙→ 연음 현상→ 축약, 탈락, 첨가현상→ 된소리 현상(4개)→동화현상(4개)→ ㄹ와 ㄴ변화규칙→ (르→ㄹ→ㅂ)불규칙→(ㄷ→ㅎ)불규칙
'C' 교재	연음현상→ 동화 현상(6개)→ 구개음화 현상→ 비음화 → 설측음화→ 된소리화→ 거센소리화→ 축약 및 탈락(ㅎ,ㄹ,ㅑ,ㅕ)→ 어음 첨가(3개)→ ㄹ불규칙
'D' 교재	연음현상→ 경음화(6개)→ 격음화→ 구개음화→ 음의 동화(5개)→ (ㄹ, ㅎ,ㅂ, 르)불규칙

표에서 보면 4종 교재의 음운변화 배치순서가 확연히 다름을 알 수 있다.

그렇다면 음운변화 순서를 배치하는 데 과학성과 체계성이 과연 제기되는지? 만약 제기된다면 이런 내용들을 어떤 순서로 어떻게 배치해야 과학적이고 효과적인 발음 교육이 될지? 이에 관해 많은 연구자들이 퍽 오래전부터 심도 있는 연구를 해 왔다. 그럼 먼저 선행연구자들의 연구를 참고로, 검토해 보기로 한다.

김형복(2004)이 정리한 규칙을 보면 ① 일곱 끝소리 되기, ② 겹자음 줄이기, ③ 소리 이음, ④ ㅎ소리 줄이기, ⑤ 된소리되기, ⑥ 콧소리되기,[60] ⑦ 거센소리되기, ⑧ 입천장소리되기, ⑨ 흐름소리 되기, ⑩ 사잇소리현상 등을 들 수 있다.

장향실(2008)은 또 음운규칙의 교육 순서에 대한 논의를 위해서는 우선 한국어 음운 규칙 가운데서 어떤 규칙을 교육 대상으로 할 것인지가 전제되어야 한다면서 교수-학습이 필요한 규칙을 선정하고 불필요한 규칙을 배제하는 것이 선행되어야 그것의 제시 순서를 논할 수 있다고 하였다. 그러면서 졸고(2008)에서 이미 한국어를 배우는 외국인 학습자들을 위해 교수학습에 필요한 음운변화와 불필요한 음운변화를 제시했다면서 그것을 참고로 다시 제시하였다. 아래 장향실에서 인용한 졸고(2008)의 필요한 규칙과 불필요한 규칙[61]을 <표 3-21>에서 참조해 보면 다음과 같다.

<표 3-21> 졸고에서 선정한 필요한 규칙과 불필요한 음운변화 규칙

교수-학습되어야 할 음운변화	교수-학습될 필요가 없는 음운변화
① 평폐쇄음화	① 설측음의 비음화<2>
② 장애음의 비음화	② /ㄴ/탈락
③ 설측음의 비음화<1>(/ㄴ/-/ㄹ/ 연쇄, /ㄹ/-/ㄴ/의 연쇄)	③ /ㅡ/탈락
④ 자음군 단순화	④ /ㅏ, ㅓ/탈락
⑤ 장애음 뒤 경음화	⑤ /j/탈락
⑥ /ㅎ/탈락	⑥ /j/의 활음화
⑦ 격음화	⑦ /w/활음화
⑧ 동일 조음 위치 장애음 탈락	⑧ 양순음화
⑨ 어간말 비음 뒤 경음화	⑨ 연구개음화
⑩ 관형형 '-을' 뒤의 경음화	⑩ 단어 내부 유성음 사이에서의 /ㅎ/탈락
⑪ 구개음화(조사 '-이'로 한정)	⑪ 한자어의 경음화
⑫ 연음	⑫ /ㄷ/첨가
	⑬ /ㄴ/첨가

---

60) 음운변화에서 용어들에 대한 명칭이 연구자들 사이, 그리고 중국의 4종 교재들 사이에서도 통일되지 않고 있다. 콧소리를 비음화라 하든지, 거센소리를 격음, 첨가를 중간음이라고 하는 한중 두 나라 사이에서 일치를 가져오지 못하는 건 물론 중국교재들 사이에서도 다르게 불리는 현상이 있다.

61) 장향실, 「외국인 학습자를 위한 한국어 음운 규칙의 제시 순서 연구」, 『한국어 교육』, 2008. p.8.

다시 장향실[62]은 졸고의 연구를 바탕으로 난이도에 따른 위계조사와 사용 빈도에 따른 위계조사, 그리고 일반화 가능성에 따른 위계조사를 통해, 범용 교재 개발이나 범언어권 학습자를 대상으로 한 음운규칙의 교육순서를 제시하였다. 장향실이 정하고 있는 음운변화의 교육 순서를 참조하면 다음과 같다.

평폐쇄음화→연음→장애음 뒤 경음화→격음화→장애음의 비음화→자음군 단순화→설측음화→설측음의 비음화→동일 조음 위치 장애음 탈락→ㅎ탈락→어간말 비음 뒤 경음화→구개음화→관형형 '-을' 뒤의 경음화 순서이다.

계속하여 통합교재에서의 발음 교육을 염두에 두고 정리한 백소영(2010)[63]의 음운변화에 대한 순서를 보면 ① 연음, ② ㅎ탈락, ③ 경음화, ④ 비음화, ⑤ 유기음화, ⑥ 구개음화, ⑦ 유음화로 되어 있다.

이상 네 연구자들이 정리한 음운변화의 순서를 보면 연구자들마다 보는 견해와 분석에 다소 차이는 있으나 대체로 이해하기 쉽고 실제적으로 많이 활용하는 것부터 선정하여 순서를 배치했다는 점에서 일치하고 있다. 다시 말하면 발음의 난이도와 필수적이면서도 출현 빈도가 높은 어휘를 먼저 고려하였다는 점이다. 연구자들의 견해를 종합해 보면 대체로 음절끝소리규칙과 연음화현상 그리고 경음화가 처음부분에, 구개음화와 유음은 뒷부분에 배치하였다. 하지만 졸고의

---

62) 장향실, 「외국인 학습자를 위한 한국어 음운 규칙의 제시 순서 연구」, 『한국어 교육』, 2008. p.18. 장향실이 말하는 사용 빈도, 난이도, 일반화 가능성 등 세 가지가 중요한 기준이 되는 것은 한국어 교육의 목적이 의사소통능력 개발을 위한, 언어사용 능력을 기르는 데 있기 때문이다. 즉 효용성이나 교수학습의 용이성 때문에 빈도나 난이도, 일반화 가능성 등이 중요한 기준이 된다는 것이다. 따라서 이들은 음운변화의 교수-학습의 순서를 정함에 있어서도 중요한 근거가 된다.

63) 여기서 백소영은 음운변화의 순서를 다시 세분화하여야 한다고 지적했을뿐더러 또 그렇게 나누고 있지만 본서에서 다루고자 하는 목적이 세분화된 순서가 아니고 비교적 중요한 항목에 한해서만 정하고자 하기 때문에 더 제시하지 않는다.

경우에는 연음이 뒷부분에 위치하여 다른 연구자들하고는 완전히 다른 제안이다. 이런 배치순서의 차이는 일면 연구자들 사이에서 생기는 실험상의 오차가 아닐까라고도 생각된다.

연구자들이 제시하고 있는 발음규칙을 보면 김형복(2004)의 연구는 발음 교육을 다른 언어 기능과는 달리 전문적으로 다루자는 제안 밑에 행해진 연구라는 데서 의의가 있고 장향실(2008)은 범용 교재 개발이나 범언어권 학습자를 대상으로 하여 음운변화별로 그 교육순서를 정하려 했다는 점에서 돋보이며, 졸고(2008)는 한국어를 배우는 외국인 학습자들을 위해, 한국어 발음 교육에 필요한 규칙과 불필요한 규칙을 각각 따로 제시하고 있다는 데서 장점이 보인다. 그 밖에 백소영(2010)은 다른 연구자들과는 달리 통합교재의 발음 교육에 입각하여 음운변화 내용을 선정한 것이 특징적이다.

이상 네 연구자의 음운변화 순서배치에 대한 정리를 중국의 한국어 음운변화의 순서와 비교해 보면 교과 과정의 차이와 학습 대상자의 차이에 따라 그대로 받아들이기에는 거리가 있는 것으로 판단된다. 연구에서 보면 한국의 연구자들은 한국 내의 발음교재를 연구대상으로 했고, 학습자도 대체로 한국어를 배우는 미국인 학습자와 일본인 학습자들을 대상으로 하고 있다. 하지만 중국의 일반대학 같은 경우에는 아직까지 별도의 발음교재가 없는 상황에서 전부 통합교재에 의거하여 발음 교육을 진행하며 학습대상도 중국어를 모국어로 하는 대학생들이다. 때문에 이상 네 연구자들의 음운변화를 그대로 참고하기보다는 한국의 여러 통합교재를 통해 발음 교육을 고찰한 백소영의 음운변화 제시순서와 범용 교재 개발 및 범언어권 학습자를 대상으로 한 장향실(2008)의 음운변화 교육연구를 참고하는 것이 더 적합할 것으로 판단된다.

음운변화 규칙에서 제시된 이 두 연구자의 음운변화 내용과 배열 순서에 대해 살펴보면 다음과 같다.

장향실과 백소영은 음운변화 내용과 순서를 정함에 있어서 ① 발음의 출현빈도를 고려했고, ② 필수적으로 다루어야 할 발음들에 대해 고려했으며, ③ 발음에서 제기되는 난이도를 고려했다. 이상의 점을 감안해 보면 중국 교과요구와 많은 면에서 일치한 점이 있음을 알 수 있다. 때문에 그들의 연구는 큰 가치가 있는 것으로, 두 연구자의 음운변화 배치순서를 종합하여 참조하기로 한다.

두 연구자가 제시하고 있는 음운변화의 내용과 배열 순서를 종합하여 정리해 보면 ① 연음화, ② 경음화, ③ 격음화, ④ ㅎ탈락, ⑤ 비음화, ⑥ 설측음화, ⑦ 구개음화로 볼 수 있다. 두 연구자의 연구결과를 다시 4종 교재의 음운변화 배열순서와 비교해 보면 대체적으로 비슷하다고 할 수 있는 교재가 오직 'D' 교재로, ㅎ탈락 순서가 많이 다른 것 외에 내용으로 보나 순서를 보나 거의 비슷하게 맞아떨어진다고 할 수 있다. 그 밖의 교재들은 내용상에서는 거의 들어 있으나 순서상에서 비교적 많은 차이점을 보이고 있는 것으로, 음운변화 제시 순서에서 'D' 교재가 비교적 과학적이라고 할 수 있다. 즉 제시순서에서는 'D' 교재가, 제시위치에서는 'A' 교재가 발음단계에 있는 학습자들에게 비교적 적합한 것으로 판단되었다.

4) 불규칙활용

불규칙활용은 음운변화의 한 부분으로, 음운변화와 마찬가지로 체계적이면서도 과학적인 규칙의 적용을 요하고 있다.

그렇다면 중국의 네 종 교재는 불규칙활용의 종류나 제시순서, 그리고 제시 위치를 어떻게 배열 조직하고 있는지, 먼저 〈표3-22〉에서 자세히 살펴보기로 한다.

〈표 3-22〉 네 종 교재의 불규칙 활용 제시순서

	받침단원에서 다룬 불규칙 활용	발음내용의 마지막 단원에서 다룬 불규칙 활용	문법단원에서 다룬 불규칙 활용 즉 단원중간 부분
'A'교재			ㄹ,ㅂ,ㄷ,르,ㅎ,ㅅ 등 불규칙
'B'교재	ㄷ,ㅅ,ㅎ,ㄹ,르,러,ㅂ 등 불규칙→ㄹ와 ㄴ의 불규칙		르 불규칙→ㄹ 불규칙→ㅂ 불규칙→ㄷ 불규칙→ㅎ 불규칙
'C'교재		※ 여기서 'C'교재는 ㅎ,ㄹ,ㅅ에 대해 음운의 탈락과 첨가현상에 넣어 다루긴 했으나 너무 간단하게 언급했기에 불규칙 활용설명에서 제외한다.	르 불규칙
'D'교재			르 불규칙→ㅎ 불규칙→ㅂ 불규칙→르 불규칙

제시위치 상, 세종의 교재는 음운변화 규칙을 다룬 후, 단원중간 부분에서 불규칙활용을 다룬 것이 특징적이나 한 종의 교재는 받침을 제시하는 단원에서 7개에 달하는 불규칙 활용을 다룬 후, 다시 단원부분에서 6개의 불규칙 활용을 중복하여 다룬 것이 특징적이다.

그리고 제시내용에서는 'B'교재가 7개로 가장 많고 'A'교재는 6개로 두 번째로 많으며 'D'교재는 4개로 세 번째, 'C'교재는 한 개로 네 번째이다.

마지막으로 불규칙활용의 제시순서를 살펴보면 'A'교재는 'ㄹ', 'ㅂ', 'ㄷ', '르', 'ㅎ', 'ㅅ'의 순서로 되어있고 'B'교재는 'ㄷ', 'ㅅ', 'ㅎ', 'ㄹ', '르', '러', 'ㅂ' 의 순서로 되었으며 'C'교재는 '르'특수규칙 하나만 제시하고 'D'교재는 'ㄹ', 'ㅎ', 'ㅂ', '르' 순서로 배열되어 있다.

그럼 네 종 교재에서 제시하고 있는 불규칙활용의 제시내용과 제시순서, 그리고 제시위치가 어느 교재의 것이 더 체계적인지 한국의 여러 대학들에서 출판한 '한국어'교재에서 제시하고 있는 불규칙활용을 참고로 검토해본다.

(1) 고려 대학교에서 출판한 한국어에서는 초급단계의 1책에서 3개의 불규칙을 다룬 후 2책에서 4개의 불규칙을 다루어 모두 7개의 불규칙활용을 제시했다.

1책 → '으' 불규칙 활용

1책 → 'ㄹ' 불규칙 활용

1책 → 'ㅂ' 불규칙 활용

2책 → '르' 불규칙 활용

2책 → 'ㅅ' 불규칙 활용

2책 → 'ㄷ' 불규칙 활용

2책 → 'ㅎ' 불규칙 활용

(2) 서강 대학교 한국어 센터에서 만든 서강 한국어에서는 초급단계인 2책에서만 6개의 불규칙활용을 다루었다.

2책 → 'ㄷ'불규칙

2책→ 'ㅂ'불규칙

2책→ '르'불규칙

2책→ '러'불규칙

2책→ '으'불규칙

(3) 서울 대학교 어학연구소에서 만든 한국어에서는 1책에서만 집중하여 4개의 불규칙활용을 다루었다.

1책 → 'ㅂ' 불규칙

1책 → '으' 불규칙

1책 → 'ㄷ' 불규칙

1책 → '르' 불규칙

(4) 한국어 어학당 편인 연세 대학교 출판부에서 출판한 한국어에서는 1책에서 5개의 불규칙활용을 다루고 2책에서는 한 개만 다루었다.

1책 → '르' verbs

1책 → '러' verbs

1책 → 'ㅂ' verbs

1책 → 'ㄷ' verbs

1책 → 'ㅎ' verbs

2책 → 'ㅅ' verbs

(5) 마지막으로 한국외국어 대학교 외국어연수원에서 만든 한국어에서는 1책에서 3개, 2책에서 3개의 불규칙활용을 다루었다.

1책 → '르' 불규칙 동사

1책 → 'ㅂ' 불규칙 동사

1책 → 'ㄷ' 불규칙 동사
2책 → 'ㅅ' 불규칙 동사
2책 → '으' 불규칙 동사
2책 → 'ㅎ' 불규칙 동사

위에서 보다시피 고려 대학교 한국어는 1책에서 '으', 'ㄹ', 'ㅂ' 등 3개의 불규칙활용과 2책에서 '르', 'ㅅ', 'ㄷ', 'ㅎ' 등 4개의 불규칙 활용을 다루었다. 그리고 서강 대학교 한국어는 2책에서 5개의 불규칙 활용 'ㄷ', 'ㅂ', '르', 'ㄹ', '으' 을 다루고 서울대학교 어학연구소에서 편찬한 한국어는 1책에서 'ㅂ', '으', 'ㄷ', 'ㄹ' 등 4개의 불규칙활용을 다루었다. 그밖에 연세 대학교 출판부의 한국어는 1책에서 '르', 'ㄹ', 'ㅂ', 'ㄷ', 'ㅎ' 등 5개의 불규칙활용을 다루고 2책에서 'ㅅ' 불규칙만 다루었으며 한국외국어 대학교 외국어연수원의 한국어는 1책에서 '르', 'ㅂ', 'ㄷ' 등 3개의 불규칙활용을, 2책에서 'ㅅ', '으', 'ㅎ' 등 3개 의 불규칙 활용을 다루었다.

이상의 교재들이 제시하고 있는 불규칙활용을 살펴보면 우선 내용 제시가 다를 뿐만 아니라 제시위치나 제시순서 역시 약간씩 다름을 볼 수 있다. 어떤 교재는 1책에서 전부의 불규칙활용을 다루었고 어떤 교재는 2책에서 전부 다루었으며 또 어떤 교재는 1책과 2책에서 반반 씩 다루었다. 그리고 1책에서 집중해 다루고 2책 부분에서 적게 제시한 교재도 있다.

수량 상에서도 차이를 보인 것으로, 불규칙활용을 가장 많이 제시한 교재가 고려 대학교에서 출판한 한국어로 7개이고 가장 적게 제시한 교재는 서울 대학교 어학연구소에서 만든 한국어로 4개이다.

　5종의 교재가 제시한 불규칙활용 제시차수를 보면 'ㅂ', 'ㄷ', 'ㄹ' 불규칙이 각각 5개로 가장 많고 '으'불규칙이 4개로 두 번째, '르', 'ㅅ', 'ㅎ' 불규칙이 3개로 마지막이다. 즉 순위별로 종합해보면 '르', 'ㅂ', 'ㄷ'(5개), '으'(4개), '르', 'ㅅ', 'ㅎ'(3개) 순서로 되고 있음을 알 수 있다.

　다시 5종 교재의 불규칙활용 제시순서와 제시위치, 그리고 제시내용을 중국의 교과과정에 비추어보면 내용상에서 우선 중국 학습자들이 한국어 전공을 목적으로 하기에 '르', 'ㅂ', 'ㄷ', '으', '르', 'ㅅ', 'ㅎ' 등 7개 항목의 불규칙 활용을 모두 제시하는 것이 비교적 이상적이다.

　그리고 세시순시에서는 한국외 5종 교재에서 제시한 순위별에 따라 '르', 'ㅂ', 'ㄷ', '으', '르', 'ㅅ', 'ㅎ' 등 순서로 배열하는 것이 보다 바람직한 것으로 보인다.

　마지막으로 제시위치에서는 학습자들이 복잡한 발음교육을 보다 쉽게 접하게 하기 위해 음운변화지식을 배운 다음 불규칙활용을 접하게 하는 것이 바람직한 것으로, 서강 대학교 한국어 센터에서 편찬한 서강 한국어 교재가 비교적 합당한 것으로 보인다.

　이상 5종 교재의 불규칙활용과 비해볼 때, 중국의 4종 교재 중, 제시내용이나 제시순서, 그리고 제시위치상에서 최희수 주필로 된 'A' 교재가 비교적 과학적이면서도 체계적인 방법으로 불규칙활용을 다루고 있음을 볼 수 있다.

4. 교재의 문제점

4종 교재는 한국어교육이 제2단계에 진입한 후 편찬된 교재들로 중국대학의 교재 난을 적극 해결하여 한국어 교육에 지대한 공헌을 하였으나 다른 일면 시간상에서의 촉급함과 집필진의 구성 문제, 더욱이 학습자들에 대한 진지한 기층조사가 없는 등 주밀한 계획을 세워 일을 진척하지 못했기 때문에 여러 가지 문제점 또한 많이 안고 있다.

4종 교재의 문제점을 크게 몇 가지 면에서 찾아볼 수 있다.

① 2종의 교재는 머리글에서 발음 교육대상이나 발음 부분의 특징, 발음 부분에 대한 내용과 발음 교육의 목적에 대해 대체적으로 언급하고 있으나 기타 2종의 교재는 발음 부분에 대한 소개가 한두 마디 정도로 나와 있거나, 혹은 전혀 없다. 만약 교재의 목적이나 이용 대상에 대한 설정이 확실하면서도 구체적이지 못하면 교재 편찬의 기본 요건인 난이도 조절은 물론, 과학적이고도 체계적이며 독창적인 교재로 만들 수 없다.

본서의 분석대상인 2종 교재에서 발음부분을 통합교재 속에서 다루는 까닭에서인지는 모르겠지만 이처럼 중요한 목적들을 따로 제시하지 않고 있는 것은 안타까운 일이 아닐 수 없다. 발음 교육은 한국어교육에서 간과할 수 없는 중요한 부분인 것만큼 교육목적이나 학습대상, 그리고 발음 부분에 대한 소개가 교재의 머리말에 분명하면서도 명확하게 제시되어야 할 것이다.

② 어떤 교재들은 차례부분에서 발음내용의 순서를 똑똑히 제시해 주지 않고 있다. 만약 발음에 대한 순서를 목차에 넣어도 되고 넣지

않아도 된다면 학습자들은 제시되는 발음내용을 쉽게 알 수 없는 건 물론, 처음부터 발음 교육에 대해 관심을 가지지 않을 수 있으며, 따라서 정확한 발음을 기대하기 어려울 것으로, 앞으로 의사소통에서도 큰 영향을 받게 된다. 때문에 한국어발음 교육은 문법이나 어휘부분과 마찬가지로 중요하게 언급되어야 할 것이다.

③ 자모배열 순서가 체계적이지 못하고 음운변화와 불규칙활용의 위치, 그리고 순서와 내용을 과학적으로 제시하지 못한 것이 4종 교재에서 정도부동하게 나타난다.

④ 자모발음 설명에서 4종 교재는 보다 자세한 설명을 하기 위한 노력을 들였다. 우선 자모 제시에서 어떤 교재는 국제음성기호 표기와 함께 한국어 발음의 유형과 성질을 간단히 제시함과 동시에 중국어로 비교적 자세하게 설명했다. 하지만 어떤 교재의 경우, 직접 자모 설명에 들어갔는가 하면 중국어 병음 표기까지 넣어 학습자들에게 혼동을 주는 폐단이 있다. 또 어떤 교재는 배우는 발음에 한해서만 자세한 설명을 시도했고, 어떤 교재는 학습자 모국어의 발음과 대조를 하였지만 비슷하다고만 했지 어떻게 같고 어떻게 다른지에 대한 구체적인 설명을 하지 않아 학습자들이 정확한 발음을 배우는 데 오히려 역작용을 주고 있다. 네 교재 가운데서 'D' 교재만이 두 언어의 공통점과 차이점을 비교해 가며 알기 쉬우면서도 과학적으로 설명하여 학습자들의 발음공부에 큰 도움이 될 것으로 예상된다.

⑤ 발음 부분에 할애한 면수로 발음 교육의 중요도를 결정한다면 'A' 교재가 발음 교육에 자못 깊은 중시를 돌렸다고 할 수 있다. 하지만 무조건 많은 쪽수를 할애했다 하여 결코 효과적이라거나 좋은 교재라고 할 수 없으며, 반면에 'C' 교재처럼 지나치게 간단해도 양적으

로나 질적으로 기대치에 미치기 어렵다.

발음내용은 반드시 어휘나 문법과 마찬가지로 교수요목에 따라, 학습자들의 대상에 맞게 적절한 양과 함께 적합한 내용이 제시되었을 때만이 소기의 목적에 도달할 수 있다. 동시에 사용빈도나 난이도가 적절하지 못해 어휘선택이 적중하지 않은 점도 4종 교재에서 각각 다르게 나타났다.

⑥ 연습내용 설정에서도 큰 허점을 보이고 있는데, 학습자들의 학습동기를 유발할 수 있고 보다 흥미로운 연습 형식으로 구성된, 다양하고도 재미있는 연습활동이 이루어지지 못하고 주로 듣고 읽기, 쓰기 등과 같이 단순하고 기계적인 반복현상이 4종 교재에서 일정하게 존재한다. 연습활동은 배운 내용에 대한 익히기의 과정이며 또한 이미 배운 발음내용에 대한 이해를 돕는 활동 공간이기도 하다. 특히 배운 문형과 표현을 활용해 학습자들이 자유롭게 상상하고, 창조적으로 문장을 만들어 자연스럽고 정확하게 발화하고 연습해 볼 수 있게 하자면 우선 학습자들의 흥미를 염두에 두고 다양한 연습활동을 조직하는 것이 중요하다.

전체적으로 4종 교재에서 제시하고 있는 연습문제는 대체로 어휘와 문장 읽기 등과 같이 따분하고 반복적인 내용이 위주여서 대단히 기계적인 느낌이다.

⑦ 교재 구성에서 부차적으로 중요한, 시각 자료와 청각자료에 대한 제시와 디자인 설계이다. 잘된 보조자료 제시나 아름다운 디자인 설계는 처음으로 한국어를 배우고 있는 학습자들에게 흥미를 불러일으키고 교실 수업 외 시간에 발음공부를 하는 데 있어 다른 영역의 여느 자료보다 더없이 필요한 부분이다.

우선 시각자료제시에서 어떤 교재는 알아보기 쉽게 제시하고 있으나 어떤 자료는 그림이 작아 알아보기 어려우며 또 청각자료 제시에서도 어떤 교재는 CD자료를 제시하지 않았거니와 설사 제시했다 하더라도 효과적이지 못한 등 적지 않은 한계점을 보였다. 그리고 표지 설계부터 내용의 디자인에 이르기까지 아직까지 모자람이 많았다.

⑧ 초분절적 요소에 대한 언급이 어느 교재에도 들어 있지 않아 중국 학습자들이 처음 한국어를 접할 때, 억양교육에서 일정한 어려움이 있을 것으로 예상된다. 특히 자모단계에 제시된 짧은 화화에나마 간단하게 억양표시를 해 준다면 학습자들이 보다 쉽게 한국어 발음을 접하지 않을까 기대된다.

한국어 교사진 4장

　교사의 여러 특성이 교육성과에 미치는 영향은 지대하다. 아무리 합리적인 교육정책과 참신한 교육과정, 그리고 교육이론과 교사 학습 기술, 첨단 교육자료 등을 가졌다 할지라도 바람직한 교사의 자질과 교사의 교육적 신념이 없이는 ㄱ 실효를 거둘 수 없다. 그러므로 교육의 성패는 교사의 자질 여하에 따라 결정지어지는 것이다.[64] 교사는 교육활동 과정의 핵심이며, 교육의 질과 교육의 성패를 좌우하는 결정적인 요소이다. 때문에 교육과정에서 교사의 중요성은 아무리 강조해도 지나치지 않으며 모든 교육적 작용은 교사를 통해서만 이루어진다 해도 과언이 아니다. 즉 결정적인 변인으로서의 교사가 어떠한 인격을 갖추고 있고, 얼마만큼의 전문자질을 지니느냐 하는 것은 항상 질 높은 교육을 위한 필수적인 문제로 나선다. 교사의 이런 특성에 대해 김윤태(1986)는 교직은 다른 직업과 달리 인간을 가르치고 기르는 성스러운 직업으로서 특별한 자질과 사명감을 가진 사람만이 가질 수 있는 직업이라 정리하고 있다. 그렇다면 중국에서의 한국어 교사진의 현황은 어떠한지 살펴보기로 한다.

---

64) 박경묵, 「초등교사의 자질 모형 정립에 대한 연구」, 한국교원대학교 대학원 박사학위논문, 1991. p.4.

1. 교사진의 현황

중국에서 외국어로서의 한국어교육은 국립대학이나 사립대학에서 설치한 4년제 한국어학과와 사립대학이나 전문대에서 설치한 3년제 한국어학과, 그리고 직업대학이나 직업고등학교에서 설치한 2년제 한국어학과와 민간에서 꾸리는 외국어학교, 그리고 제2외국어로서의 한국어교육 등의 형태로 되어 있다. 외국어로서의 한국어교육은 또 조선족 학생들을 대상으로 한 모국어로서의 한국어교육과 한족이나 기타 민족을 대상으로 한 외국어로서의 한국어교육으로 나누어 볼 수 있다. 전자는 중국에 사는 한민족 후대들에게 자기의 말과 글, 그리고 문화와 전통을 가르쳐 계승·발전하도록 하는 데 그 목적이 있고, 후자는 한족이나 기타 민족들에게 한국어를 가르쳐 그들로 하여금 중·한 두 나라 간의 경제·문화 교류에 이바지하도록 하는 데 그 목적이 있다.[65]

수교 이전, 중국에는 한국어학과가 설치된 대학이 불과 5개소에 달했지만 수교 이후, 몇 년 사이에 거의 4.5배나 늘어 23~24여 개소 되는 대학에서 한국어학과를 개설하였고, 이십여 년이 지난 오늘에는 무려 250여 개소나 되는 대학들에서 한국어 교육과정을 개설한 것으로 집계되었다. 이러한 갑작스런 변화는 소정의 준비과정을 거칠 겨를도 없이 한국어 교사의 수를 수십 배로 양산시키는 결과를 가져왔다. 20여 년 동안, 한국어학과가 급증하는 가운데 학생 수는 급격히 늘었고, 한국어 인력은 극히 제한된 가운데 소위 한국어만 알면 된다

---

65) 오상순, 「중국에서의 한국어 교육의 현황과 과제」, 2010 국제학술회, 『동북아지역 한국어문학 교육의 현황과 전망』, 한국 언어문학학회 등 주최, 2010. p.33.

는 식으로 부족되는 교사를 충당하는 상황에 이르렀다. 불완전한 통계에 의하더라도 현재 중국대학에서 한국어를 가르치는 전임 교사 수는 몇 년 전의 350여 명으로부터 1,580여 명[66] 전후로 추산되고 있다. 이와 같은 현상은 교사의 자질 면에서 적지 않은 문제들을 야기하고 있다. 그렇다면 그동안 중국에서의 한국어 교사들은 어디에서 한국어를 배웠고 또 어떤 경로로 한국어 교사가 되었는지, 중국에서의 한국어교사들의 내원부터 자세히 알아보기로 한다.

1) 교사진의 구성

중국대학에서 한국어를 가르치고 있는 교사진을 살펴보면 전임교사와 현지 시간 강사, 그리고 원어민 강사 등 여러 가지 부류로 아주 다양한 양상을 보인다. 뿐만 아니라 대학교마다 교사구성에서 큰 차이를 보이는데, 어떤 대학은 중국인[67] 교사만 있고 어떤 대학은 조선족 교사들만 있으며, 또 어떤 대학은 반반의 비례이거나, 어떤 대학은 중국인 교사가 조선족 교사보다 더 많은 경우도 있다. 반면에 또 어떤 대학은 조선족 교사가 대다수를 차지하고, 중국인 교사가 소수를 차지하는 대학도 있고, 또 어떤 대학은 원어민 강사가 대부분을 차지하고 중국인 교사와 조선족 교사가 소수를 차지하는 대학도 있다.

먼저 한국어학과 교사의 내원에 대해 구체적으로 살펴보면 다음과 같다.

---

66) 앞의 논문, p.3 참조.
　　한국어 교사에 대한 정확한 통계자료가 없는 상황에서 필자가 김병운(2006)과 권혁률(2010)이 제시하고 있는 연구 자료에 의해 추산한 수치이므로 참조하기 바란다.
67) 중국대학의 한국어학과 전임 교사는 두 개 민족으로, 일반적으로 조선족과 한족으로 구성된다.

① 한국어 교사 중 대부분은 연변대학 조문학부나 중앙민족대학 조문학부, 그리고 동북3성의 조선족사범학교를 졸업한 후 교사로 되었거나 후에 한국이나 조선에 가서 유학한 유학파[68]들이며, 그리고 국내에서 석사 혹은 박사학위를 한 교사들이다.

② 국내 대학에서 은퇴한 후, 대학에 다시 들어와 강의하는 노 교사들이다.

③ 직함이나 학위는 높으나 전공이 다른, 이공계열의 교사들이 대도시로 진출하기 위해 한국어 교사가 된 경우이다.

④ 교사 출신이 아닌 전혀 다른 직종에 종사하던 공무원들이 연해지구나 대도시로 진출하기 위해 대학에 들어온 경우이다.

⑤ 조선족 초등학교나 조선족 중학교 혹은 고등학교에서 퇴직한 후 임시 대학에 들어와 강의를 맡은, 비교적 나이가 지긋한 노 교사들이다.

⑥ 시간강사로, 여러 곳을 전전하며 시간에 따라 임시로 강의를 맡아 하는 교사들이다.

⑦ 학사를 졸업하고 대학에 들어와 강의를 하는 젊은 계층이다. 국내에서 대학을 졸업하고 교사가 된 경우도 있지만 한국에서 유학하고 돌아와 교사로 된 경우도 적지 않다.

⑧ 원어민 강사들이다. 원어민 강사 중, 한국의 자매결연 대학이나 국제교류재단 등을 통해 파견된 한국대학의 교수나 한국에서 대학이나 석사, 혹은 박사를 졸업하고 중국대학에 들어와 강의하는 원어민 강사가 있다. 또 다른 한 계층은 사업상의 일로 가족을 따라왔다가

---

68) 중국의 경우, 수교 전까지만 해도 한국(조선)어학과의 주요 교사 역량은 대부분 조선족이었다. 그런 원인으로 지금도 70% 전후가 조선족 교사이다.

교사[69]를 하는 경우도 있다.

이상에서 보다시피 전임교사와 시간 강사, 그리고 원어민 강사에 이르기까지 중국에서의 한국어 교사진은 학사부터 박사에 이르기까지 학위구조가 체계적이지 못할뿐더러 교사들의 경력에서도 많은 차이를 보인다.

2) 교사진의 자질

(1) 교사진의 학위 상황

현재 중국 대학의 한국어 교사진을 보면 교사들의 학위나 직함이 비례적이지 못한 건 물론 교사들이 많이 부족한 것도 현실 문제로 제기된다. 이런 상황은 내지대학과 연해도시와 대도시의 대학, 경제가 발달한 지역의 대학과 경제가 발달하지 못한 지역의 대학, 그리고 명문대학과 일반대학, 국립대학과 전문대학 및 사립대학 사이에서 큰 차이를 보인다.

따라서 대학의 지리적 우세와 대학의 좋고 나쁨에 따라 교사인력에서 어떤 대학은 교사가 남아돌거나 부족하고 어떤 대학은 학위가 높고 어떤 대학은 낮으며, 직함구조에서도 어떤 대학은 높고 어떤 대학은 매우 낮다.

교사들의 학위나 직함구조, 그리고 교사가 부족한 등 일련의 문제

---

69) 대도시나 연해지구와 같이 인재가 밀집한 곳에서는 원어민에 대한 요구조건이 높아, 석사 이상 학력 소지자여야 하고 한편 교사자격증을 소유하거나 일정한 교육경력이 있는 등 학교에 따라 원어민을 선택하는 조건도 상이하다.

들은 한국어 교육 전체에 미치는 영향이 지대하겠지만 본서에서는 우선 교사들의 학위가 교사의 자질과 직접적으로 많은 연관이 있음을 감안하여 한국어 교사들의 학위구조[70]에 관해서 지역별로 주로 살펴보고자 한다.

<표 4-1> 한국어 교사진의 학위구조

지역/명	교사 총수	전임 교사	원어민 교사	시간 강사	박사	석사	학사
북경지역 9개 대학	49	49			29(59%)	18(37%)	2(4%)
상해, 절강 지역	56	56			17(30%)	23(41%)	16(29%)
산동성 도합 50개 대학, 전문대학 및 사립대학	542	301(56%)	157(29%) 국립대의 원어민 학위는 50% 가석 박사, 사립대학과 전문대는 다수가 학사	84 (16%)	국립대학은 절대 다수가 석사나 박사학위를 취득하였거나 취득과정에 있다. 국립대학 중 청도대학, 중국 해양대학, 산동대학의 학력이 비교적 높고 기타 7개 대학에는 아직 박사학위 소지자가 없다. 사립대학 중 2개 대학에 박사학위 소지자가 3명 있는 것 외에 전문대까지 포함하여 박사학위 소지자가 없으며 전문대의 경우, 석사가 없는 학교도 9~10개가 된다.		
화북3개 성, 시 9개 대학	55				6(11%)	29(53%)	20(36%)
흑룡강성 18개 대학	120	80(67%)	40(33%)		7명(5.8%)	26(21.7%)	87(72.5%)

---

70) 오상순, 앞과 같음, pp.39~42 참조.
  필자가 요해한 데 의하면 중국에서의 한국어 교사에 대한 학위상황과 직함구조에 대한 조사는 아직까지 정확하게 이루어지지 못하고 있는 상황이다. 그 주된 원인은 한국어 학과의 급증과 더불어 일부 대학들을 제외하고 신·노 교체, 교사대오의 대폭 증가와 교사들 사이의 잦은 이동(특히 퇴직 후 각 대학들에서 주는 대우가 변함에 따라 이동하는 경우가 많음), 그리고 더 중요하게는 일부 대학들의 보수적인 관념으로, 적극적인 협조가 따라가지 못하기 때문에 지금까지 정확한 수치를 통계할 수 없는 상황이다. 여기에서 언급되고 있는 자료는 필자가 알기로 중국내에서 가장 최근에 통계된 수치로서 신뢰도가 높은 자료이다. 비록 많은 학교들이 빠져 있고 설사 자료에 들어있는 학교일지라도 교사 수나 학위가 제대로 표기되어 있지 않아 본서의 자료로 사용하기에는 많이 부족하다고 생각한다.
  그리고 중국에서의 한국어 교사 상황 부분을 오상순의 「중국에서의 한국어 교육의 현황과 과제」의 39쪽부터 45쪽까지를 특별히 참조했음을 밝힌다.

위의 표에 근거하여 한국어 교사에 대한 학위구조를 살펴보면 다음과 같다.

먼저 북경지역 9개 대학을 보면 전임강사 49명 가운데서 박사학위 소지자는 29명으로 59%를 점하고, 석사는 18명으로 37%, 학사는 2명으로 4%를 차지해 학위비례가 비교적 이상적이다.

다음 상해, 절강 지역을 살펴보면 전임교사 56명 중, 박사학위 취득자는 17명으로 30%, 석사학위소지자는 23명으로 41%, 학사학위는 16명으로 29%를 점해 북경지역보다는 낮지만 전체적으로 봐서 역시 이상적이라 할 수 있다.

산동성은 국립대학을 비롯한 몇 개 대학교 교사들에 대한 학위상황만 아주 간단히 제시되고 대부분 대학의 상황은 언급하지 않고 있어 표만 참고로 제시하고 설명은 제외하기로 한다.

화북 3개 성, 시 9개 대학에는 55명의 교사가 제시된 중에 박사가 6명으로 11%, 석사가 29명으로 53%, 학사가 20명으로 36%로 집계되었고, 흑룡강성 18개 대학은 120명의 교사 중 전임 교사는 80명이고 원어민 강사는 40명으로, 그중 박사학위 소지자가 7명으로 5.8%를 차지하고 석사는 26명으로 21.7%를 차지하며 학사는 87명으로 72.5%를 차지한다. 여기서 화북 3개 성, 시의 9개 대학이 흑룡강성 18개 대학보다 교사들의 학위수준은 높으나 다른 지구에 비해 역시 이상적이지 않다. 특히 흑룡강성 18개 대학은 교사들의 학위수준이 전체적으로 낮아 몹시 우려되는 부분이기도 하다. 그 밖에 강소성의 경우, 남경대학, 남경사범대학 등 국립대학은 대다수가 박사학위 소지자거나 석사학위 소지자인 데 반해 사립대나 전문대, 직업고등학교 교사의 대부분은 학사학위 소지자이다.

비록 학위가 절대적으로 교사 질을 좌우하는 것은 아니지만 어느 정도 교사의 전문자질과 교수수준은 반영한다고 할 수 있다.

중국에서의 한국어 교사들의 현황을 지역별로 살펴보면 많은 대학이나 전문대학이 들어가 있지 않아 보다 정확하고 구체적인 상황은 파악할 수 없지만 대체적인 면은 요해할 수 있다.

북경이나 상해와 같은 대도시나, 경제가 발달한 절강지역, 혹은 연해도시일 경우, 교사들의 전체적인 학력이 상대적으로 높지만 길림성이나 흑룡강성, 그리고 화북 3개성과 같이 내지에 있는 지역이나 경제가 발달하지 못한 시와 지역은 많이 뒤처져 있음을 볼 수 있다. 따라서 원어민들의 상황도 중국교사들의 상황과 크게 다를 바가 없어, 좋은 대학이나 위치가 좋은 지역이면 상대적으로 학위수준이 높고, 그렇지 못할 경우에는 반대로 많이 낮다.

전체적으로 학위 면에서 보면 교육부 산하 대학이나 대도시에 있는 대학교의 한국어학과들에서는 박사학위 소지자 중에서 적격자를 선별하여 채용할 수 있지만 전문대학이나 사립대학, 직업기술학교 그리고 중소 도시에 위치했거나 내지 대학, 그리고 경제가 비교적 낙후한 대학교들에서는 박사학위 소지자는 고사하고 석사학위 소지자조차 채용하기 어렵다. 더구나 이런 대학들의 교사는 전원이 학부를 갓 졸업한 전임강사들로 구성되고 있어, 지역적으로 처한 환경에 따라 자질 미달상황이 심각하다. 특히 목단강 대학이나 목단강 사범대학, 그리고 여유직업학교나 상공간부관리대학교와 같은 경우는 금방 학부를 졸업한 전임강사들로만 구성되어 일부 대학에서는 교사에 대한 불만족으로 학기 도중에 강사를 바꾸는 현상도 있다 한다.

오상순에 의하면 직함구조에서도 지역적으로 많은 차이가 나는 것으로, 어떤 대학은 부교수 직함을 가진 교사가 몇 되지 않으며 아예 부교수 직함 소지자가 없는 경우도 있다. 그리고 한국 언어·문학 전 공자가 아닌 경우가 허다하며 일부는 중학교나 기타 학교에서 정년 퇴직한 노 교사를 모시고 한국어학과를 운영하는 경우도 있는 것으로 지적되었다. 이런 상황은 사립대일수록 더 심해 정년퇴직 교사 채용으로 방편 삼는 것이 지금의 현실이다.

결론적으로 중국에서의 한국어 교사들의 한국어 수준은 그리 높지 못하고, 학위와 직함구조도 합리하지 못하며, 전체적으로 학력이 높고 교수 경험이 풍부한 교사가 적고, 교사가 너무 젊다고 할 수 있다.

(2) 발음 교사의 자질

교육의 성공 여부가 교사에 의하여 좌우되듯 교육의 질은 교사의 질을 넘어설 수 없다는 말이 있다. 이는 그만큼 교사의 능력이나 자질이 교육의 질을 좌우하게 된다는 말의 중요성에 대한 강조가 될 것이며 양적·질적으로 중요한 위치를 차지한다는 의미가 될 것이다. 때문에 바람직한 교육이 이루어지기 위해서는 교육을 주도하는 주체이며 핵심인 교사의 자질이 무엇보다 중요하다. 가령 교사는 훌륭한데 교육시설이나 교육환경이 보잘 것 없는 학교와, 반대로 교육시설이나 교육환경은 훌륭한데 교사가 바람직하지 못한 학교 중 하나를 선택하라고 하면 그래도 모두 전자를 택할 것이다.

교사의 인격적 특성으로서 교사의 자질은 모든 교사들이 반드시 갖추어야 할 가장 기본적인 필수조건이라고 할 수 있다. 때문에 많은 연구자들은 훌륭한 교사의 자질을, 가르치는 과목에 대한 풍부하고도 전문화한 지식과 학생에 대한 지도 능력 등으로 많이 정리하고 있다.

한국어 발음교사도 예외가 아니어서 이상적인 발음교사라면 심오한 지식과 가르치는 과목에 대한 전문적 식견은 물론 수업내용의 논리적 전개와 표준적인 발음, 그리고 언어표현, 말의 속도, 고저와 억양, 장단, 몸짓이나 손짓, 판서, 이동, 질의응답, 피드백 등이 다양하고 역동적이어야 한다. 이래야만 학생들이 싫증을 내지 않게 하면서 재미있게 가르칠 수 있다. 좋은 교사, 바람직한 교사는 그가 가르치는 과목을 전공해야 할뿐더러 좋아해야 하며, 또한 일정한 발음지식도 구비해야 훌륭한 교사라 할 수 있다. 특히 발음은 모국어의 간섭을 가장 많이 받으면서 단순 암기로 습득할 수 있는 영역이 아니며 자가학습을 할 수 있는 부분이 더구나 아니다. 동시에 한국어 발음은 글자대로 발음하지 않는 경우가 많기 때문에 구체적인 교육이 반드시 필요한 부분이기도 하다.

현재 중국 대학생들은 특별한 개인지도가 없이 교사의 교수에 의해 발음지식을 전수받기 때문에 교실에서의 교사 강의는 학습자들이 한국어 발음을 잘 배울 수 있는가 없는가를 결정하는 결정적인 요소로 작용한다.

한국어 발음교사라면 수업 중에 음성 및 음운 규칙이 적용되는 어휘가 제기될 때, 그 어휘의 실제 발음이 어떠한가 하는 것은 물론 왜 그렇게 발음되는지를 학습자들에게 알기 쉽게 교육함으로써 학습자가 한국어 음운규칙을 내재화하도록 잘 가르칠 수 있어야 한다. 즉 한국어 교사라면 한국어 발음 교육을 보다 활성화시키기 위해 발음 교육의 중요성을 깨닫고, 발음 교육을 어떻게 해야 할 것인지에 대한 전략적인 교육방안을 마련하는 것이 더없이 필요[71]하다.

그러면 한국어 발음 교육을 담당하고 있는 한국어 교사들이 한국

어 음운체계나 음운규칙에 대한 전문 지식을 얼마나 가지고 있고 교
수법에 대한 연구가 얼마만큼 깊으며 어떤 책임성을 갖고 강의에 임
하고 있는지에 대해 몇 개 방면으로 간단히 살펴보고자 한다.

ㄱ) 자모 발음 교육

자모 발음 교수에서 적지 않은 교사들은 본 교과에 대한 천박한 지
식과 드높은 열정으로, 학습자들의 만족을 얻는다. 하지만 부분적 교
사들은 발음지식에 대한 전문성은 물론 가장 기초적인 상식마저 모
르고 가르치는 경우가 있다. 특히 교육현장에서 보면 어떤 교사들은
한국어의 자모가운데서 어느 것부터, 어떻게 가르쳐야 하고, 자모의
배열순서는 어띤 방법으로 가르치는 것이 효과적인지에 대한 상식이
없이, 교재대로만 설명하고 교재의 순서에 의해서만 가르친다. 이런
교사들의 경우, 대체적으로 교수방법도 매우 거칠며 한국어 발음에
대한 설명이 간단한 건 물론 단순하게 따라 읽게 하고, 스스로 읽게
하는 방법으로만 교수를 진행하는 게 고작이다.

이렇게 반복적으로 따라 읽는 것은 어려운 발음에서는 얼마간의
효과를 볼 수 있겠지만 가장 좋은 방법은 그래도 학습자들이 이해하
게끔 먼저 설득력 있게 설명한 기초위에 반복적으로 따라 읽게 하는
것이다.

정확하게 읽고 유창하게 한국말을 할 수 있다고 해서 교사가 되는
것이 아니다. 적어도 해당 과목에 대한 전문지식을 갖고 있어야 교사
라 할 수 있으며, 교수방법을 타당하고도 적절하게 사용할 줄 알아야

---

71) 박정은, 이주희(2008), 외국인을 위한 한국어 발음교재의 분석과 개선방향 연구, 국어국문학, pp.565~602
참조.

훌륭한 교사라 할 수 있다. 특히 자모발음학습에서 교사는 자모음의 체계와 음성적 특징에 대해 똑똑히 알아야 모음발음의 개구도와 혀의 전후 위치, 그리고 입술의 모양에 따르는 발음 원리와 자음의 조음 방식과 조음 위치에 따르는 발음원리에 대해 알기 쉽고 정확하게 설명할 수 있다.

자모교육에서 중국 대학생들은 일반적으로 모음 ㅓ, ㅡ, ㅐ, ㅚ 등과 자음 ㅅ와 ㅆ, ㅂ과 ㅃ, ㄱ과 ㄲ, 그리고 자음 ㄹ에 대해 상당히 어려움을 느낀다. 일반적으로 적지 않는 교사들은 이상의 발음에서 학습자들이 어려워하는 것을 번연히 알면서도 학습자들이 왜 이런 발음들을 어려워하는지, 그 발음들의 특징과 발음방법에 대해 어떻게 구체적인 이론으로 어떻게 설득력 있게 설명해야 할지를 잘 모를뿐더러 또 알려고도 하지 않는다. 사실 이렇게 되면 어떤 학습자들은 발음공부에서 막연하게만 느껴져 흥미를 잃거나 또 엉뚱한 발음이나 모호한 발음으로 넘기기가 쉽다.

교사는 발음 교육에서 한국어와 그들 모국어발음을 대조하는 방법, 즉 학습자 모국어와 한국어의 음운체계의 차이점과 공통점을 찾아 모국어 영향을 최소화할 수 있는 교육방안을 모색해야 한다. 그리고 보조 자료의 활용도 매우 중요한 것으로, 학습자들의 학습흥미를 유발시킬 수 있으면서도 학습효과를 높일 수 있는 카드 자료나 사진 자료, 그리고 채색으로 된 구강모형도나 모음사각도를 이용하여 혀의 위치와 조음점을 자세히 설명해 주는 것이 좋다.

발음을 가르치는 교사라면 적어도 발음 분야에 대한 전문지식은 물론 언어학에 대한 깊고 넓은 지식을 갖고 있어야 하며, 낡은 교육 방법에서 벗어나 자기가 가르치는 교과에 대하여 항상 새롭고 창의적인 교수법으로 학습자들에게 가장 적합하면서도 효과적일 수 있는 지도방안을 모색해 강의하는 것이 중요하다.

ㄴ) 받침 발음 교육

중국인 학습자들은 한국어와 중국어의 음절 구조에서 오는 차이로 인해 한국어 받침발음을 특별히 어려워한다. 다시 말하면 한국어의 음절은 초성과 중성, 종성으로 3원화된 데 비해, 중국어의 음절은 성모와 운모로 2원화되어 있다. 한국어 받침에는 'ㄱ, ㄴ, ㄷ, ㄹ, ㅁ, ㅂ, ㅇ'의 7받침이 가능하지만, 중국어의 음절 끝에 오는 자음은 비음 자음 'n'과 'ng'로만 제한되어 있다. 때문에 중국 학습자들은 한국어 음절 구소를 익히는 데 상당한 시간이 걸리며 또 받침발음을 가장 어려워한다. 특히 발음현장에서 보면 중국인 학습자들은 일반적으로 'ㅁ, ㅂ, ㅇ'과 같은 받침 발음들을 잘 구별하여 발음하나 폐쇄음인 'ㄷ이나 ㄱ', 그리고 'ㄴ와 ㅇ'을 발음하기 어려워한다. 때문에 발음할 때면 어려운 발음을 회피하거나 혼동하여 잘못 발음하는 등의 오류가 많이 일어난다. 더구나 다음절인 두 개의 자음이 연속되는 경우, 음절 구조가 복잡하기 때문에 앞 음절 받침과 뒤 음절의 초성 자음이 서로 간섭되어 잘못 발음되는 경우가 많다.[72] 하지만 적지 않는 교사들은 이런 부분을 가르칠 때면 학습자들이 이해하지 못하고 어려워한다고 하면서도 학습자들이 잘 배우고 잘 이해할 수 있는 교수법에 대한 연

---

72) 이원, 「중국어권 학습자의 한국어 받침발음의 오류 양상 분석 및 교육」, 인천대학교 대학원 국어국문학과, 석사논문, 2010. 6. p.35 참조.
회피발음과 전이발음이란 중국인 학습자들이 한국어 받침을 발음함에 있어서 모국어의 간섭을 받아 회피하거나 모국어의 음가와 비슷한 음으로 전이하여 범하는 오류를 말한다. 예로 'ㄷ'이나 'ㄱ'의 회피 오류는 꽃을 '꼬'로, 셋은 '세'로, 죽은 '쭈'로 발음하는 경우이다. 다음 'ㄴ'과 'ㅇ'의 전이 오류 예로는 돈을 '동'으로 발음하는 것을 들 수 있다.

구가 없이 무조건 따라 읽기만을 위주로 한다. 그 주된 원인은 교사가 받침발음에 대한 전문지식이 부족한 데다 한국어와 중국어의 음운 체계와 음절 구조 차이에 대한 지식이 부족하며, 또 그 방면에 대한 깊은 연구가 없이 되는 대로 성의 없는 강의를 하기 때문이다.

받침발음을 가르침에 있어서 교사는 우선 학습자들이 어려워하는 발음을 찾아낸 후 오류를 내는 원인을 자세히 분석하여 그에 상응한 발음교수대책을 따로 세워야 한다. 그러자면 우선 학습자들이 잘 이해할 수 있게 설명해야 한다. 그리고 교사의 발음을 모방하여 천천히 따라 읽게 하며 쉬운 발음은 간단히, 어려운 발음은 반복적으로 따라 읽게 하거나 학습자들이 읽게 한 후, 다시 녹음하여 차이점을 찾게 하며 학습자들끼리 서로의 발음을 비교하면서 의견을 교환하게 하는 것도 이상적인 교육방법이다.

교직은 말 그대로 전문직이므로 교사는 교육이라는 일을 담당하기 위해서 심오한 이론과 그 이론의 적용방법을 터득하지 않으면 안 된다(백명희, 1977). 즉 교사는 자기가 담당하여야 할 전공분야에 대해 넓고 깊은 지식을 가지고 드높은 열정으로 가르칠 수 있어야 하며 교수방법에 있어서도 철저한 훈련을 쌓아야 학습자의 모국어와 대조해가며 정확하고 쉽게 가르칠 수 있다.

ㄷ) 음운변화 교육

한국어 음운체계는 기저형의 표기법과 실제 발음에 차이가 있어 발음상 늘 어렵게 느껴지는 부분이다. 즉 발화할 때면 여러 가지 음운현상들이 일어나면서 표기하는 발음과 실제 발음들이 달라지기 때문에 중국인 학습자들이 오류를 가장 많이 내는 분야이기도 하다. 특히 중국인 학습자들은 모국어 발음의 간섭으로, 음절 하나하나를 끊어 발음하는 습관이 있어, 음절 사이에 일어나는 연음화나 자음동화, 그리고 구개음화 등과 같은 현상에 대해 굉장히 어려워하며, 실제로도 이 방면에서 많은 오류를 내고 있다.

음운변화는 또 강한 규율과 규칙성을 갖고 있기 때문에 학습자들이 잘 배우고 못 배우는가가 교사의 전문자질과 훌륭한 교수법에 달려 있다고 해도 과언이 아니다. 얼핏 보기에는 제시되는 양도 많고 매우 복잡한 것같이 느껴져도 변화되는 규율만 알게 되면 아주 쉽다. 하지만 어떤 교사들은 학습자들이 어려워하는 걸 번연히 알면서도 책임감이 부족하고 또 이 방면에 대한 전문지식이 결여된 탓으로 교재에서 나오는 간단한 이론으로만 대충 강의를 넘기는 경우가 많다.

이영순(2010)은 한국어의 두음법칙도 모르고 강의에 임하는 중국인 교사가 있는가 하면, 중국에서 조선어도 제대로 배우지 못한 조선족들이 한국에서 한국 언어문학이 아닌 다른 학과를 전공한 후 한국 유학생이라는 이유로 한국어학부에 취직하고 있다. 때문에 발음 교육에서 아주 기초적인 연음현상도 모르고 글자 그대로 어렵게 읽으면서 한국어를 가르치는 폐단[73]있다고 지적하고 있다.

교사는 우선 자신부터 음운변화현상에 대해 정확하고도 확실하게 잘 알아야 할 뿐만 아니라 어렵고도 힘든 음운변화에 대한 설명을 설득력 있게 교수할 수도 있어야 한다.

---

73) 이영순, 「중국 동북 지역에서의 한국어교육 현황」, 동북아지역 한국어문학 교육의 현황과 전망 국제학술회, 2010. 12. pp.54~55 참조.

3) 발음교사 자질에 대한 인식 조사

발음 교육 현장에서 보면 어떤 교사들은 학습자들의 흥미를 유발시키면서 담당과목에서 뛰어난 지도력으로 알기 쉽게 강의한다. 하지만 어떤 교사들은 학습자들이 이해하기 어렵게 강의하는 현상이 적지 않다.

훌륭한 교사라면 우선 발음 교육에서, 풍부한 전업지식을 가지고 학생들의 질문에 명료하면서도 뛰어난 전달력으로 이해할 때까지 잘 답변해 주어야 하며 학습자들의 이해를 높이기 위해 최선을 다해야 할 것이다. 이렇게 하자면 교사는 우선 자기의 전공에 대하여 항상 철저한 프로정신을 갖고 있어야 한다.

이상 교사 자질에 대한 구체적인 요구와 기대는 학습자[74]들의 의견을 들어보고 참고하는 것이 더 바람직하기에 아래 학습자들의 설문조사를 통해 직접 살펴보기로 한다. 때문에 본서는 발음교사의 전문 자질에 대한 학습자들의 의견을 설문조사를 통하여 살펴보기로 한다.

(1) 교사의 전업지식 방면에 대한 설문조사

교사가 해당 분야에서 전업지식이 풍부해야 한다고 인정하는 설문 조사에서 학습자들의 견해를 살펴보면 <그림 4-1>과 같다.

---

74) 설문조사는 청도과학기술대학 한국어학과의 1학년부터 4학년까지 학생들을 대상으로 하였다. 조사에 참가한 학생 수는 1학년 24명, 2학년 24명, 3학년 19명, 4학년 17명이다. 조사 시간은 2010년 12월 6일부터 10일 사이이다.

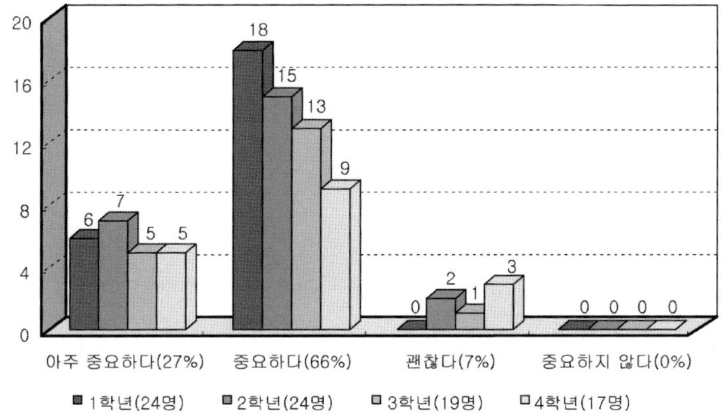

〈그림 4-1〉 교사의 전문지식에 대한 조사

　　<그림 4-1>에서 보다시피 교사가 해당 분야에서 풍부한 전문지식을 소유하고 있어야 한다고 인정하는 학습자는 모두 23명으로 전체학습자 비율의 27%를 차지하고, 중요하다는 55명으로 66%를 점하여 절반 넘게 중요하게 인식하고 있는 것으로 집계되었다. 그리고 괜찮다는 6명으로 7%를 차지했고, 중요하지 않다고 생각하는 학습자는 한 명도 없었다. 이것은 교사들이 대학수업에서 해당분야에 대한 전문 지식이 풍부해야 한다는 의견을 한 번 더 강하게 확인할 수 있었다.

　　학년별로 구체적으로 살펴보면 아주 중요하다거나 중요하지 않다에서 1학년부터 4학년까지 비슷하게 집계되었고, 중요하다고 인정되는 조목에서는 1학년이 19명으로 가장 많았으며, 2학년은 15명으로 2위, 3학년은 13명으로 3위, 4학년은 9명으로 4위였다.

　　그리고 학급이 높아갈수록 중요도에 대한 인식이 약간씩 낮아짐을 볼 수가 있었다. 그리고 괜찮다에서는 4학년이 3명으로 1위, 2학년이 2명으로 2위, 3학년이 1명으로 3위, 1학년은 한 명도 없었으며 마지막 조목인 중요하지 않다에서는 4개 학급에서 한 명도 나오지 않았다. 전체적으로 볼 때 학습자들은 교사가 해당 분야에서 풍부한 전문지식을 소유하는 것이 아주 중요하다고 인정해, 교사에 대한 기대와 요구가 아주 높았다.

두 번째로 교사가 분명하고 정확한 발음으로 학생들에게 자모발음 교육을 시켜야 한다는 내용에 대한 설문조사를 진행해 보았다. 사실 교사의 발음이 정확하지 않으면 학습자들은 배우는 발음이 정확한지 정확하지 않은지도 모르고 그대로 따라 하기 때문에 그 결과는 상상할 수 없게 된다. 때문에 이 방면에 대한 설문도 아주 중요한 부분이라고 생각된다.

<그림 4-2>에서 보면 학생들은 교사의 정확한 발음에 대해 82%의 높은 비율로 아주 중요하다고 인정했고, 괜찮다는 14%, 중요하지 않다는 4%밖에 되지 않아 역시 높은 비율로 교사의 발음자질을 중요시하였다. 하지만 이 항목의 설문은 위에서 한 설문의 내용보다 중요도를 강조하는 면에서 적은 수치를 보였다. 아마도 학습자들이 교사의 정확한 발음보다는 교사의 전업지식 방면의 자질에 대해 좀 더 중요하게 여기는 것으로 보아진다. 이것은 중국에서 아직도 문법이나 어휘보다 발음 교육이 중시를 받지 못하는 것과 연관되지 않나 생각된다.

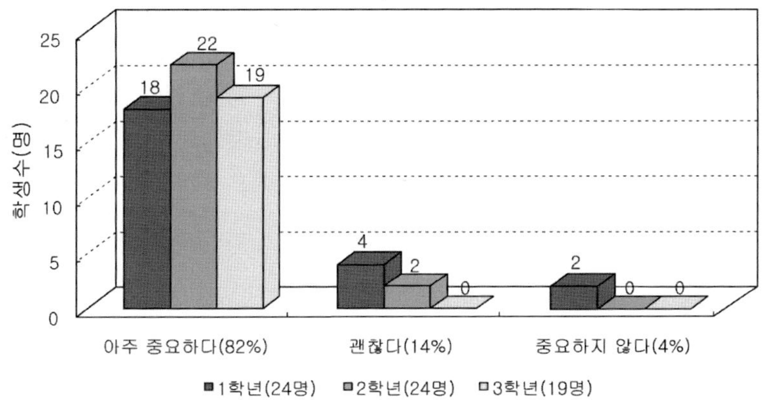

<그림 4-2> 교사발음 정확성에 관한 조사

한국어 발음 교육에서 모국어와 대조·비교해 가면서 설득력 있게 설명하는 것이 중요한가 중요하지 않는가에 대해, 학생들이 어떻게 반응하고 있는지를 알아보았다. 그 결과를 <그림 4-3>에서 보면 다음과 같다.

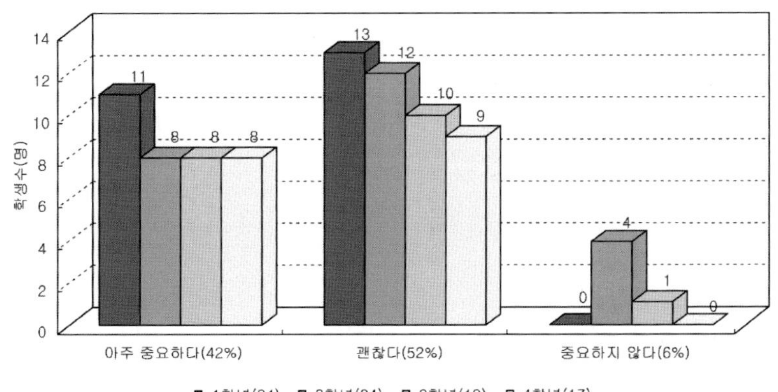

<그림 4-3> 자모와 모국어 대조 설명 조사

<그림 4-3>에서 보면 아주 중요하다는 조목에서 42%에 달하는 35명의 학습자들이 모국어와 대조하여 진행하는 교수법을 중요한 것으로 보았고, 괜찮다에서는 52%의 44명에 달하는 학습자들이 무반응을, 중요하지 않다에서는 6%에 달하는 5명의 학습자들이 부정적인 반응을 보였다. 특히 한국어 입문단계에 있는 1학년 학생들이 아주 중요하다거나 무반응에서 다른 학급에 비해 가장 큰 비율을 보인 동시에 중요하지 않다고 인정하는 조목에서는 단 한 명도 나오지 않았다. 이것은 1학년 학생들이 한창 발음을 배우는 단계라서 다른 학급에 비해 이 방면의 설문을 더 중요한 것으로 보고 많은 비례를 보이지 않는지가 짐작된다.

계속하여 교사가 학생들의 질문에 대해 명확하면서도 바른 답변을 해 주는 것이 중요한가 하는 조목의 설문조사를 해 봤더니 역시 상상외로 많은 학습자들이 적극적인 반응을 보였다.

실제로 교육현장에서 보면 어떤 교사들은 해당 분야에서 학생들의 질문에 명확한 답변을 할 수 없어 질문한 내용과 다른 엉뚱한 방향으로 화제를 돌리거나 어물어물해 넘기며 혹은 건성으로 한두 마디 하는 것으로 화제에서 벗어나려 하는 경향이 적지 않다.

학생들의 질문을 요점 있고 명확하게 답변하는 것이 얼마나 중요한가를 조사한 결과는 <그림 4-4>와 같다.

학습자들은 교사들이 학습자의 질문에 대하여 요점을 벗어나지 말고 명확한 답변을 해야 한다에서 아주 중요함을 48%, 괜찮다는 48%, 중요하지 않다에서는 4%의 비율을 보였다. 아주 중요하다는 조목에서 2학년과 4학년이 다른 학년에 비해 적은 반면에 무반응에서는 상대적으로 많았다. 그리고 중요하지 않다에서도 2학년과 4학년에서 적은 수이지만 부정적인 반응을 보였다.

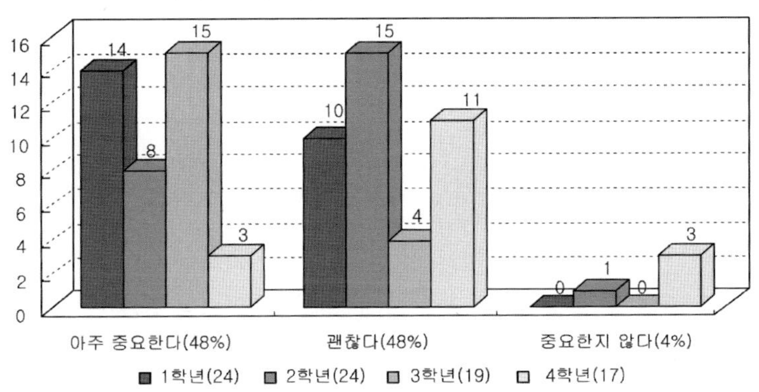

<그림 4-4> 학생들의 질문과 관련한 설문 조사

아주 중요하다에서 각 학년별로 보면, 3학년이 37.5%로 가장 높았고, 그다음은 1학년이 35%, 2학년은 20%, 4학년은 7.5%의 순을 보였다.

이상 교사의 전문자질과 관련하여 학습자들의 반응을 정의해 보면 다음과 같음을 볼 수 있다. 설문조사에서 대부분 학습자들은 교사라면 반드시 전공과목에 대한 풍부한 지식과 기술, 그리고 드높은 탐구력으로 창의성 개발에 힘쓰며 심오한 이론지식을 갖추어야 할 뿐만 아니라 지도능력이 뛰어나야 한다고 생각하고 있다. 때문에 교사는 스스로 전문지식을 쌓는 데 노력해야 하며, 항상 철저하게 수업 준비를 해야 비로소 학생들의 존경과 신뢰를 받을 수 있다.

(2) 교사의 열정과 책임성에 대한 설문조사

학생들은 강의에 열의와 책임을 다하는 성실성이 있는 교사를 항상 존경하고 신뢰한다. 교사가 수업 전, 한국어로 학생들의 이름을 한

명씩 불러 주면 학생들에게 자연스레 수업의 엄숙성과 친절감을 더해 줄 수 있고 한국어 분위기를 살리는 가운데 수업을 시작할 수 있다. 또한 교사가 충분한 강의 계획과 철저한 준비로, 수업을 진행해도 학습자들이 원하는 학습 분위기를 만들 수 있으며 학습효율을 높일 수 있다.

하지만 교사가 책임감이 부족하고 수업에 열성을 다하지 않으면 학습자들은 학습정서가 떨어져 흥미를 잃고 불안과 긴장 속에서 수업시간을 보내게 된다. 실제로 교육현장에서 보면 가끔 어떤 교사들은 강의 계획과 충분한 준비가 없어 너무 즉흥적인 수업을 하거나, 강의 중 후반이면 뭘 가르치고 뭘 가르치지 않았는지 모르는 경우가 많다. 또한 수업을 너무 빨리 하거나, 잡담이나 뜬금없는 집안 이야기 혹은 친구 이야기로 대부분의 시간을 때우는 교사도 있고, 간혹 불성실한 교사일 경우엔 늦게 교실에 들어오거나, 또는 시간 전에 일찍 끝내 학생들의 원망을 자아내는 교사도 있다. 그렇다면 학습자들이 교사의 수업자세에 대하여 어떤 반응을 보이고 있는지를 학생들의 설문조사를 통해 직접 살펴보고자 한다. 먼저 교사가 어렵거나 낯선 개념에 대해서 반복적으로 설명하는 것을 학습자들은 어떻게 생각하고 있는지에 대해 조사해 보았다.

<그림 4-5>에서 보다시피, 학습자들은 낯선 개념에 대한 설명에서 학습자가 이해할 수 있도록 교사가 반복해 설명하는 것을 아주 중요하다고 인정하는 비율이 47%에 달하고, 일반이라고 생각하는 비율은 49%에 달하며, 아예 중요하지 않다고 생각하는 비율은 4%밖에 되지 않아 낯선 개념설명에서 교사가 학습자들이 이해하고 알 때까지 반복해 설명하는 것을 아주 중시했다.

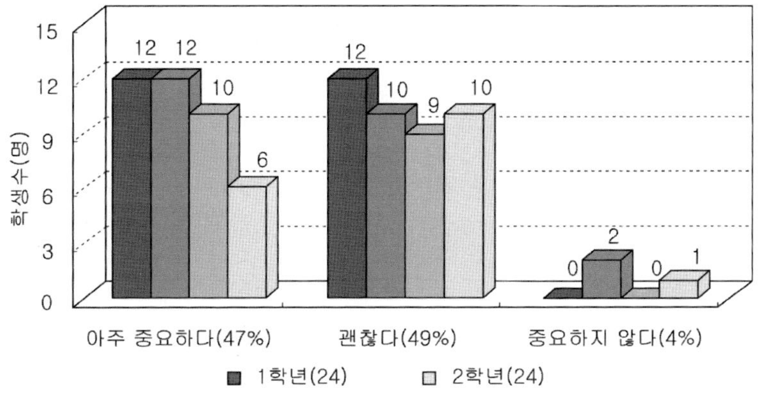

〈그림 4-5〉 낯선 개념에 관한 교사 교수의 설문 조사

계속하여 교사가 적절한 속도로 책임성 있게 강의를 하는 것이 어느 정도 바람직하다고 생각하고 있는지에 대한 조사결과는 〈그림 4-6〉과 같다.

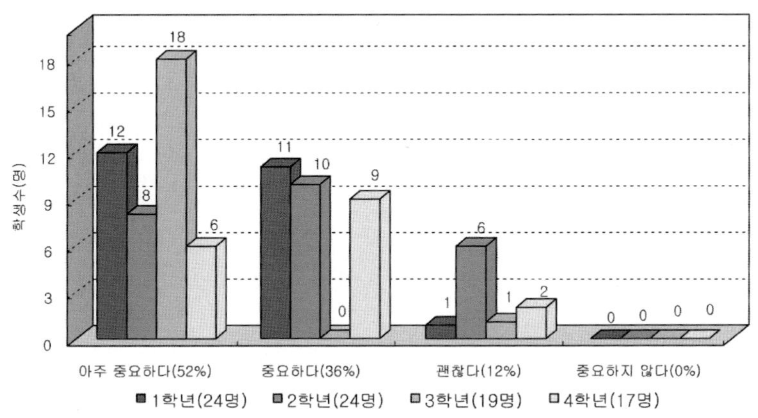

〈그림 4-6〉 교사의 강의 속도와 관련한 설문 조사

<그림 4-6>에서 볼 때 학급별로 보는 견해나 의견에 좀 차이가 있지만 중요하다고 인정하는 부분에서는 대체적으로 일치하다고 할 수 있다. 아주 중요하다가 44명으로 52%가 집계되어 절반 이상이 아주 중요함을 표했고, 중요하다는 30명으로 36%의 비율을 보여 역시 중요함을 표시했으며, 10명은 일반으로 12%가 돼 무반응을 보였다. 그 밖에 중요하지 않다고 생각하는 학습자는 단 한 명도 나오지 않았다.

다시 학급별로 더 자세히 살펴보면 아주 중요하다에서 3학년이 18명으로 40.9%를 차지해 가장 많았고 1학년은 12명으로 27.3%, 2학년은 8명으로 18.2%, 4학년은 6명으로 13.6%로 가장 적었다.

그리고 중요하다고 인정하는 조목에서는 1학년이 11명으로 36.7%, 2학년이 10명으로 33.3%, 4학년이 9명으로 30%, 3학년이 0명으로 0% 순위로 집계되었다.

'중요하다'와 '아주 중요하다'의 순위를 전 학년별로 통계해 보았더니 다음과 같았다. 1학년이 23명으로 27.3%를 점해 가장 많았고, 2학년과 3학년은 각각 18명으로 21.4%, 4학년은 15명으로 17.85%로 가장 적었다. 그리고 무반응에서 통계해 봤더니 2학년이 6명으로 7.1%로 가장 많았고, 4학년이 2명으로 2.4%, 마지막으로 1학년과 3학년이 각각 1명으로 1.2%가 되어 가장 적었다.

이상의 설문을 보면 학습자들이 교사에 대한 기대를 대뜸 알 수 있다. 그들은 교사가 처음부터 같은 톤의 목소리거나, 어투가 건성이며 혹은 말의 속도를 너무 빨리거나 반대로 너무 늦추거나 또는 너무 조그마한 소리, 끝말을 흐리고 마는 것 등에 대해 달갑게 여기지 않는다.

그렇다면 좋은 교사의 표준은 어떠하며, 교사의 책임감에 대해 학습자들은 어떤 평가 기준을 갖고 있는지를 몇 가지 면에서 정리해 본다.

① 동작을 활기차게 하고 목소리도 크게 하는 교사를 학생들은 열성이 있다고 본다. 발음 교육은 따분하고 단조로운 공부이기 때문에 자칫하면 학습자들이 싫증을 자아내기가 쉽다. 때문에 교사의 열의에 찬 목소리와 활력이 넘치는 교수는 학습자들에게 동력이 되고 활력소가 된다.

② 수업시간을 지키는 교사를 학생들은 더없이 존경한다. 교사가 수업 시간 5-10분전에 들어와 수업준비에 임하고 시간을 끝까지 채워 강의를 하면 학습자들은 책임감이 있다고 생각한다. 그러므로 교사는 적어도 수업 5분전에는 교실에 들어와야 하며 제시간에 맞춰 수업을 끝내는 것이 바람직하다.

③ 학습자들은 교사가 충실한 내용의 강의는 물론, 수업을 제시간에 하고 제시간에 끝내며 엄격한 출석체크를 하는 교사를 진심으로 좋아한다. 비록 겉으로는 출결관리를 꼼꼼하게 하는 교사에 대해 싫어하는 것 같이 느껴져도 결국엔 공정하고 객관적이며 책임심이 강한 교사를 긍정적으로 인식하는 경향이 대부분이다. 말하자면 출결관리에 엄할수록 교사가 자상하고 학생들을 진심으로 관심하고 책임진다는 인상을 받기 때문이다. 교사가 출석체크를 꼼꼼히 하게 되면 학습자들의 학습과 자기관리에도 많은 도움이 되고 학습자들이 자신을 다잡는 좋은 계기가 되게 할 수 있다.

④ 수업시간 동안, 교사들이 수업내용과 다른 이야기로 시간을 때우거나, 학생들에게 영화를 보이거나, 혹은 자기 볼일만 보는 교사에 대해 학생들은 겉으로는 내색하지 않지만 속으로는 아주 내켜 하지 않는다. 사실 학습자들은 자신을 일시적으로 공제하기 어려워 허송세월하는 것을 원하는 것같이 느껴져도 실제로는 후회하면서 그러는

교사에 대해 달갑게 여기지 않는 경향이 있다.

⑤ 발음공부는 교사의 지도와 배려가 특별히 필요한 부분이다. 학습자들은 교사가 피곤하고 짜증이 나더라도 어려운 발음에서는 알기 쉽게 알 때까지 차근차근 반복하여 설명해 주고, 여러 번 시범을 보이면서 따라 읽어 주는 인내성 있는 교사를 더없이 좋아한다.

즉 학습자들은 준비부족과 성의부족의 교사, 지각하는 교사와 수업을 일찍 끝내는 교사, 그리고 수업과 관련 없이 잡담으로 시간을 때우거나 영화를 보이는 등 교사보다는 수업준비를 철저히 하고 학생들에게 성취의욕을 주는 교사, 강의 계획서에 따라 충실하게 수업을 진행하는 교사와 제 시간에 수업하고 제 시간에 수업을 끝내는 교사를 더없이 신뢰하고 존경한다.

이상 교사에 대한 학습자들의 설문조사와 그들이 평소 교사에 대한 기대를 보면 실력이 있을 뿐만 아니라 정성을 다하는 교사, 책임감 있는 교사가 학습자들이 진심으로 바라는 훌륭한 교사임을 알 수 있다. 때문에 교사는 높은 윤리의식과 도덕적 수준을 갖추어야 할뿐더러 교사로서의 투철한 책임감과 사명감을 지니고 열성을 다해 교육애를 발휘해야 할 것이다.

(3) 교사의 흥미유발과 관련한 설문조사

지금의 학생들은 수업방식이 너무 딱딱하고 지루하면 해당 과목에서 학습열의가 나지 않는다고 여긴다. 특히 한국어 발음 교육은 통합교재 속에서 진행하기 때문에 25교시 전후 되는 시간에 발음 교육을 끝내야 한다. 그러므로 학습자들은 배울 내용이 많은 데다 발음까지 어려워 긴장된 분위기 속에서 발음고비를 넘기기가 일쑤이다. 많은 학습자들은 따분하고 재미없는 내용의 발음 교육에서 교사의 탁월한 유머감각과 재치 있고 익살스러움이 동반한 그런 수업분위기를 몹시 갈망한다. 실제로도 동기유발은 학교수업에서 반드시 필수적인 것으로, 발음 교육에 있어서는 더구나 필요한 교육수단이기도 하다.

그럼 교사들이 수업분위기를 어떻게 재미있게 리드하는 것이 좋을지에 대한 학생들의 반응을 아래 세 가지 면으로부터 알아보기로 한다.

먼저 극적이면서도 뛰어난 유머감각으로 수업을 즐겁게 이끌면 좋겠다는 내용의 설문에서 학습자들이 어떤 반응을 보이고 있는가를 <그림 4-7>에서 살펴본다.

아래 그림에서 보면 학습자들은 교사가 수업에서 극적이면서도 유머감각이 있어야 한다는 항목에서 절반 훨씬 넘는 81%의 높은 비율로 그렇게 하는 것이 중요하다고 표시했다.

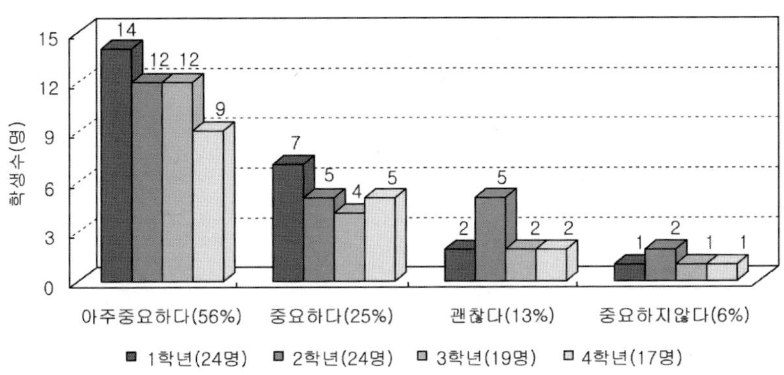

<그림 4-7> 수업 시 교사의 유머와 관련한 설문 조사

아주 중요하다고 보는 학습자는 총 47명으로 56%가 되었고, 중요

하다고 보는 학습자는 21명으로 25%의 비율을 보였으며, 그러는 것이 괜찮다고 생각하는 수는 11명으로 13%, 중요하지 않다는 5명으로 6%의 비율을 차지했다. 보다시피 학습자들은 교사가 학습자들의 호기심을 유발하고 수업을 재미있고도 즐거운 분위기 속에서 진행하기를 몹시 바라고 있었다. 특히 1학년이 다른 학급에 비해 더 많은 것으로 강렬한 반응을 보였다. 이는 발음공부의 어려움을 계속 감내해야 하는 데서가 아닌가 싶다.

　교사가 학생들의 반응에 유머 있고 재치 있게 대응하는 것이 얼마나 중요한가 하는 설문에 대한 학습자들의 조사결과는 <그림 4-8>와 같다.

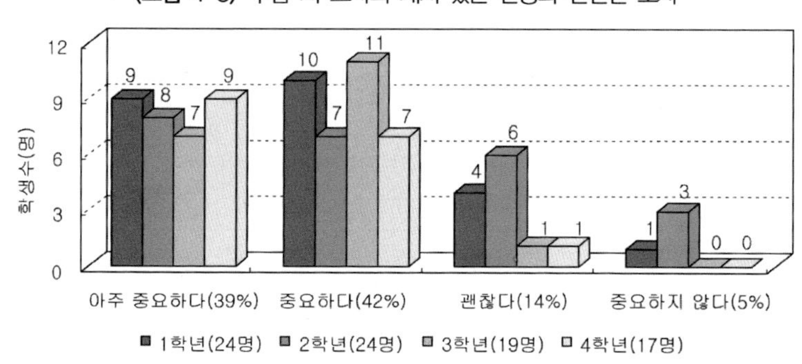

〈그림 4-8〉 수업 시 교사의 재치 있는 반응과 관련한 조사

　이 항목의 설문조사에서 학생들은 비교적 적극적인 반응을 보인 것으로, 중요한 것으로 생각하는 학습자들이 대부분으로 집계되었다. 전체적으로 아주 중요하다고 인정하는 학생이 33명으로 39%를 차지했고, 중요하다고 인정하는 학생은 36명으로 42%, 무반응은 12명으로 14%, 중요하지 않다는 4명으로 5%로 집계되었다. 이는 수업 시,

교사가 극적이면서도 뛰어난 유머감각으로 수업을 즐겁게 이끌면 좋겠다는 내용의 설문과 비슷한 비율로 적극적인 반응을 보인 셈이다.

교사가 학생들에게 성공할 수 있는 자신감을 불어넣음으로써 학습자들의 학습동기를 유발시키는 것이 중요한가 하는 내용의 설문조사에서도 학습자들은 아주 중요하다고 보고 있었다.

<그림 4-9>에서 보면 이 항목에서 아주 중요하다가 43명으로 51%를 차지해 절반 더 되게 아주 중요함을 나타냈고, 중요하다는 27명으로 32%의 비율을 나타냈으며, 일반은 12명으로 14%의 비율을 보였다. 그리고 2명은 3%의 비율로 부정적인 반응을 보였다.

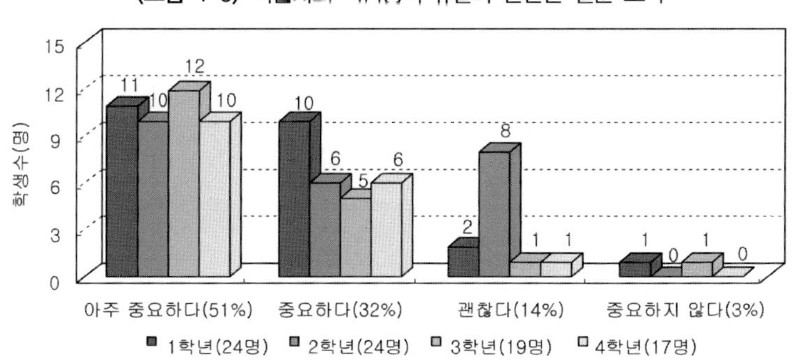

<그림 4-9> 학습자의 학습동기 유발과 관련한 설문 조사

전체적으로 교사가 학습자들에게 자신감을 줌과 동시에 학습자들이 즐겁고도 자연스러운 분위기 속에서 공부하게 해야 한다는 설문조사에서 대부분 학습자들은 적극적인 반응을 보였다. 하지만 2학년 8명의 학습자가 무반응을 보여 중요도에 대한 인식이 다소 떨어졌다.

이상 교사의 흥미유발과 관련한 설문조사에서 학습자들이 아주 중요하다고 인정하고 있는 항목에 대해 순위별로 나열해 보면 다음과 같다.

교사가 수업할 때 극적이면서도 뛰어난 유머감각으로 수업을 즐겁게 이끌면 좋겠다는 내용의 설문에서 47명으로 56%로가 집계돼 가장 높고, 학생들에게 성공할 수 있는 자신감을 불어넣어 학습동기를 유발한다는 내용에서 43명으로 51%로 두 번째로 높았으며, 교사가 학생들의 반응에 유머 있고 재치 있게 반응한다는 항목에서는 33명으로 39%가 돼, 마지막으로 높게 나왔다.

학습자들의 설문조사와 관련하여 학습자들이 수업시간에 교사한테 바라는 의견을 종합하여 정리해 보면 다음과 같다.

① 학생들의 취미를 잘 파악하고 재미있게 지도하는 교사의 수업을 으뜸으로 생각한다.

② 수업 중간에 가끔 농담과 유머로 수업분위기를 더 활기차게 한다.

③ 적당한 침묵과 끊어 말하기로 새로운 학습내용에 대해 강조한다.

④ 밝은 표정으로 재미있게 가르치는 교사를 좋아한다.

⑤ 학생들이 많이 부족해도 격려하고 성취동기를 만들어 주는 교사를 존경한다.

⑥ 학생들의 자발적인 참여를 적극 유도하는 교사를 좋아한다.

⑦ 수업에서 동일한 톤이 아니라 다정하면서도 강약을 지키는 성량으로 수업의 효과를 배가시키는 교사를 멋있다고 생각한다.

⑧ 계획 있는 판서, 즉 글은 똑똑하고 정확하며 크게 쓰는 것도 아주 중요한 것으로 본다.

전체적으로 학습자들은 교사가 그들의 흥미를 유발시키거나 어려운 개념들을 잘 이해할 수 있게 차근차근 설명해 주면서 가끔씩 폭소를 터뜨리게 하는 유머 있는 교사를 더없이 존경하고 신뢰한다. 더구나 성격이 명랑하고 쾌활하며 친절한 교사를 좋아하며 매사에 열렬한 애정을 가지고 열중하는 교사를 더없이 존경한다. 학습자들의 학습 성취는 즐거움에서 오고, 그 즐거움을 만드는 교사의 방법은 아주 다양하다. 교사는 최소한 흥미유발을 위한 다양한 방법과 수단을 적극 이용해야 한다.

Stephen L. Yelon(1998)은 『성공적인 수업을 위한 10가지 교사원리』에서 훌륭한 교사의 조건을 정의할 때, "훌륭한 교사는 가르치고자 하는 학과목 또는 전공에 관심을 기울일뿐더러 열의를 갖고 있어야 하며, 학생들에게 관심을 가지고 가르치는 일을 즐거워해야 한다."로 정리하고 있다.

실세로도 우리는 흔히 학식이 많은 교사는 잘 가르친다고 보고 있으나 어떤 분야에서는 학식이 다소 미흡하더라도 훌륭히 가르치는 교사가 얼마든지 많음을 발견할 수 있다. 바로 교직에 열렬한 애정을 가지고 수업을 흥미롭고 즐거운 분위기로 만들어 지도하는 교사가 그러하다. 때문에 교사는 드높은 책임감과 높은 소질을 갖추기 위해선 늘 공부하는 삶, 꾸준히 독서하고 탐구하는 삶에 이어 유머를 갖추고 일방적인 강의식 수업보다는 수시로 학생들의 궁금증을 유발하는 질문과 토론을 이끌어 내어 즐거운 분위기 속에서 학생들을 가르치도록 해야 할 것이다.

2. 교사진의 문제점

중국에서의 한국어 교사진은 구성이 복잡할뿐더러 아직까지 제대로 갖추지 못하고 있다. 학위를 따져 봐도 박사 이상 학위 소지자가 절반에 미치지 못하는 수치이고 학사가 학사를 가르치는 폐단이 적지 않다. 더 심층에서 보면 비교적 높은 학위를 소지했을지라도 실제적인 수준이 미달[75]이거나 재충전을 한다 해도 자질 면에서 아직까지 전체적으로 거리가 있다.[76] 교사능력을 논함에 있어서 학력이 반드시 교사 자질이 아닐지라도 이러한 실태는 한국어 교육, 특히 한국어 발음 교육을 진행하는 데 적지 않은 어려움이 따르게 한다. 더구나 전문적인 학문이 지속적으로 발달하고 지식의 양이 폭발적으로 증가하는 오늘, 중국 일반대학의 건설목표는 교수연구형 대학으로, 지식전수 위주의 교수형 대학으로 건설하는 동시에 과학연구가 상호 추진하는 종합대학으로 성장하는 것이다.

현재 교사들의 교수연구가 중심으로 되면서 교사교육기능의 중요성은 더 중요시하게 되었다. 하지만 이런 전체적인 추세와는 반대로 중국에서의 한국어 교사들은 한국어 교육의 급속한 발전에 맞는 교수법을 터득할 사이도 없이 마구잡이로 임용되는 경우가 적지 않다. 때문에 한국어 교사의 자질이나 교수법에서 많은 문제점을 안고 있는 것으로, 아래 한국어 교사들의 문제점들을 종합·정리해 보면 다음과 같다.

---

75) 묘춘매, 「중국의 대학교에 있어서 한국말과 글 교재 및 교수법의 문제점과 그 대책」, 한글재단의 후원으로, 동악어문학회에서 주최한 제1회 한·중국제 학술회의가 한국 동국대학교에서 열림. 1996. 11. 29. p.499. 현재 중국 대학에서 한국어 교육을 담당하고 있는 교사들 중 나이 50대 이상의 교사 이외 대부분은 젊은 강사들이다. 중국 국내 대학의 출신이거나 조선 김일성종합대학을 졸업한 이 젊은 강사들은 조선어를 전공했지만 전문적인 한국어에 대한 지식이 아직 미숙하며 교사법이나 교사 기술이 너무 부족하다. 다시 말하면 심도 있는 지식과 실질적인 교수 기술을 갖춘 전문 교수의 자질이 부족하다.

76) 김병운(2002: 339)은 한국어 교사들 중 조선족중학교 혹은 기타 학과의 교사 또는 행정직에서 다시 채용되어 온 사람이 적지 않다고 지적하였다. 따라서 이론적 기초나 실천적인 경험이 모자람은 보편적인 현상이다. 그래도 대학과정이나 대학원 과정에서 한국어나 한국 문학을 전공한 사람은 괜찮지만 전공을 달리하거나 단지 한국어를 구사할 줄 아는 사람이라고 하여 채용된 사람은 수준 제한으로 많은 애로를 느끼고 있을 뿐만 아니라 학생들의 요구를 충족시켜 주지 못하고 있는 실정이다.

① 학력 있고 경륜 있는 우수한 교사가 많이 부족하고, 전체적으로 교사 구성이 너무 젊다.

② 학위가 높고 직함구조가 높으며 경력이 많은 경우에는 이미 퇴직한지 오래된 고령화 계층이 많아 불안감을 주고 있다.

③ 학부를 졸업하고 한국어를 가르치는 교사의 수가 적지 않다. 즉 자신도 한국어를 숙달하지 못한 상황에서 학생들을 가르치는 경우이다.

④ 한국학과 관련이 없는 비전공자 교사들이 적지 않다.

⑤ 교수법을 제대로 터득하지 못한 교사들이 교수를 하는 경우이다.

⑥ 어떤 원어민 강사들은 중국어를 모르거나 교수 수준이 낮은 등 원인으로 한국어 발음원리나 문법을 설명하기 어려워 얼버무리는 경우가 많다. 특히 초급단계의 학생들은 교사의 발음 설명을 이해하지 못하고 단지 교사의 발음만을 따라 하기 때문에 정확한 발음 습득이 이루어지지 못하기도 한다.

⑦ 원어민들이 비표준어 발음, 즉 방언이 극히 심한 상황에서 한국어 회화과를 가르치는 경우를 무시할 수 없다. 원어민이라 하여 무조건 한국어가 표준적이라고 생각해서는 절대 안 된다. 중국 대학에서 원어민 강사들의 주요 역할은 학생들의 한국어 발음 능력과 회화 능력을 높여 주는 것이기에 되는대로 무책임하게 원어민 교사 선발을 해서는 안 될 것이다.

오상순은[77] 원어민 강사들의 역할을 충분히 긍정하고 높게 평가하는 반면, 개별적인 원어민 강사들의 일부 문제점들에 대해 다음과

---

77) 오상순, 『한어문교육』, 제23집, 2010. 12. 3. pp.23~24.

같이 요약해 지적했다.

① 현재 초빙강사의 학력·학위·교육수준·교육경력·전문지식 등이 이상적인 상황이 못 된다.

② 원어민 강사는 중국 학생들의 눈높이(한국어 실력이나 상황)를 잘 알지 못하거나 교수방법에 문제가 있어서 학생들이 가장 필요로 하는 부분을 지나쳐 버리거나 모르는 경우가 있다.

③ 가르치는 학과목에 대한 지식이 부족한 경우가 있다. 자기의 전공과목을 강의하는 것이 아니기 때문에 강의 내용이 주제를 이탈하는 현상이 존재한다. 강의의 목적성이 강하지 못하며 강의가 산만하고 잘 짜여 있지 못한 등 단점이 있다. 원어민 강사들의 주요 역할은 학생들의 발음과 회화 능력을 높여 주는 것인데 어떤 원어민 강사들은 한국어 발음 원리를 설명하기 어려워한다. 문법 설명을 상세히 하지 못하고 그냥 습관적으로 그렇다고 할 때가 많으며 중국어로 설명하는 데 많은 어려움이 있다.

④ 중국어 실력을 갖춘 일부 원어민 강사들이 수업 시간에 중국어로 강의를 하거나 대량의 중국어를 사용하는데, 이는 학생들이 쉽게 알아듣는 데 도움을 주기도 하지만 한국어를 공부하는 학생들의 입장에서는 도움이 안 된다고 불만을 제기하는 학생들도 있다. 즉 강사의 중국어 수준이 너무 높아서 학생들의 한국어 습득에 오히려 해가 된다는 것이다.

일반적으로 교육부 산하에 있는 대학이나 대도시, 혹은 경제가 발달한 연해도시에 있는 대학의 경우에는 교사들의 학위나 직위비례 또는 교사 자질이 비교적 높으나 지역적으로 편벽한 곳에 있거나 사립대학, 전문대학, 직업기술고등학교와 같은 학교들은 교사에 대한 요구조건이 많이 낮은 편이다.

전체적으로 대다수 대학에서는 교사 부족과 연령비례, 성별비례, 학위와 직함비례, 전공방향 비례 등이 불균형 상태라고 지적하고 있다. 그러면서 고학력이나 전문자질이 높은 교사, 그리고 교수 수준이 높은 교사들을 절실하게 호소하고 있지만 오늘날까지 여러 가지 원인과 또한 선발기준이 허술한 탓으로 많은 문제점을 안고 있다. 따라서 이러한 결과로 교사의 자질은 이상과 현실의 괴리현상이 크게 논의 대상이 되고 있다.

한국어 교육에서 교사 역할의 중요성을 생각할 때 교사문제의 선발은 기본적인 문제의 하나로, 그 대학의 인재양성 확보와 인재 소질 향상에 직접적인 영향을 끼친다.

그렇다면 우리 시대의 진정한 교사상은 어떠한 것인지, 다음에서 연구자들의 의견을 들어보기로 한다.

3. 훌륭한 교사상

21세기는 희망찬 미래가 약속되는 시대이며 지식과 정보가 고도화되어 가는 격변의 시대이다. 이런 급변의 사회에서 교사는 창조적인 사고력과 탐구력으로 새로운 교육방법을 부단히 개발하고 터득해야 한다. 이래야만 미래사회에 능동적으로 대처할 수 있는 고급인재를 육성할 수 있다.

교사의 책임감과 소명감에 대하여 역대로 많은 연구자들은 교사의 계속적인 자기발전과 전문성 신장에 깊은 관심을 가졌고, 그 시대에 상응한 교사상에 대해 부단히 제기해 왔다. 시대나 환경, 그리고 장소와 사람에 따라 정리되는 교사상이 조금씩 다르긴 했지만 우리 사회는 예전이나 지금이나 여전히 가장 보편적이고 일반적인 관점에서 바라보는 교사상을 '훌륭한 교사, 바람직한 교사, 우수한 교사'라 보고 있다.

그러면 훌륭한 교사와 우수한 교사, 바람직한 교사의 기준은 어떠하며 이런 좋은 교사가 되는 조건들은 또 어떠한 것이었는지 정리해 보기로 한다.

먼저 홍은선(1975)[78]의 연구를 참조하면 좋은 교사의 자질에 대해 다음과 같이 지적하고 있다.

① 가르치는 과목을 전공하여야 하며 꾸준히 자기 분야의 연구를 계속한다.

② 가르치는 것을 좋아한다.

③ 학생을 좋아한다.

④ 가르치고 있는 학생 한 사람 한 사람을 잘 알고 있다.

⑤ 그가 살고 있는 사회의 일반 사람보다 많은 것을 보았고 더 많이 생각하였으며 더 많은 것을 알고 있다.

⑥ 유머가 있다. 즉 바람직한 교사는 전공분야의 학문을 좋아하고 학생들을 잘 알며 폭 넓은 교량을 갖고 남의 마음을 끄는 유머가 있어야 한다.

이어 박성익(1987)의 연구를 참조하면 열세 가지로 정리한 것을 볼 수 있다.

---

78) 홍은선, 「좋은 교사의 자질」, 제주교육, 제29호, 1975. pp.48~49.

① 강의를 주도하는 강사의 인격과 태도가 가장 중요하다.

② 할당된 수업시간을 고려하여 강의 자료를 반드시 잘 준비해야 한다.

③ 강의의 대상이 학생 개개인임을 반드시 명심해야 한다.

④ 학생들의 능력수준에 알맞은 언어를 사용해야 한다.

⑤ 강의에 대한 학생들의 이해 여부를 수시로 확인하고 지속적으로 체크해야 한다.

⑥ 적절한 예나 예화를 찾음으로로써 다양한 제시방법을 강구해야 한다.

⑦ 학생들의 호기심을 자극하여 학생들의 관심과 흥미를 갖도록 적극 노력해야 한다.

⑧ 준비된 강의를 하면서 수시로 임기응변의 대처능력이 있어야 한다.

⑨ 학생들로 하여금 준비기회도 주면서 자주 질문할 기회도 만들어 준다.

⑩ 강의는 맺음이 분명하지만 강의간의 연속성은 유지해야 한다.

⑪ 학생들과 많은 연락을 가지고 가능한 자주 토론을 갖는다.

⑫ 교사자의 교사 유형이나 수업자료, 내용 등과 결부될 수 있는 음성, 몸짓, 동작 등을 다양하게 사용한다.

⑬ 학생들의 심리적 특성이 학년수준과 전공영역에 따라 다르고 강의를 시작할 때와 마칠 때 많이 달라진다는 사실을 명심하고 강의 전개를 융통성 있게 운영한다.

다음 손충기(1994)는 바람직한 교사의 자질에 대해 12가지로 귀납하였다.

① 좋은 수업을 위해서는 먼저 계획이나 준비를 적절히 잘한다.

② 다음 수업목표나 내용설명이 명확성을 기해야 한다.

③ 강의 자료는 내용의 구조화를 이루어야 한다.

④ 수업에서 기대하고 있는 학습 목표에 도달해야 한다.

⑤ 교사와 학생간의 상호작용이 잘 이루어져야 한다.

⑥ 학습에 대한 동기유발을 불러일으켜야 한다.

⑦ 역동적이고 열의 있는 수업을 조직해야 한다.

⑧ 학생 개개인을 잘 알고 준비 있는 수업을 해야 한다.

⑨ 과제부여와 처리가 적절해야 한다.

⑩ 시험과 평가가 적절해야 한다.

⑪ 수업에 대한 교사의 태도가 진지해야 한다.

⑫ 학생들에 대한 행동관리 등이다.

이 밖에도 국내외 수많은 학자, 연구자들이 보다 바람직하면서도 훌륭한 교사 자질에 대해 정의하고 있지만 그들의 연구를 다 살펴보기엔 무리가 있으므로 우선 위에서 제기된 교사상에 한해서만 몇 가지로 종합·정리해 본다.

① 교사는 반드시 가르치는 과목에 대해 전문적인 지식을 가지고 있어야 한다.

② 융통성이 있어 교재내용에 따라 수업 기술도 다양해야 한다.

③ 바른 가치관과 풍부한 경험을 가지고 있어야 한다.

④ 역동적이고 열의가 있어야 하며 학생들이 질문할 수 있는 기회도 많이 주어 수업분위기를 활성화시켜야 한다.

⑤ 학생들을 존중하고 가르치는 것을 좋아해야 한다.

다시 말하면 교사는 우선 자기가 가르치는 교과를 좋아하고 학생들을 사랑하고 자기 연찬을 통하여 전문자질이나 능력 등을 꾸준히 높이는 동시에 역동적이고 열의 있는 수업을 해야 한다. 더구나 교육이 가르친다는 사실에서 정립되고, 가르치는 사람의 손에서 이루어지는 것이라고 볼 때, 교사는 새로운 지식과 기술의 습득을 위한 능동적인 자세를 갖출 것이 필요하며, 전문적인 지식과 기술을 습득하고 연마하기 위한 장기적이고 계속적인 자기 연찬을 필수적으로 해야 할 것이 요구된다.

바람직한 교사상에 대한 이상의 연구를 종합해 보면 가르치는 전문가로서의 공통적인 특성은 전문 지식과 전문 자질을 고루 갖춘 교사, 바람직한 도덕적 품성을 고루 갖춘 교사가 분명 훌륭한 교사이다. 교사는 반드시 드높은 책임감과 높은 소질을 갖추기 위해 늘 공부하는 삶, 꾸준히 독서하고 탐구하는 삶을 이어 가야 할 것이다.

발음 교육을 위한 방안　　5장

　발음은 한 언어를 습득함에 있어서 가장 기초적이면서 핵심적인 부분이다. 만약 발음을 제대로 배우지 못하면 문법을 아무리 정확하게 사용하고 또 어휘사용을 적절하게 할지라도 듣는 사람에게 자신의 뜻을 정확히고 바르게, 효과적으로 전달할 수 없을뿐더러 의사소통에서도 큰 영향을 받게 된다.

　즉 발음은 언어의 네 가지 능력 가운데서 듣기 능력이나 말하기 능력과 밀접한 관계가 있는 것으로, 조음 기관을 활용하여 목표 언어를 발성하는 것을 상정하고 있기 때문에 화자가 문법적으로 정확성과 유창성을 획득하고 있다 하더라도 그 발음이 부정확하고 부자연스러우면 그의 말을 명확하게 듣고 이해하기가 어렵다. 역으로, 아무리 정확하고 유창하게 하는 말이라 할지라도 청자의 발음 식별 능력이 따라가지 못하면 화자의 말을 정확하게 알아듣고 이해하기 곤란하다. 이와 같이 발음은 인간의 의사소통에 있어서 정확하고 충분한 의사전달과 밀접한 관련이 있기 때문에 특히 언어교육에 있어서 대단히 중요하다고 할 수 있다.[79]

---

79) 김병운, 「중국어권 학습자를 위한 한국어 교육 연구」, 충남대학교 대학원 국어국문학과 국어학전공, 박사논문, 2009. 2. p.29 참조.

발음 교육은 외국어 학습에서 가장 기초적이며 가장 기본적인 활동이라고 해도 예외가 아니다. 그렇다면 발음 교육에서 걸림돌이 되고 있는 교재와 교사문제를 어떻게 해결하는 것이 바람직할까? 다시 말하면 훌륭한 교재개발을 위해서는 어떤 과정이 필요하고 훌륭한 교사가 되기 위해서는 어떠한 노력과 자세가 필요할까? 아래 4종 교재에 대한 분석과 한국어 교사들에 대한 검토, 그리고 필자의 교육경험을 바탕으로, 중국일반대학 학습자들을 위한 한국어 발음교재 개선방안과 훌륭한 교사로 되기 위한 효과적인 방안에 대해 모색해 보고자 한다.

1. 발음교재의 개선방안

한국어 교육의 시작이자 끝이라고 할 수 있는 발음 교육에 있어서 교재의 역할이 무엇보다 크다는 점은 누구도 부정할 수 없는 사실이다. 더구나 한국어를 접할 기회가 제한되어 있는 중국에서 효과적인 교재를 개발하는 작업은 무엇보다 더 중요하다.

지금 중국에서 사용하고 있는 한국어 통합 교재는 한국어 자모 발음에 대한 내용을 비교적 자세히 다루고 있지만 그 외의 단원에서는 발음에 대한 내용이 극히 적다. 가령 발음에 대한 내용을 다룬 교재가 있다고 하더라도, 그 내용은 체계적이고 효율적인 한국어 발음 교육을 이루기엔 부족하다.[80]

엄녀도 중국어권 학습자들을 대상으로 하는 한국어 교육에서 발음교육이 소홀히 다루어지고 있다면서 이는 중국어권 학습자를 대상으

---

80) 왕단, 「중국어 학습자를 위한 한국어 발음교재 개발 방안」, 『이중 언어학』, 제26호, 2004. p.184.

로 하는 한국어 교재와 교육과정을 통해 확인할 수 있다 했다. 그러면서 현재까지 중국에서 출판된 한국어 교재를 살펴보면 이론적 기반이 부족하고 체계성도 떨어진다. 이는 중국에서의 한국어 교재가 충분한 연구나 준비를 바탕으로 이루어진 것이 아니라 수요가 급증함에 따라 우선 교육이 실시되고 차후에 급급히 개발이 뒤따르는 양상[81]이기 때문이라고 보았다.

이상 4종의 교재를 분석하고 검토해 본 데 의하면 1종의 교재가 전체 구성이나 단원 구성이 비교적 체계적이고 단계적인 외에 기타 3종의 교재는 아직도 학습자들의 요구에 비해 보면 거리가 있다.

때문에 현행 교과서 발음편의 내용과 체계를 분석한 기초에서 학습자에게나 교재를 사용하고 있는 교사에게 만족을 줄 수 있는 새로운 발음교재 개선방안을 내오는 것은 목전에 미룰 수 없으며 홀시할 수 없는 작업이다.

1) 교육목표와 교육과정의 설정

새 교재의 개발에서 가장 필요한 것은 교육과정의 설계이다. 교육과정은 교육을 위한 시발점이고 현장 교육의 승패를 결정하는 근본이다. 교육과정에 대한 연구는 학습자들이 가장 효과적으로 지식을 배울 수 있도록 지식의 구조를 어떻게 조직하고 배열하여 제시할 것인가의 문제와 학습 가능성 및 교수 가능성에 대한 연구 등과 연관된다.[82]

지금까지 중국에서의 발음 교육은 통합교재 안에서 이루어지다 보

---

81) 엄녀, 「평가 기준을 통한 중국 대학교의 한국어 교재 분석」, 『한국어 교육』, 2007. p.240.
82) 왕단, 앞과 같음, p.184.

니 문법이나 어휘에 비해 홀시되는 경우가 많았다. 때문에 이상적인 교과과정을 마련하는 데도 적지 않은 어려움이 뒤따랐다. 물론 독립적인 발음교재를 개발하는 것으로, 체계적이고 과학적인 교과과정을 마련하면 더 좋겠지만 당분간은 인력으로나 재정적으로 한계가 있으므로, 통합교재 안에서라도 이 방면에 깊은 중시를 돌려 훌륭한 교재 개발이 이루어지도록 하는 것이 절실하다.

우선 발음교재를 개발을 할 때, 발음 교육의 목적을 중요한 위치에 놓고 교과과정에 대한 설정을 해야 한다. 뚜렷한 목표가 있어야 그 목표 달성을 위한 훌륭한 교육과정이 마련될 수 있기 때문이다.

앞에서 4종 교재의 구성 체계에 대해 살펴보았지만 머리글이나 소개에서 발음 부분에 대한 목적이나 내용소개, 그리고 학습 대상자에 대한 소개가 없거나 비교적 간단[83]하며 설사 목적과 내용소개가 자세하더라도 발음 교육의 의의나 목적 부분이 빠져 있다. 때문에 한 종의 교재를 제외한 3종의 교재는 교육의 목적에 따라 교육의 대상에 맞게, 단계적이고 체계적인 교육방안이 확실하게 마련되지 못하고 있다. 때문에 발음 부분에 대한 설명이나 발음 부분에 할애한 내용이 너무 많거나 반대로 너무 적으며 연습내용 설정에서도 학습 대상자에 알맞게 다양하면서도 재미있게 제시되지 못했다.

왕단[84]은 교재를 개발하기 전에 학습자가 대학 4년의 교육을 통하여 한국어 발음이 어떤 수준에 도달해야 할지는 우선 한국어 발음 교육의 목표가 분명해야 그 목적을 달성하기 위해 학습 내용도 잘 선택

---

83) 중국의 발음 교육은 문법, 어휘와 함께 통합 교재 안에서 다루어지기 때문에 발음 교육의 목표나 대상 및 의의가 따로 언급될 때가 적다. 물론 편자가 중시하게 되면 언급되기도 하지만 그렇지 못할 경우에는 목적이나 대상 소개도 없이, 발음 부분의 내용만 단독으로 제시하게 된다.

84) 왕단, 「중국인 학습자를 위한 한국어 발음 교재 개발 방안」, 『이중언어학』, 2004, 제26호, p.196.

하고 배정할 수 있다고 했다. 그러면서 이런 학습 목표는 궁극적인 학습 목표만을 의미하는 것이 아니고 각 단계마다 심지어 각 단원마다 달성해야 할 학습 목표를 모두 포함해야 한다고 했다. 그가 제기하고 있는 4년간의 교육목표에 대해 살펴보면 다음과 같다.

① 자음과 모음 그리고 음절을 정확하게 발음할 수 있게 한다.

② 음운규칙을 알고 발음할 수 있게 한다.

③ 정확하고 유창하게 낭독할 수 있게 한다.

④ 적절한 속도로 낭독할 수 있게 한다(1분에 약 300자 속도로 읽기).

⑤ 글을 알맞게 끊어 읽을 수 있게 한다.

⑥ 자연스러운 억양으로 감정을 넣어 말할 수 있게 한다.

⑦ 상황에 따라 속도, 어조, 성량 등을 조절하여 말할 수 있게 한다.

김병운(2009)도 한국어 발음 교육의 총체적인 목표는 현재 실시하고 있는 교육목표와 같지만 이러한 목표는 너무 개괄적이기 때문에 좀 더 구체적인 세부 목표가 있어야 발음 교육이 기대하였던 효과를 달성할 수 있다고 지적했다. 그러면서 그는 발음 교육의 목표는 의사소통을 대비한 발음의 정확성과 유창성이라는 큰 틀 안에서 구체적으로 설정하는 것이 바람직하다면서 발음 교육의 목표를 다음과 같이 제안하였다.

① 자연스러운 의사소통을 위해 발음을 정확하고 유창하게 할 수 있게 한다.

② 음운규칙과 발음법 규칙을 알고 발음할 수 있게 한다.

③ 유창한 어조로 말을 명료하게 표현하도록 해야 한다.

④ 자연스러운 억양으로 감정을 넣어 말할 수 있게 한다.

⑤ 환경이나 맥락에 따른 언어 표현형식을 알게 해야 한다.

⑥ 말을 조리 있고 체계적으로 할 수 있게 한다.

⑦ 상황에 따라 속도, 어조, 성량 등을 조절하여 말할 수 있게 한다.[85]

이상 두 연구자의 제안을 보면 일반대학 학습자들이 달성해야 할 발음 교육의 목표를 분명하고도 정확하게 알 수 있다.

지금까지 중국의 발음 교육은 전문으로 나온 교재가 없이, 통합 교재 안에서 다루기 때문에 이상 연구자들이 세운 교육목표처럼 구체적이면서 분명하게 직접 제시하기는 어렵겠지만 앞으로 개발하는 새 발음교재는 적어도 'A' 교재나 'D' 교재처럼 머리글에서 전체 교재를 크게 문법부분과 발음 부분으로 나누어야 하며 나아가 발음 부분에 대한 소개를 단독으로 해야 할 것이다. 뿐만 아니라 발음 교육의 목적에 대해서는 두 연구자가 제시하고 있는 내용을 염두에 두고 보다 훌륭한 교과과정을 마련해야 할 것이다.

2) 편찬자와 교사대상 및 학습대상자에 대한 기준

(1) 교재개발에 참여하는 편찬자에 대한 요구

발음교재 편찬에 참여하는 저자는 가능한 어학이나 음운학 분야의 전문가나 한국교육학을 전공한 전문가여야 한다. 만약 비전공자에 의해 교재가 제작된다면 교재의 발음 내용이 충분하지 못할 수 있고, 특히 전문성을 요하는 면에서 이론적으로 부족할 수 있다. 때문에 그

결과는 비효율적일 수밖에 없는 것으로, 교재 편성의 정확성과 효율
성에 영향을 줄 수 있고 교재의 질을 보증할 수 없게 된다.

따라서 편자의 언어관이나 언어에 대한 지식 등도 교재 제작의 방
향과 방법 및 효과와 능률을 결정하게 되므로 경험 있는 노 교수나
국외 한국학 방면의 여러 전문가를 모시고 함께 공동 편찬하는 것이
효과적이고 바람직하다.

(2) 학습자 실태 분석

지금까지 중국인 학습자를 대상으로 나온 발음교재 종류는 적지
않다. 3년제 전과대학생을 대상으로 하거나 4년제 본과대학생을 대상
으로 하거나, 아니면 제2외국어로 한국어를 배우고 있는 학습자를 대
상으로 한, 대상자에 따라 교재가 비교적 잘 분류되어 나오고 있다.
하지만 문제로 되는 것은 동일한 대상자를 목표로 나온 동일한 교재
일지라도 지식의 깊이나 내용량의 제시, 그리고 연습 설정이나 교재
의 부차적 자료 제시 등에 이르기까지 아주 큰 차이를 보이고 있다.
때문에 많은 대학들에서는 본과과정을 대상으로 나온 교재가 많음에
도 불구하고 교재선택에서 많은 어려움을 호소한다. 예를 들면, 대학
본과를 대상으로 한 동일한 교재일지라도 어떤 교재는 명문대학생들
을 대상으로 사용하면 적합하고 어떤 교재는 전과대학생을 대상으로
사용해도 너무 쉬운 편이다. 이것은 교재를 편찬하기 전에 미리 대상
자에 대한 세심한 조사가 이루어지지 않았기 때문이라고 예상된다.
때문에 새로운 교재를 개발할 때에는 반드시 학습 대상자에 대한 세
심한 분석과 조사가 이루어진 후, 그 대상자에 따라 교재를 편찬해야
할 것이다.

(3) 교사 실태 분석

한국어 교육의 급속한 발전으로 중국의 교사대오는 아직 정리가 되지 못한 상황이다. 때문에 음운학 전공자가 아닌 교사들이 발음을 가르치는 건 물론, 발음 방면에 대한 지식이 전혀 없는 교사들이 발음을 가르치는 폐단이 적지 않다. 때문에 발음교재에서 내용을 너무 간단하게 하거나 설명을 모호하게 한다면 교사들은 많은 시간을 자료 찾기나 자료준비에 허비하게 되고 엄중하면 교사 자신도 어떻게 가르쳐야 할지 몰라 망설이는 경우가 종종 있게 된다. 때문에 발음교재는 학습자뿐만 아니라 학습자를 가르치고 있는 교사에 대한 현황 파악이 상세히 이루어진 기초에서 편찬되어야 하며 나아가 교사용 참고서를 별도로 첨부하면 더 좋을 것이다.

3) 교재의 구성 체계

교재의 전체 구성은 교재 구성에서 가장 핵심적인 부분으로서 전체 구성이 체계적으로 잘 되어야 단원 구성이 단계적일 수 있다. 반대로 단원구성이 잘 되지 못하면 역시 전체 구성도 잘 될 수 없는 등이 양자는 상호 의존관계를 갖고 있다.

(1) 교재의 전체 구성

위의 4종 교재에서 머리말-차례-제시-과목(자모 명칭-음절 소개)-색인 등 순서를 보면 어떤 교재는 비교적 잘 제시되고 어떤 교재는 그렇지 못하다. 특히 문제로 되는 것은 머리말과 차례 부분에서 소개나 차례가 누락되었거나 설명이 제대로 되지 못하고 있다는 점이다. 이렇게 되면 학습자들로 하여금 처음부터 한국어 발음 교육에 대한 중요성을 간과하여 학습효과에 역작용을 줄 수 있을 것으로 우려된다. 때문에 문법과 어휘를 중심으로 다루는 통합 교재일지라도 머리글에서 전체 교재를 두 개 부분으로 나누어 발음 교육에 대한 소개를 따로 해야 한다. 뿐만 아니라 발음 교육에서의 목표를 정확히 제시하고 교재 편찬의 의의나 이념, 그리고 학습 대상자에 대한 소개를 분명히 해야 하며 차례-과목-색인 등 필요한 부분의 내용을 분명히 제시해야 교재가 체계적이면서 단계적으로 학습 대상자에 맞게 편찬될 수 있다.

(2) 교지의 단원 구성

일반적으로 교재의 단원 구성에 대해 연구자들은 제시단계-설명단계-연습단계로 나누고 있다. 앞에서 4종 교재에 관해 살펴보았지만 단원 구성 체계에서는 교재가 반드시 갖추어야 할 기본 요건들을 다 갖추고 있는 것으로 보인다.

하지만 매개 단계에서 제시되는 내용들이 학습자의 요구와 수준에 비추어 볼 때, 적지 않은 문제가 나타나 있다. 아래 네 개 부분으로 나누어 문제점들에 한해 살펴본 후, 새로운 교재의 단원 구성 방안에 대해 모색해 보고자 한다.

ㄱ) 제시와 설명부분에 대한 요구

4종 교재는 한어로 자세하면서도 설득력 있는 설명을 하려하였다. 그리고 학습자의 모국어와 배우는 언어를 대조하면서 틀리기 쉽고 혼동하기 쉬운 자모발음에 대해 알기 쉽게 설명하려는 노력을 기울었다. 하지만 'D' 교재의 설명이 가장 설득력 있고, 그 밖의 3종 교재는 설명이 모호하거나 오히려 학습자들에게 정확한 발음을 배우는 데 혼동을 주는 폐단이 있었다.

그렇다면 새로운 교재를 개발할 때, 자모 제시와 설명에서 어떤 점에 주의를 돌려야 할지 제안해 본다.

① 발음이 제시되는 첫머리에서 배우는 발음의 성질과 발음특징을 중국어로 간단하게 제시함으로써 한눈에 배우는 발음을 요해하게 한다.

② 학습자들에게 알기 쉬운 용어로 이해하기 쉽게, 자세하면서도 정확하게 설명하여야 한다.

③ 어려운 발음에 대해 모국어와 비교하면서 설명해야 한다. 발음 공부에서 학습자들이 가장 어려워하는 발음은 배우는 발음과 모국어에 있는 발음이 비슷한 경우이다. 이런 발음을 배울 때, 학습자들은 어려운 나머지 모국어의 발음대로 발음하려고만 한다. 때문에 교재는 이 면에서 배우는 발음과 학습자 모국어의 발음이 어떤 면에서 같고 어떤 면에서 다르다는 것을 자세하게 대조하여 설명함으로써 처음부터 학습자들이 어중간한 발음으로 화석화되지 말게 해야 한다.

④ 학습자들이 가장 어렵다고 여기는 발음에 대해 반드시 시각자료나 사진자료를 보충·제시함으로써 학습자들을 배려해야 한다.

ㄴ) 난이도와 빈도에 대한 설정

새 교재 개발에서 난이도와 빈도에 따르는 적합한 내용의 설정은 성공적인 교재를 편찬함에 있어서 관건으로 나선다. 만약 교재에서 내용설정을 너무 어렵거나 너무 간단하게 하며 또는 빈도가 너무 낮거나 너무 높게 한다면 학습자들이 기대치에 미치기 어렵게 된다. 때문에 난이도 설정을 할 때, 학습자들에게 부담을 주거나 너무 쉬운 어휘, 혹은 연습활용에 대해 제시하지 말아야 하며 빈도가 낮은 어휘 등에 대한 설정도 반드시 삼가해야 한다. 뿐만 아니라 음운변화에서도 빈도가 낮거나 난도가 있어 학습자들에게 의의가 없거나 이해하기 특별히 어려운 변화규칙에 대해서는 자세한 검토가 이루어진 후, 넣어야 할지 넣지 말아야 할지를 결정해야 한다. 즉 자모 설명이나 어휘 부분, 혹은 연습활용 부분이 학습자들에게 알맞게 제시되어야 한다. 자모단계는 가장 어려운 단계이기에 이 부분에 과중한 양의 어휘를 제시하거나 불필요한 설명을 중복 제시하는 등 학습자들의 발음에 도움은커녕 오히려 방애가 되는 내용의 설정을 피면해야 한다. 반면에 학습자들에게 주는 내용이 니무 소략해도 학습자들이 발음공부에 영향을 주기 때문에 발음 설명, 어휘 제시, 연습활용, 음운변화 등 여러 면에서 학습 대상자에 맞춰 내용배치를 적중하게 잘해야 한다. 만약 내용배치가 적당하지 않게 되면 학습자들에게 한국어가 복잡하고 어렵다는 느낌만 더해 줄 수 있기 때문에 새 교재 개발에서 실패할 수도 있다.

다시 말하면 내용 제시와 설명을 너무 장황하게 늘여 놓거나 그렇다고 알기 어렵게 너무 간단하게 제시하지 말아야 하며, 보다 다양하면서도 재미있으며 참신한 내용으로 교재를 편찬해야 할 것이다.

ㄷ) 발음 교육 내용에 대한 설정

발음 교육 내용의 설정에서 'D' 교재를 제외한 3종 교재에서 적지 않게 문제점을 보이고 있다. 새로운 발음교재 개발을 한다면 교육내용에 대한 설정을 어떻게 해야 이상적일지 다음과 같이 제안해 본다.

우선 학습자에 대한 분석이 잘 행해진 후, 알맞은 내용과 효과적인 방법으로 교재를 편찬해야 한다. 필자의 경험과 앞에서 4종의 교재를 비교·분석·검토해 본데 의하면 중국 일반대학의 학습자를 대상으로 편찬하는 발음교재는 적어도 다음과 같은 내용을 포함해야 한다. 우선 한글에 대한 소개, 어렵고 혼동하기 쉬운 자모를 대조하여 설명하기, 받침발음, 음절 발음, 음절 특징, 그리고 연음과 동화, 격음화 등과 같은 음운변화 15여 개, 그리고 ㅂ이나 ㅅ, ㄹ이나 ㅎ의 불규칙 활용을 7개 정도 다루는 것이 바람직하다.

이선아[86]도 발음 교육에 있어서 다음과 같은 점에 유의해서 교재가 개발되어야 한다고 보았다.

① 문자와 형태, 그리고 발음을 간단하게 제시하고 현실음의 단순하고 쉬운 순서에 따라 발음을 단모음부터 제시한다.

② 발음방법에 대한 설명은 음성학적으로 정확하고 자세하게 한다.

③ 음운변화는 모두 제시하되 조금씩 필요에 따라 기본적이고 쉬운 것부터 점차적으로 제시한다.

④ 발음표기는 한글을 기본으로 하되 어중에서의 평음의 유성음화 등 제약 사항에 대해 한글 발음표기 체계를 개발하거나 IPA기호 등의 보완 방법이 필요하다.

⑤ 발음의 제시와 학습은 교재의 전체에 걸쳐 체계적이고 반복적으로 이루어져야 한다.

⑥ 양 언어의 음운을 대비해서 하나의 음운 대조표를 만들고 과학적으로 발음을 설명할 수 있고 실제적으로 정확하게 발음하게 할 수 있는 교수·학습방법을 개발해야 한다.

---

86) 이선아, 「일본어 화자를 위한 한국어 교재의 분석과 개발 방향」, 이화여자대학교 교육대학원, 석사학위
　　논문, 1999, pp.90~92 참조.

새 발음교재를 개발하는 과정은 간단한 것에서부터 복잡한 것으로, 쉬운 것에서부터 어려운 것으로 점진적으로 다가가 익숙해지게 하는 것이며 우선 가르쳐야 할 내용과 후에 가르쳐야 할 내용, 그리고 알맞은 양의 어휘나 알기 쉬운 설명, 그리고 연습활동을 단계적이면서도 체계적으로 잘 배치하는 것이다.

ㄹ) 음운변화에 대한 제시

위에서 살펴보았지만 4종 교재 중 2종의 교재는 발음 부분의 마지막 단원에서 음운변화를 다룬 것이 특징적이지만 'B' 교재에서는 자모를 배우는 정도에 따라 단계적으로 제시한 것이 특징적이다. 그리고 음운변화의 종류와 제시순서에서는 'D' 교재가 비교적 학습자들의 수준에 맞게 적당한 양을 제시한 것으로 나타났다.

실제로 음운변화는 복잡할뿐더러 다양하고 그 수량도 많아 중국인 학습자들에게 있어서 가장 어려운 분야의 발음공부이다. 때문에 음운변화를 제시할 때, 처음에 한꺼번에 모두 제시하면 안 된다. 교육경험에 의해 봐도 그렇고 일본 학습자들을 위해 한국어 음운변화를 제시한 이선아(2000: 91)의 연구를 참조해도 조금씩 필요에 따라 기본적이고 쉬운 것부터 제시하고 제시한 후에도 계속하여 언급하고 연습하게 하는 것이 가장 이상적이다. 무엇보다도 발음이나 발음규칙을 계속해서 자연스럽게 익힐 수 있는 구성으로 제시하는 데 주의를 돌리면서 교재편찬에 주력해야 할 것이다

4) 동기유발 방안

　동기유발은 발음교재에서 자모 제시와 설명, 발음내용과 연습활용의 제시, 그리고 부차적 자료 제시와 교재의 디자인에 이르기까지 넓은 영역에서 행해져야 할 필요한 분야이다. 위에서 살펴보았지만 4종 교재는 내용 제시나 연습활용에서 동기유발이 잘 이루어지지 않아 학습자들의 발음공부를 더 어렵게 한다. 때문에 발음교재 개발에서 동기유발에 대한 중시를 돌리는 것은 자못 중요한 과제로 나선다.

　그렇다면 학습자들이 딱딱하고도 따분하며 싫증나는 발음공부를 즐겁고도 재미있게 하려면 동기유발을 어떻게 해야 할 것인지에 대해 제안해 본다.

　① 발음내용과 연습내용부분의 제시에서 따분하거나 기계적이며 낡은 틀에서 과감하게 벗어나 보다 참신하고 재미있게 교재를 만들어야 한다. 이러자면 ㉠ 너무 많은 양의 제시를 반드시 삼가해야 하며, ㉡ 너무 단조롭게 제목 식으로 된 내용 제시로 딱딱한 느낌을 주지 말아야 한다. ㉢ 중복 제시를 반드시 피면하고, ㉣ 비슷한 내용이나 형식으로 된 제시를 고려해야 한다. ㉤ 난도나 빈도가 너무 낮거나 높아도 안 되는 것으로, 학습 대상자에 알맞아야 한다. ㉥ 설명은 간단하면서도 알기 쉬운 방법으로 해야 한다.

　② 자모 제시에서 자모를 크고도 선명하게 표시하여 복잡한 느낌이거나 어려운 느낌을 주지 말아야 한다.

　③ 컬러로 된 사진자료나 도표 등을 많이 제시하여 교재를 펼치는 순간부터 보기 쉽고 재미있으며 학습자들로 하여금 배우고 싶은 충동을 느끼게 해야 한다.

④ 교재의 디자인에 대한 의견이다. 교재개발에서 선차적으로 해결되어야 할 문제 중의 하나는 두껍고도 희며 질 좋은 종이의 선택과 아름다운 표지디자인, 그리고 보기 편하고 보기 좋은 내용설계가 새 교재 개발에 적용돼야 하는 것이다. 겉표지부터 전체 교재내용에 이르기까지 중국의 발음교재를 보면 아직까지 멀었다는 느낌이 많이 든다. 여기에는 물론 경제상의 문제가 가장 큰 원인으로 존재하겠지만 사회의 수요와 발전에 비추어볼 때, 이런 부차적이고 세절적인 면에서도 반드시 개선이 필요할 때라고 보아진다.

전체적으로 학습자들에게 보다 효율적인 발음교재를 개발하려면 우선 가르쳐야 할 내용과 후에 가르쳐야 할 내용을 단계적이면서 체계적으로 잘 배치해야 한다.

교육적으로 볼 때 아무리 훌륭하고 좋은 내용의 교재일지라도 교육목표나 교육과정의 설정이 제대로 되지 못하거나 교재개발에 참여하는 편찬자에 대한 요구가 엄격하지 않으며 또 교사대상 및 학습대상자에 대한 세밀한 조사가 없거나 교재의 구성이 체계적으로 잘 되지 못한다면 좋은 교재, 훌륭한 교재로 될 수 없다. 뿐만 아니라 발음 내용들을 너무 장황하게 늘여 놓거나 그렇다고 너무 간단하게 제시하지도 말아야 할 것이다. 교재개발은 반드시 과학적이면서도 독특하게, 충분하면서도 요점적으로, 다양하면서도 재미있게, 창의적이면서도 참신한 내용으로 될 때라만 학습자들에게 만족스러운 교재로 될 수 있다.

2. 훌륭한 교사를 위한 방안

현대 사회는 교육경쟁의 시대, 지식 정보의 시대, 산업사회의 시대로 교육의 중요성이 대두되고 있는 격변의 시대이다. 때문에 교육은 국가발전에 필요한 자원 중의 하나로 되고 있으며 따라서 교사의 자질과 교수법은 그 대학의 인재양성 확보와 인재소질 향상에 직접적으로 연관되는 중요한 요소로 작용한다. 현재 한국어 발음 교육은 한국어 교육의 급속한 발전과 함께 많은 발전을 가져왔다. 하지만 한국어 교사진은 고속 성장으로 인해, 여러 가지 문제점 또한 많이 안고 있다. 교사의 연령구조나 성별 비례, 그리고 전공방향 비례가 합리적이지 못한 건 물론 교사들이 한국어 수준이 낮거나 효과적인 교육방법에 의한 체계적인 교육이 이루어지지 못한 등 문제점들도 적지 않다. 발음교사 역시 예외가 아니어서 음운학을 전공하지 않고도, 또한 이 방면에 대한 지식이 별로 없이도 한국어만 할 수 있으면 될 수 있다는 식이어서 자질 면에서 많은 문제점을 보이고 있다.

때문에 한국어 발음 교육의 지속적인 발전을 위하고 학생들의 효율적인 발음 교육을 위하여서는 교사들에 대한 자질 향상이 시급히 요청된다.

중국교사들의 현황을 살펴본 기초에서 발음교사의 자질 향상을 위해 다음과 같은 방안을 모색해 본다.

① 교사의 부족과 연령구조에서 제기되는 문제이다. 한국어 교육이 급성장하면서부터 이상과 같은 문제들은 썩 오래전부터 제기되었는바, 한국어학과의 폭증은 교사수가 턱없이 모자라게 하였다. 그러다 보니 은퇴한 후 다시 대학에 들어오거나 공무원, 중학교 교사, 졸

업하기 바쁘게 교사로 된, 중국의 한국어 교사진은 말 그대로 정리가 되지 않은 상태이다. 수교 20년이 지난 지금 여러 면으로 많이 좋아졌으나 아직도 연령구조가 비례적이지 못하다. 그래서 어떤 대학은 거의 노교수만 있어서 생기나 활력이 넘치지 못하고 어떤 대학의 경우는 전부 젊은 교사들이어서 교수법이나 지식 전수에서 어려움을 받는다. 이런 문제는 당분간 해결하기 어렵겠지만 지금부터라도 인사조정을 할 때, 학위나 직함만 고려하지 말고 연령비례를 적당히 중시하면서 교사수를 늘인다면 서서히 풀릴 것이다.

② 학위를 높이는 문제이다. 중국에서 일반적으로 학위수준이 낮은 한국어 교사는 나이가 지긋한 노 교사가 아니면 중학교나 고등학교에서 옮겨 온 교사, 그리고 공무원으로 있다가 옮겨 온 교사나 젊은 층의 교사들이다. 21세기는 인재가 넘치는 시대로, 부단히 자기를 위해 충전하지 않으면 경쟁에서 도태하게 된다는 게 엄연한 현실이다. 더구나 발음이 똑똑하고 한국어를 유창하게 할 수만 있다고 해서 한국어 교사가 될 수 있는 시대는 이미 지나갔다. 위에서 대학생들의 설문조사를 살펴봐도 교사에 대한 학습자들의 요구는 옛날과 같지 않다. 학습자들은 훌륭한 교사한테서 배우기를 희망한다. 교사는 자신을 위하고 학생들을 위해서 여유시간을 이용해 끊임없이 지식을 탐구해야 할 것이다. 물론 학위가 일체를 결정하는 것은 아니겠지만 대학교 교수라면 반드시 질 높은 교육을 지향해야 하므로 연령을 불문하고 여러 가지 방법을 강구하여 대학원이나 박사원 진학을 통한, 재교육을 받을 수 있는 기회를 창조하여 자기 성장과 발전에 끊임없이 노력해야 하며 신속히 더 높은 단계에로 자신의 수준을 끌어 올리는 데 진력해야 한다.

③ 해당 분야에 대한 전문지식과 교수법에 대한 활용이다. 발음학
습은 학습자들이 한국어 입문단계에서 부딪치는 가장 어려운 공부인
바, 교사의 지도수준과 지도방법에 따라 흥미를 잃을 수도 있고 반대
로 더 재미나게 배울 수도 있다. 때문에 교사의 전문지식과 다양하면
서도 재미있는 교수법의 활용은 더 절실하게 요청되기도 한다. 중국
의 발음 교육에서 발음교사의 자질 향상은 문학이나 문법방면의 교
사보다도 더 급선무로 나선다. 때문에 발음교사들은 교수직에 종사하
는 한편, 훌륭한 교사들을 모시고 교수법과 기타 전업 방면의 지식을
허심하게 배워야 한다. 동시에 그들의 강의를 수시로 청취하거나 인
터넷을 통한 열린 학교를 통해 자체로 공부하는 등 여러 가지 경로와
방법으로, 전업지식과 교수법에 대한 지식을 부단히 쌓음으로써 진정
으로 자신의 실력을 키워야 한다.

④ 정부차원 혹은 민간차원에서 교사들의 해외연수를 확대시켜 나
가야 한다. 중국에서 규모가 가장 크고 영향력이 있는 연수로는 한국
국제교류재단의 위탁으로 경희대학교에서 2003년부터 해마다 주최하
는 중국한국어교육지도자 연수 프로그램이 있다. 이 프로그램을 통하
여 중국의 많은 교사들이 한국어 교수법 이론과 실제교수에 관련된
유용한 강의로 식견을 넓히고 있다. 이런 연수는 교사들에게 있어서
아주 유용하고 소중한 기회로, 앞으로도 이런 기회를 잘 활용하여 더
많은 교사들이 자신을 부단히 제고해야 할 것이다.

⑤ 국내외의 학술회의에 참가하여 넓고도 깊은 지식과 실력을 쌓
아야 하며 지속적인 탐구와 지식 전달에 대한 지도 기술 등을 익혀야
한다. 국내적으로는 한국(조선)어교육연구학회가 해마다 학술회를 열
고 학회지를 내는 등 중국의 한국어 교사 자질 향상에 큰 역할을 담

당하고 있다. 교사들이 이런 기회에 자기를 적극적으로 제고하고 향상시키기에 노력해야 할 것이다.

⑥ 국내에서 교사들의 연수 기회를 확대시킬 필요가 있다. 한국어 교육의 발전과 함께 국내에서 비정기적으로 연수기회를 가지는 대학이나 단체들이 늘고 있지만 연구 인력의 부족과 재정적인 문제로 많은 어려움을 겪고 있어 아직까지 전망이 밝은 편은 못된다. 하지만 앞으로 많은 기관과 단체들이 이에 대한 관심과 협조를 주어 한국어 교사들이 연수받을 수 있는 소중한 기회를 마련해 주었으면 하는 바람이다.

참다운 교사는 현재의 교육 상황에 안주하지 않고 끊임없이 연구하고 연찬하는 교사이다. 또한 지식이나 정보가 급변하는 현대 사회에서 자신을 항상 새롭게 하고, 자기반성과 자아실현을 위해 부단히 자신을 갈고 닦으며 자기를 승화시킬 수 있는 기회와 조건을 부단히 창조·개척해 나가는 것이다.

이렇게 함으로써 교사의 훌륭한 인품과 폭넓은 학식이 승화되어 그것이 저절로 몸에서 풍겨 나올 수 있으며 따라서 바람직하고 훌륭한 교사가 될 수 있다.

　　본서는 중국대학생들이 수업현장에서 생성하고 있는 발음오류들을 조사·분석한 후, 그 오류 원인을 학습자 모국어의 영향보다 학습자들이 사용하고 있는 발음교재와 학습자들을 직접 가르치고 있는 교사에게서 문세점을 찾았다. 그리고 이 두 가지 요인에 대한 분석과 검토를 통해 발음교재의 개발방안과 교사 자질 향상방안에 대해 모색해 보았다.

　　먼저 4년제 일반대학생들인 청도과학기술대학 한국어학과의 09학급 학생들을 대상으로, 자모 부분과 현재 배우고 있는 교과서에서 발음오류를 조사하여 분석했다. 그 결과, 모음은 오류가 비교적 적었으나 자음에서는 오류가 현저하게 많음을 집계하였다. 모음 부분에서 학습자들의 오류 양상을 보면 21개 모음에서 58개의 오류가 나왔으나 자음 부분에서는 19개 자음에서 126개나 되는 오류가 발견되었다. 그리고 1급의 어휘 부분과 2급의 과목 부분에서는 도합 262개의 오류가 빈출되어 1인당 평균 9.7개의 오류가 발견되었다.

　　오류현황을 보면 자모 부분에서는 자음의 평음과 경음, 격음의 발음을 혼동하여 내는 경우가 많았고 과목 부분에서는 음운변화 오류와 폐쇄음 탈락현상, 그리고 종성의 대치오류현상과 초성의 파열음 대치현상, ㄹ의 설전음발음을 어말의 설측음으로 잘못 발음하고 종성에서의 ㄹ, ㅇ, ㄱ을 정확하게 발음하지 못하는 등 10가지 종류에서 오류가 집계되었다. 이 중에서 음운변동과 같은 경우에는 음절 간의 연음화현상이나 자음동화, 그리고 구개음화 등 발음오류규칙을 어기는 데서 발생되는 오류가 많았다.

학습자들의 이와 같은 오류상황에 대한 조사와 분석을 통해 필자는 발음교재와 교사에 초점을 두고 문제점을 찾아 검토해 보았다.

첫째, 발음교재의 부실함에서 문제점을 찾았다. 중국의 발음교재는 우선 발음 교육의 목적을 크게 간과하고 있었다. 머리글이나 일러두기에서 보면 어떤 발음교재는 발음 교육의 대상과 목적, 그리고 내용에 대해 간단하게 언급하고 있으나 어떤 교재는 전혀 언급하지 않고 있었다. 목차 부분도 어떤 교재는 있으나 어떤 교재에는 없다. 또한 어떤 교재는 전체적인 구성이 비교적 주밀하였으나 어떤 교재는 반드시 들어가야 할 부분이 누락되어 체계적이지 못하다. 발음내용에 있어서도 어떤 교재는 너무 많이 배치되었고 또 어떤 교재는 너무 간단하다. 따라서 지면에 할애한 면수도 내용 배치에 따라 큰 차이를 보인다. 다음 연습활동 부분에서 어떤 교재는 너무 많은 양을 배치했는가 하면 또 어떤 교재는 너무 적은 양을 배치했고, 또 어떤 교재는 내용상에서 심한 반복 현상까지 보여 총체적으로 학습자들의 실정에 맞게 교육효과를 최대화할 수 있는 연습활동과 복습을 배치하지 못했다.

시각 자료에 있어서도 일부 교재는 발음기관도의 그림이 너무 작아 그림을 제시했다 하더라도 효과적이지 못했으며 오히려 복잡함만 더해 주는 역작용이 있었다. 그리고 청각자료 제시에서는 발음이 정확하고 명료하다는 장점은 있었으나 반면에 너무 딱딱하거나 소리의 높이와 속도에 변화가 없는 등 학습자들의 흥미를 자아내지 못하는 한계점이 있었다.

전체적으로 4종 교재는 한국어 발음 교육을 어휘나 문법, 구절 등과 연계시키면서 비교적 자연스럽게 다루려고 노력한 흔적은 보였다. 하지만 교과과정에서의 한계성과 기타 여러 가지 원인으로, 1종의 교재를 제외한 그 밖의 3종의 교재들은 전체적 구성이 체계적이지 못하거나 단원구성이 합리적이지 못한 등 미흡한 부분이 적지 않았다.

둘째, 교사의 전문 지식과 교수법 등 여러 가지 측면과 결부시켜 검토해 보았다. 중국에서의 한국어 교사는 한국어 교육의 급속한 진전에 따라 조급하게 양성되고 배출되었다. 따라서 구성원이 복잡할뿐더러 교사의 구성과 배치에 짜임새가 적었다. 학위를 따져 봐도 박사 이상 학위 소지자가 전체적으로 절반에도 미치지 못하는 수치이고 학사가 학사를 가르치는 폐단도 발견되었다.

더 심층적으로 보면 비교적 높은 학위를 소지했다 할지라도 실제적인 수준이 미달이거나 재충전을 한다 해도 자질 면에서 미흡한 것이 현실 상황이다. 뿐만 아니라 학력 있고 경륜 있는 우수한 교사가 많이 부족하고 전체적으로 교사대오가 너무 젊으며 한국학과 관련이 없는 비전공자 교사들 또한 적지 않았다. 그 밖에 교수법을 제대로 터득하지 못한 교사들이 교수를 하는 경우가 적지 않았으며 원어민 강사의 경우에도 학위나 여러 가지 자질에서 부족함이 많았다.

전체적으로 발음교재의 부실함과 한국어 교사의 자질 부족은 현재 중국의 한국어 교육에서 큰 걸림돌이 되고 있었다. 때문에 교재와 교사에 대한 본서의 방안 제시가 중국에서의 한국어 발음 교육을 한 단계 높이는 데 일정한 도움이 될 것이라 기대한다.

참고문헌

단행본

김진규(2005), 『맞춤법과 표준어』, 공주대학교 출판부.
김경식 · 박성기(1997), 『교과 실기 교육방법론』, 교육 과학사.
김중섭, 『한국어 교육의 이해』, 한국문화사.
김중섭(2008), 『한국어 교육의 이해』, 한국문화사.
박영순(2001), 『외국어로서의 한국어 교육론』, 도서출판 월인.
최길시(1998), 『외국인을 위한 한국어 교육의 실제』, 태학사.
숭실대학 교무처(2009), 『교수를 위한 학생들의 수다』, 두리미디어.
이문규(2004), 『국어 교육을 위한 현대 국어 음운론』, 한국 문화사.
이석주 · 이주행(2006), 『한국어학 개론』, 보고사.
이호영(1996), 『국어 음성학』, 태학사.
이진호(2005), 『국어 음운론 강의』, 삼경문화사.
이정희(2003), 『한국어 학습자의 오류연구』, 박이정.
이철수(2002), 『音韻論의 理解』, 명칭과학 출판부.
이승억(1986), 『교수학습지도법』, 교학 출판사.
이익섭(1994), 『국어학 개론』, 한국 방송대학교 출판부.
이의용(2006), 『잘 가르치는 교사』, 쌤 앤 파커스.
예상진(1996), 『신실기 교육 방법론』, 학문사.
최명옥(2004), 『국어 음운론』, 태학사.
최전승 · 최재희 · 윤평현 · 배주채(2008), 『국어학의 이해』, 태학사.
하영철(1993), 『단위시간적 교수−학습지도의 실제』, 형설출판사.
한쟁영 · 최정순 · 이호영 · 박지영 · 이강민 · 조현용 · 추이진단 · 이선용(2003),
　　　『한국어 발음 교육』, Hollym.
한방교 · 윤길근(1997), 『교육 방법론』, 동문사.

허웅(1983), 『국어학』, 샘문화사.
허용·김선정(2006), 『외국어로서의 한국어 발음 교육론』, 박이정.
허재영(2008), 『제2언어로서의 한국어 교육의 이해와 탐색』, 보고사.
Stephen L. Yelon(1998), 『성공적인 수업을 위한 10가지 교수원리』, 길안사.

학위논문

곡향봉(2005), 「중국인을 위한 한국어 발음 교육 방안」, 신라대학교 교육대학
    원, 석사학위 논문.
김영만(1999), 「외국어로서의 한국어 교재개발 연구」, 한국어외국어대학교 박
    사학위 논문.
김정숙(1992), 「한국어 교육 과정과 교과서 연구」, 고려대 대학원 박사학위논문.
김정욱(2009), 「중국인 학습자의 한국어 발음 교수 방안 연구」, 대구 대학교 박
    사학위 논문.
김정헌(2006), 「한국어 교재 구성에 관한 연구」, 공주대학교 대학원 박사학위 논문.
김병운(2009), 「中國語圈 學習者를 위한 韓國語 教育 研究」, 충남대학교 대학원,
    박사학위 논문.
김길동(2008), 「중국어권 학습자를 위한 한국어 발음 교육 연구」, 단국대학교
    일반대학원, 박사학위 논문.
김용임(2006), 「한국어 교사양성을 위한 교육과정 개발 연구」, 인하대학교 교
    육대학원 석사학위 논문.
김일권(2008), 「중국의 한국학 현황과 개선방안에 대한 연구」, 한국외국어 대
    학교 국제지역대학원, 석사학위 논문.
김은숙(1980), 「외국어로서의 한국어 교육방법에 관한 연구」, 상명대 교육대학
    원 석사학위 논문.
김은경(2006), 「외국인을 위한 한국어 음운 지도 방안 연구」, 충남대학교 교육
    대학원 석사학위 논문.
김경미(2007), 「중국인 학습자를 위한 한국어 발음 교육 방안」, 부경대학교 대
    학원, 석사학위 논문.
노금송(2001), 「중국인을 대상으로 한 한국어 발음 교육」, 동아대학교 석사학위 논문.
노대규(1969), 「외국어로서의 한국어 교수에 있어서 연습유형에 대한 연구」,
    연세대학교 석사학위 논문.
박윤진(2007), 「음운인식활동을 통한 한국어 발음 교육 연구 방안」, 경희대 교
    육원 석사학위 논문.

손경애(2009), 「中國語圈 學習者를 위한 韓國語 發音 敎育 方案에 대한 硏究」, 중앙대학교 대학원, 석사학위 논문.

장선자(2004), 「중학생과 대학생의 교사에 대한 신뢰 연구」, 인하대학교 교육대학원, 석사학위 논문.

장효단(2008), 「중국에서의 한국어 교육 발전 방안 연구」, 상명대학교 대학원 석사학위 논문.

조윤경(2006), 「한국어 초급 교재의 교수요목 개발 방안」, 부산외국어대 교육대학원 석사학위 논문.

주명진(2006), 「중국인 학습자의 한국어 발음 교수 방안 연구」, 경희대학 교육대학원 석사학위 논문.

최금단(2002), 「중국어와 한국어의 대조연구」, 성균관대학교 대학원, 박사논문.

최문석(2000), 「학습자 활동 중심의 한국어교육방법 연구」, 경희대학교 교육대학원 한국어교육전공 석사학위 논문.

최현숙(2008), 「중국인 학습자의 한국어 된소리 발음 교육 연구」, 충남대학교 대학원, 석사학위 논문.

안연희(2007), 「중국인 학습자의 한국어 종성 발음 교육 연구」, 충남내학교 대학원, 석사학위 논문.

안주희(1999), 「外國人을 위한 韓國語 發音 敎育 硏究」, 숙명여자대학교 교육대학원, 석사학위 논문.

오소정(1986), 「외국인의 한국어 학습에서 오는 문제점에 대한 연구」, 이화여자대학교 석사학위 논문.

오정희(1998), 「외국인을 위한 한국어 교육」, 부산대학교 석사학위논문.

요외(2007), 「중국인 학습자의 한국어 발음 교육 방안」, 신라대학교 대학원 석사학위 논문.

이현아(2007), 「한국어 음운 변화 규칙의 효율적인 발음 교육 방안 연구」, 동아대학교, 석사학위 논문.

윤선애(2009), 「한·중 대조분석을 통한 발음 교수 설계, 부산대학교」, 석사학위 논문.

황현숙(2006), 「영어권 외국인을 대상으로 한 한국어 교육의 효율적인 지도 방안 연구」, 충남대학교 석사학위 논문.

홍종명(1996), 「외국어로서의 한국어 교재 비교 분석 연구」, 한국외국어대학교 대학원 국어국문학과 석사학위 논문.

현원숙(1998), 「카자흐스탄에서의 한국어 교육 방법에 관한 연구」, 이화여자대학교 석사학위 논문.

학술지 논문

강보유(2002), 「중국 대학교에서의 한국어 교육과 교수법」, 『한국어 교육』, 국
　　제한국어교육학회 발행, pp.1~19.

김경선(2005), 「중국에서의 한국어 교육」, 『한국(조선)어 교육 연구』 3호, pp.525~539.

김성수(2006), 「중국인을 위한 한국어 학습 방안 연구」, 『한어문 교육』, 제15집,
　　pp.97~113.

김충실(2008), 「한국어 발음 교육의 어제와 오늘」, 『한국(조선)어 교육 연구 창
　　간호』, pp.215~233.

김영선(2005), 「한국어 교재의 기술 방식과 문제점」, 『동남어문논집』, 제20집,
　　pp.119~136.

김철(2008), 「중국에서의 한국어 교육의 어제와 오늘 및 그 미래」, 『한중인문과
　　학원』, 제24권, pp.275~308.

노금송(2004), 「초급 한국어 교재 분석과 교재 개발」, 『한국(조선)어 교육 연구』,
　　2호, pp.307~322.

묘춘매(2002), 「중국에서의 한국어 교육 평가」, 『국어교육연구』, 10권, pp.449~463.

박정은·이은주(2008), 「외국인을 위한 한국어 발음교재의 분석과 개선방향 연
　　구」, 『국어국문학』, pp.565~602.

백소영(2010), 「한국어 통합 교재를 통한 발음 교육 고찰」, 『시학과 언어학』, 제
　　18호, pp.119~138.

오상순(2010), 「중국에서의 한국어 교육의 현황과 과제」, 『한국언어문학학회』, pp.33~47.

오성애(2007), 「효율적인 발음 교육을 위한 한국어 교재 분석」, 『언어와 문화』,
　　한국 언어문화교육 학회, pp.1~12.

이득춘(1998), 「조선족동포 고급 한국어 교육자료 구축의 제 관계」, 『새국어 생
　　활』, 8권, pp.155~159.

이영순(2010), 「중국 동북지역에서의 한국어 교육 현황」, 『한국 언어 문학학회』,
　　pp.53~56.

이은숙(2005), 「중국에서의 한국어 교육성과 제고방안 고찰」, 『이중언어학회』,
　　27권, pp.137~159.

이소연(2006), 「외국어로서의 한국어 발음 교육」, 부산대학교 대학원 석사학위
　　논문.

유춘희(2006), 「연변대학 편찬 『초급 한국어』 교재 편찬에 대한 사고」, 『중국한
　　국어 교육연구학회 학술발표대회』, pp.891~898.

장향실(2002), 「중국어 모국어 화자의 한국어 학습 시 나타나는 발음상의 오류
　　와 그 교육 방안」, 『한국어학』, 한국어학회 발행, pp.211~227.

장광군(2000), 「중국에서의 한국어 교재 개발의 문제점 및 해결 방안」, 국어교육연구, 7권 1기, pp.79~97.

정명숙(2008), 「한국어 학습자를 위한 전략적 발음 교육」, 『한국어학』, 한국어학회, pp.345~369.

최은규(2003), 「발음 교육의 과제와 실제」, 『한국(조선)어 교육 연구 창간호』, pp.25~45.

발음 부분에서 먼저 발음이 차한 4명 학생들을 대상으로 진행한 제1책의 어휘조사내용과 과목조사내용을 보면 다음과 같다.

어휘 부분: 모, 아우, 나무, 무, 어부, 애, 누르다, 모으다, 아이, 애나무, 오이, 이, 바지, 지도, 추수, 코, 파, 마차, 야자, 자다, 차표, 토마토, 피, 뇌, 되다, 베, 카메라, 누구, 누에, 쥐, 까치, 또, 아빠, 쏘다, 찌다, 삐삐, 아저씨, 짜다, 코끼리, 시내, 의자, 회의, 수고하다, 기와, 의사, 오다, 어느, 눈, 묻다, 주다, 한국, 곱다, 안녕하다, 방, 이것, 책, 멀다, 보다, 흙, 무엇, 서울, 쓰다, 푸다, 치다, 딸, 아랫이, 붉다, 소나무, 맑다, 깎다, 꽂다, 솥전, 드시다, 차, 욹, 삶돈, 있다, 곱돌, 밭갈이, 돋보기, 꽃다발, 삼다, 냉면, 고맙다, 싫다, 옳다, 값, 없다, 굵다, 맞다, 놓다, 담력, 미닫이, 커피, 짓다, 밥맛, 밭다, 감사하다, 밖, 연세, 요소, 경례, 왕래, 지뢰, 구릉, 어떠하다, 바쁘다, 닦다, 유수, 이발, 유대, 내일, 노인, 선량, 하류, 남녀, 은닉, 고루, 건강, 괜찮다, 가다, 구두, 바보, 가수, 소녀, 나비, 뉴스, 라디오, 모래, 배, 비, 오리, 요리, 유리, 다리, 머리, 부르다, 우비, 도토리, 수저, 여자, 호수, 사자, 치마, 휴지, 게, 귀, 제요, 계급, 위, 뒤, 시계, 회사, 어디, 따다, 과자, 궤도, 돼지, 어서, 궤,

쾌락, 회화, 국, 목, 문, 걷다, 닫다, 신문, 떡, 손, 굳다, 달, 밀, 마음, 입, 공장, 돌, 힘, 밥, 강, 계시다, 몫, 몫을, 넋, 넋을, 앉다, 앉아, 얹다, 많다, 얹어, 많아, 많으시다, 끊어, 끊으시다, 많니, 끊니, 많습니다, 끊습니다, 많고, 많지, 끊고, 끊다, 끊지, 닭, 닭을, 읽고, 책이에요, 서울이에요, 꽃잎, 신여성, 깃발, 늑막염, 콧등, 젊다, 젊고, 삶다, 삶아, 넓다, 얇다, 밟다, 넓어, 밟아, 곬, 핥다, 훑다, 훑어, 국법, 넓죽, 밭갈이, 돋보기, 읊조리다, 닭장, 덮개, 낯설다, 옷고름, 값지다, 신고, 절도, 일시, 발동, 물질, 할 것을, 할 적에, 갈 데가, 있을 데가, 국물, 부엌만, 꽃망울, 앞마당, 읊는, 깎는, 몫몫이, 닫는, 쫓는, 붙는, 침략, 대통령, 향로, 밟는, 관리, 난로, 백리, 협력, 십리, 막론, 굳이, 밭이, 벼훑이, 낙원, 선량하다, 연로하다, 용궁, 익사, 능묘, 량심, 예절, 누각, 흑룡, 당뇨, 왕호, 역사, 익명, 뇌물

제2책 과목 부분: 제15과 '물건 사기'

1단:

죤슨: 좋은 우산 하나 보여 주십시오.

주인: 여기서 골라 보세요. 여러 가지 있습니다.

죤슨: 이 접는 우산은 얼마입니까?

주인: 칠천 원인데 튼튼하고 값도 괜찮은 편입니다.

죤슨: 색은 좋은데 무늬가 마음에 안 들어요.

주인: 제 보기에는 괜찮은데요.

2단:

죤슨: 아저씨, 이 포도 어떻게 합니까?

주인: 한 근에 팔백 원씩인데 달고 맛있습니다.

죤슨: 며칠 전보다 값이 더 오른 것 같아요.

주인: 예, 포도철이 지나서 비싸졌습니다.

죤슨: 두 근만 주세요.

주인: 다른 건 더 안 사세요?

3단:

주인: 댁으로 배달해 드릴까요?

죤슨: 예, 깨질 것들은 제가 기져갈 테니까 나머지는 갖다 주십시오.

주인: 그런데, 지금 배달이 밀려서 시간이 좀 걸리겠는데요.

죤슨: 얼마나요?

주인: 한 시간쯤 걸리겠습니다.

죤슨: 한 시간이나요?

4단:

죤슨: 아저씨, 저 기억하십니까?

주인: 며칠 전에 우산을 사신 분 아니세요?

죤슨: 맞아요. 그런데 우산이 잘 펴지지 않아요.

주인: 어디 봅시다. 뭐가 잘못된 모양이군요.

죤슨: 다른 건 괜찮은데 손잡이가 말을 듣지 않습니다.

주인: 다른 것으로 바꿔 드리지요.

5단:

저는 심심할 때 혼자 시장에 갑니다.

시장에는 없는 것이 없습니다.

값도 그리 비싸지 않습니다.

시장에서 보는 풍경들이 재미있습니다.

"무조건 천 원."

"이 기회를 놓치지 마세요." 하고 소리를 지르는 사람,

손뼉을 치고, 발로 장단을 맞추면서 "싸구려, 싸구려." 하는 사람,

값을 깎다가 주인과 싸우는 사람도 있습니다.

백화점에서는 볼 수 없는 광경들입니다.

문법 방면의 예:

15.2 G1: 수사의 사용

일과, 일번, 일월, 일원, 일인분, 일 그램, 일 페이지, 석 달, 석잔, 석 장, 석주일, 한두 개, 한 장, 한해, 한 달, 한 권, 서너, 너 댓, 대여섯

15.3 G1: -(으)ㄹ 테니까

그 일은 제가 할 테니까 그냥 두세요.

내가 그 집을 볼 테니까 다녀오세요.

좋은 사람 소개해 드릴 테니까 만나 보시겠어요?

값이 내릴 테니까 다음에 삽시다.

미끄러울 테니까 조심해서 가세요.

15.3 G2: -나/-이나

시간이 얼마나 걸려요?

강당에 학생이 몇 명이나 모였어요?

그 아이가 몇 살이나 되었어요?

요즘 쌀값이 얼마나 해요?

커피를 다섯 잔 마셨어요.

저는 길에서 삼십 분 기다렸어요.

오늘 편지를 열 장이나 썼어요.

선생님 댁에 전화를 대여섯 번이나 걸었어요.

15.4 G1: -는 모양이나/ -(으)ㄴ 모양이다

집에 아무도 없는 모양이에요.

학생들이 시험을 잘 본 모양이죠?

옷 입는 걸 보니까 외출할 모양입니다.

부인이 몹시 아픈 모양입니다.

헤어지게 되어서 섭섭한 모양입니다.

15.5 G1: -(으)면서

웃으면서 인사했어요.

휘파람을 불면서 목욕을 해요.

차를 마시면서 이야기할까요?

졸면서 책을 읽어요.

그녀를 생각하면서 길을 걷습니다.

유형 부분

15.1 D1

(보기)

선생: 오늘 날씨가 어때요?

학생: 따뜻한 편이에요.

1) 선생: 그분 발음이 어때요?

　　학생: 좋은 편이에요.

2) 선생: 도쿄 물가가 어때요?

　　학생: 비싼 편이예요.

3) 선생: 그 식당 음식 맛이 어때요?

　　학생: 매운 편이에요.

4) 선생: 용돈을 얼마쯤 받아요?

　　학생: 많이 받는 편이에요.

5) 선생: 어디에서 점심을 드세요?

　　학생: 학생 식당에 자주 가는 편이에요.

15.1 D2

(보기)

선생: 오늘 날씨가 어때요?

학생: 날씨는 따뜻한데 바람이 많이 불어요.

1) 선생: 이 집 살기가 편하지요?

　　학생: 살기는 편한데 교통이 불편해요.

2) 선생: 그 회사 월급이 많지요?

학생: 월급은 많은데 퇴근 시간이 늦어요.

3) 선생: 제 친구 한국말 발음이 좋지요?

   학생: 발음은 좋은데 좀 느려요.

4) 선생: 이 물건 값이 싸지요?

   학생: 값은 싼데 질이 나빠요.

5) 선생: 이 옷 모양이 좋지요?

   학생: 모양은 좋은데 색깔이 너무 어두워요.

15.1 D3

(보기)

선생: 이 바시 어때요?

학생: 제가 보기에는 잘 맞는데요.

1) 선생: 비가 언제쯤 그칠까요?

   학생: 제가 보기에는 오후에 그칠 같은데요.

2) 선생: 음료수가 부족할까요?

   학생: 제가 보기에는 넉넉한데요.

3) 선생: 저 두 분이 어때요?

   학생: 제가 보기에는 잘 어울리는 것 같은데요.

4) 선생: 누가 더 나이가 많은 것 같아요?

   학생: 제가 보기에는 영수 씨가 더 나이가 많은 것 같아요.

5) 선생: 교통사고가 났는데 누가 잘못했어요?

   학생: 제가 보기에는 앞차가 잘못했는데요.

15.2 D1

(보기)

선생: 사과 / 한 개

학생1: 사과 한 개에 얼마입니까?

학생2: 한 개에 700원이에요.

1) 선생: 공책 / 한 권

   학생1: 공책 한 권에 얼마입니까?

   학생2: 한 권에 1,000원이에요.

2) 선생: 수박 / 한 통

   학생1: 수박 한 통에 얼마입니까?

   학생2: 한 통에 8,000원이에요.

3) 선생: 장미꽃 / 한 송이

   학생1: 장미꽃 한 송이에 얼마입니까?

   학생2: 한 송이에 500원이에요.

4) 선생: 불고기 / 1인분

   학생1: 불고기 1인분에 얼마입니까?

   학생2: 1인분에 6,000원이에요.

5) 선생: 엽서 / 한 장

   학생1: 엽서 한 장에 얼마입니까?

   학생2: 한 장에 300원씩이에요.

15.2 D2

(보기)

선생: 이 생선

학생1: 이 생선 어떻게 합니까?

학생2: 한 마리에 3,000원입니다.

1) 선생: 이 손수건

   학생1: 이 손수건 어떻게 합니까?

   학생2: 한 장에 2,500원입니다.

2) 선생: 이 꽃

   학생1: 이 꽃 어떻게 합니까?

   학생2: 한 다발에 4,000원입니다.

3) 선생: 이 딸기

   학생1: 이 딸기 어떻게 합니까?

   학생2: 한 상자에 3,500원입니다.

4) 선생: 이 양말

   학생1: 이 양말 어떻게 합니까?

   학생2: 세 켤레에 5,000원입니다.

5) 선생: 이 귤

   학생1: 이 귤 어떻게 합니까?

   학생2: 다섯 개에 1,000원입니다.

15.2 D3

(보기)

선생: 과일 / 삽니다

학생: 다른 과일은 더 안 사세요?

1) 선생: 안주 / 시킵니다.

   학생: 다른 안주는 더 안 시키세요?

2) 선생: 물건 / 필요합니다.

   학생: 다른 물건은 더 안 필요하세요?

3) 선생: 분 / 옵니다.

   학생: 다른 분은 더 안 오세요?

4) 선생: 책 / 빌립니다.

   학생: 다른 책은 더 안 빌리세요?

5) 선생: 친구 / 만납니다.

   학생: 다른 친구는 더 안 만나세요?

15.3 D1

(보기)

선생: 제가 도와 드리겠습니다. / 염려하지 마세요.

학생: 제가 도와 드릴 테니까 염려하지 마세요.

1) 선생: 싸게 해 드리겠습니다. / 사세요.

   학생: 싸게 해 드릴 테니까 사세요.

2) 선생: 제가 곧 가겠습니다. / 잠깐만 기다려 주세요.

   학생: 제가 곧 갈 테니까 잠깐만 기다려 주세요.

3) 선생: 시간이 많이 걸리겠습니다. / 일찍 출발합시다.

학생: 시간이 많이 걸릴 테니까 일찍 출발합시다.

4) 선생: 그분이 한국말을 잘하겠습니다. / 한국말로 이야기합시다.

   학생: 그분이 한국말을 잘할 테니까 한국말로 이야기합시다.

5) 선생: 광화문으로 해서 가면 복잡하겠습니다. / 시청 앞으로 해서 갑시다.

   학생: 광화문으로 해서 가면 복잡할 테니까 시청 앞으로 해서 갑시다.

15.3 D2

(보기)

선생: 오후에 비가 올까요?

학생: 예, 오후에 비가 올 테니까 우산을 가지고 가십시오.

1) 선생: 김 선생님이 틀림없이 오실까요?

   학생: 예, 김 선생님이 틀림없이 오실 테니까 조금만 더 기다리십시오.

2) 선생: 한 달 후에도 자리가 있을까요?

   학생: 예, 한 달 후에도 자리가 있을 테니까 염려 마십시오.

3) 선생: 돈이 많이 들까요?

   학생: 예, 돈이 많이 들 테니까 넉넉하게 준비하십시오.

4) 선생: 그 모임에 가시겠습니까?

   학생: 예, 그 모임에 갈 테니까 선생님도 꼭 오십시오.

5) 선생: 영어를 가르쳐 주시겠습니까?

   학생: 예, 영어를 가르쳐 드릴 테니까 한자를 가르쳐 주십시오.

15.3 D3

(보기)

선생: 눈이 많이 왔습니다. / 길이 미끄럽습니다.

학생: 눈이 많이 와서 길이 미끄럽겠는데요.

1) 선생: 시험을 못 봤습니다. / 부모님께 꾸중을 듣겠습니다.

   학생: 시험을 못 봐서 부모님께 꾸중을 듣겠습니다.

2) 선생: 장학금을 받았습니다. / 기분이 좋습니다.

   학생: 장학금을 받아서 기분이 좋겠는데요.

3) 선생: 휴일입니다. / 극장에 사람이 많습니다.

   학생: 휴일이어서 극장에 사람이 많겠는데요.

4) 선생: 아버님이 편찮으십니다. / 걱정이 됩니다.

   학생: 아버님이 편찮으셔서 걱정이 되겠는데요.

5) 선생: 주차장이 좁습니다. / 불편합니다.

   학생: 주차장이 좁아서 불편하겠는데요.

15.3 D4

(보기)

선생: 하루에 몇 시간 / 공부합니까?

학생1: 하루에 몇 시간이나 공부합니까?

학생2: 하루에 세 시간쯤 공부합니다.

1) 선생: 주차장에 차가 몇 대 / 있습니까?

   학생1: 주차장에 차가 몇 대나 있습니까?

   학생2: 주차장에 차가 스무 대쯤 있습니다.

2) 선생: 한 달에 책을 몇 권 / 읽습니까?

학생1: 한 달에 책을 몇 권이나 읽습니까?

학생2: 한 달에 책을 세 권쯤 읽습니다.

3) 선생: 일주일에 용돈을 얼마 / 씁니까?

학생1: 일주일에 용돈을 얼마나 씁니까?

학생2: 일주일에 용돈을 6만 원쯤 씁니다.

4) 선생: 그 회사에서 몇 년 / 일했습니까?

학생1: 그 회사에서 몇 년이나 일했습니까?

학생2: 그 회사에서 5년쯤 일했습니다.

5) 선생: 한국에 온 지 얼마 / 되었습니까?

학생1: 한국에 온 지 얼마나 되었습니까?

학생2: 한국에 온 지 8개월쯤 되었습니다.

15.3 D5

(보기)

선생: 하루에 커피를 몇 잔이나 마십니까?

학생1: 하루에 커피를 넉 잔 마십니다.

학생2: 넉 잔이나요?

1) 선생: 손님들을 몇 명이나 초대하셨습니까?

학생1: 손님들을 열다섯 명 초대했습니다.

학생2: 열다섯 명이나요?

2) 선생: 집에서 학교까지 얼마나 걸립니까?

학생1: 집에서 학교까지 한 시간 반 걸립니다.

학생2: 한 시간 반이나요?

3) 선생: 지난 학기에 몇 번이나 결석했습니까?

학생1: 지난 학기에 일곱 번 결석했습니다.

학생2: 일곱 번이나요?

4) 선생: 맥주를 몇 병이나 마실 수 있습니까?

학생1: 맥주를 열 병 마실 수 있습니다.

학생2: 열 병이나요?

5) 선생: 어제 몇 시간이나 주무셨습니까?

학생1: 어제 열 시간 잤습니다.

학생2: 열 시간이나요?

15.4 D1

(보기)

선생: 저 기억하십니까?

학생: 어제 여기 오신 분 아니세요?

1) 선생: 저 기억하십니까?

학생: 지난번에 오 선생님과 만난 분 아니세요?

2) 선생: 저 기억하십니까?

학생: 옆집에 이사 오신 분 아니세요?

3) 선생: 저 기억하십니까?

학생: 2급 때 같이 공부한 분 아니세요?

4) 선생: 저 기억하십니까?

학생: 작년에 졸업하신 분 아니세요?

5) 선생: 저 기억하십니까?

학생: 대사관에서 일하시는 분 아니세요?

15.4 D2

(보기)

선생: 아이들이 잡니다.

학생: 아이들이 자는 모양입니다.

1) 선생: 김 선생님이 편찮으십니다.

   학생: 김 선생님이 편찮으신 모양입니다.

2) 선생: 영화가 재미없습니다.

   학생: 영화가 재미없는 모양입니다.

3) 선생: 저분은 한국 사람이 아닙니다.

   학생: 저분은 한국 사람이 아닌 모양입니다.

4) 선생: 교통사고가 났습니다.

   학생: 교통사고가 난 모양입니다.

5) 선생: 비가 오겠습니다.

   학생: 비가 올 모양입니다.

15.4 D3

(보기)

선생: 요즘 정 선생을 만나기가 어려운데요.

학생: 바쁘신 모양이에요.

1) 선생: 김 선생님이 아직 퇴근을 안 하셨는데요.

   학생: 할 일이 많은 모양이에요.

2) 선생: 밖이 시끄러운데요.

   학생: 학생들이 체육대회를 하는 모양이에요.

3) 선생: 다나까 씨가 기분이 좋은 것 같아요.

학생: 시험을 잘 본 모양이에요.

4) 선생: 계속 전화를 해도 받지 않아요.

학생: 외출한 모양이에요.

5) 선생: 하늘에 구름이 많이 끼었군요.

학생: 곧 눈이 올 모양이에요.

15.4 D3

(보기)

선생: 이아이가 자꾸 울어요.

학생: 어디 봅시다. 감기에 걸렸군요.

1) 선생: 불이 안 들어오는데요.

학생: 어디 봅시다. 전구가 끊어졌군요.

2) 선생: 이가 아파서 죽겠어요.

학생: 어디 봅시다. 이가 썩었군요.

3) 선생: 이 옷이 어제 산거예요.

학생: 어디 봅시다. 잘 어울리는군요.

4) 선생: 이게 우리 아이 사진이에요.

학생: 어디 봅시다. 아주 예쁘군요.

5) 선생: 이것 번역해 주시겠어요?

학생: 어디 봅시다. 시간이 많이 걸리겠군요.

15.5 D1

(보기)

선생: 박 선생이 꽃을 좋아할까요?

학생: 예, 꽃을 좋아하지 않는 사람이 없어요.

1) 선생: 날마다 바쁘세요?

   학생: 예, 바쁘지 않은 날이 없어요.

2) 선생: 그 회사 직원들이 열심히 일해요?

   학생: 예, 열심히 일하지 않는 사람이 없어요.

3) 선생: 모두 참석했어요?

   학생: 예, 참석하지 않은 사람이 없어요.

4) 선생: 그 학교에서 영어를 가르칩니까?

   학생: 예, 영어를 가르치지 않는 곳이 없어요.

5) 선생: 요즘 물건이 비싸요?

   학생: 예, 비싸지 않은 것이 없어요.

15.5 D2

(보기)

선생: 요즘 바쁘세요?

학생: 아니오, 그리 바쁘지 않아요.

1) 선생: 바둑을 좋아하세요?

   학생: 아니요, 그리 좋아하지 않아요.

2) 선생: 그쪽 길이 복잡해요?

   학생: 아니요, 그리 복잡하지 않아요.

3) 선생: 영호 씨와 친하세요?

   학생: 아니오, 그리 친하지 않아요.

4) 선생: 비가 많이 와요?

   학생: 아니오, 그리 많이 오지 않아요.

5) 선생: 여행을 자주 하세요?

   학생: 아니오, 그리 자주 하지 않아요.

15.5 D3

(보기)

선생: 친구를 기다립니다. / 음악을 듣습니다.

학생: 친구를 기다리면서 음악을 듣습니다.

1) 선생: 신문을 읽습니다. / 차를 마십니다.

   학생: 신문을 읽으면서 차를 마십니다.

2) 선생: 커피를 마십니다. / 이야기합니다.

   학생: 커피를 마시면서 이야기합니다.

3) 선생: 웃습니다. / 인사합니다.

   학생: 웃으면서 인사합니다.

4) 선생: 부모님을 생각합니다. / 편지를 씁니다.

   학생: 부모님을 생각하면서 편지를 씁니다.

5) 선생: 피아노를 칩니다. / 노래를 부릅니다.

   학생: 피아노를 치면서 노래를 부릅니다.

15.5 D4

(보기)

선생: 사진을 보면서 가족 생각을 하세요?

학생: 예, 사진을 보면서 가족 생각을 해요.

1) 선생: 운전을 하면서 라디오를 들으세요?

   학생: 예, 운전을 하면서 라디오를 들어요.

2) 선생: 저녁 식사를 하면서 TV를 봐요.

   학생: 예, 저녁 식사를 하면서 TV를 봐요.

3) 선생: 요리책을 보면서 음식을 만드세요?

   학생: 예, 요리책을 보면서 음식을 만들어요.

4) 선생: 점심을 먹으면서 이야기할까요?

   학생: 예, 점심을 먹으면서 이야기합시다.

5) 선생: 경치를 구경하면서 천천히 올라갈까요?

   학생: 예, 경치를 구경하면서 천천히 올라갑시다.

다음 4명의 학생들을 대상으로, 1급 1차에서 추출한 조사내용을 제시하면 다음과 같다.

어휘 부분(1급 1차):

가다, 구두, 바보, 가수, 소녀, 나비, 뉴스, 라디오, 모래, 배, 비, 오리, 요리, 유리, 다리, 머리, 부르다, 우비, 도토리, 수저, 여자, 호수, 사자, 치마, 휴지, 게, 귀, 제요, 계급, 위, 뒤, 시계, 회사, 어디, 따다, 과자, 궤도, 어서, 궤, 쾌락, 회화, 국, 목, 문, 걷다, 닫다, 신문, 떡, 손, 굳다, 달, 밀, 마음, 입, 공장, 돌, 힘, 밥, 강, 계시다, 몫, 몫을, 넋, 넋을, 앉다, 앉아, 얹다, 많다, 얹어, 많아, 많으시다, 끊어, 끊으시다, 많니, 끊니, 많습니다, 끊습니다, 많고, 많지, 끊고, 끊다, 끊지, 닭, 닭을, 읽고, 책이에요, 서울이에요, 꽃잎, 신여성, 깃발, 늑막염, 코 등, 젊다, 젊고, 삶다, 삶아, 넓다, 얇다, 밟다, 넓어, 밟아, 곬, 핥다, 훑다, 훑어, 국법, 넓죽, 밭갈이, 돋보기, 읊조리다, 닭장, 덮개, 낯설다, 옷고름, 값지다, 신고, 절도, 일시, 발동, 물질, 할 것을, 할 적에, 갈 데가, 있을 데가, 국물, 부엌만, 꽃망울, 앞마당, 읊는, 깎는, 몫몫이, 닫는, 쫓는,

붙는, 침략, 대통령, 향로, 밟는, 관리, 난로, 백리, 협력, 십리, 막론, 굳이, 밭이, 벼훑이, 낙원, 선량하다, 연로하다, 용궁, 익사, 능묘, 양심, 예절, 누각, 흑룡, 당뇨, 왕호, 역사, 익명, 뇌물

과목 부분(1급 2차):

단원 부분: 좋은, 나눠 주십시오, 한 근에, 사신 분, 시장에는, 여기서, 색은, 괜찮은데요, 어떻게, 비싸졌습니다, 달고, 포도 철이, 오른 것, 댁으로, 깨질 것들은, 밀려서, 펴지지, 손잡이가, 드리지요, 풍경들이, 손뼉을, 발로, 맞추면서, 싸구려, 백화점, 모양이나, 보여 주십시오, 비싸지다, 뭐가, 소리, 옳은 것, 오래긴민에, 구별해 내다

문법 방면의 예: 걸려요, 삼십분, 열장이나, 모양이다, 옷 입는 걸, 목욕을, 할까요, 용돈을, 살기가, 색깔이, 몇 살이나, 쌀값이, 어때요, 1000원씩, 6000원씩, 한 장에, 이 꽃, 500원입니다. 갈 테니까, 합시다, 영어, 길이, 받아서, 일했습니까, 넉 잔이나, 몇 명, 학교, 결석, 열 시간, 여기, 하십니까, 열심히, 그쪽 길이, 들으세요, 이런, 설악산 행은, 열시, 호텔, 2박, 될지, 사람, 영철, 월급, 탔는데, 드릴까요, 어떤, 창가로, 현금, 빵으로, 때문에, 어려운, 사원을, 올해, 알아볼까요, 글쎄요, 알아볼

유형 부분: 색은, 오른쪽, 드릴까요, 그런데, 사신 분, 잘못된, 드리지요, 풍경들이. 지르는, 사구려, 광경, 미끄러울 테니까, 걸려요, 강당에, 다섯 잔, 웃으면서, 읽어요, 어때요, 그분, 따뜻하지요, 살기가, 교통이, 색갈이, 바지, 영수, 났는데, 통에, 일인분, 한 장에, 생선, 손수건, 한 다발에, 갈 테니까, 출발합시다, 가면 나갈 테니까, 오느라고, 오실까요, 영어, 길이, 미끄럽겠네요, 받아서, 편찮으셔서, 좁아서, 하

루에, 용돈을, 몇 년, 일했습니까, 결석했습니다, 몇 병이나, 시간, 선생님과, 오신 분, 한국, 바쁘신, 할 일이, 밖이, 체육대회, 기분이, 잘본 모양, 울어요, 끊어졌군요, 박 선생이, 열심히, 일하지, 바쁘세요, 그 쪽 길이, 여행, 마시면서, 가족, 운전을, 들어요, 일했습니다, 들으실 수

어휘 부분, 즉 1급의 1차에서는 162개의 조사내용이 추출되고 과목 부분, 즉 2급 1차에서는 모두 161개의 내용이 조사되었다.

1차에서 조사한 내용을 다시 1차에 참가했던 발음이 차한 4명의 학생을 제외하고 나머지 전체 학생들을 대상으로 2차 조사를 해 보았더니 1급의 2차에서는 49개 오류가 나오고 2급의 2차에서는 213개의 오류가 나왔다.

하지만 본서에서는 똑같은 어휘나 짧은 문장의 오류일지라도 여러 유형의 오류분석에 중복해 쓰였을 경우, 다시 말하면 한 번 이상 들어가면 그 오류차수를 전체 오류개수에 더했다.

결과 초급에서 중복하여 쓰인 오류개수가 1급과 2급에서 84개가 되어 1급과 2급의 오류개수는 도합 262개가 되었다.

1급 2차와 2급 2차에서 추출된 오류를 '부록3'에서 구체적으로 살펴보면 다음과 같다.

1급 2차에서 추출한 어휘 부분의 조사내용:

소녀, 오리, 요리, 유리, 다리, 머리, 사자, 돌, 앉다, 많아, 꽃잎, 신여성, 삶아, 넓다, 앏나, 넓죽, 밭갈이, 옳로리다, 닭장, 신고, 절도, 일시, 발동, 물질, 국물, 꽃망울, 앞마당, 읊는, 깎는, 몫몫이(2번), 닫는, 쫓는, 붙는, 침략, 대통령, 밟는, 백리, 협력, 십리, 막론, 굳이, 밭이, 벼훑이, 흑룡, 익명, 학생(3번)

2급 1차 오류: 49개

2급 2차에서 추출한 과목 부분의 조사내용:

단원 부분: 좋은(2번), 보여 주십시오, 시장에는(2번), 여기서, 색은(3), 어떻게(2번), 비싸졌습니다, 달고, 포도 철이, 댁으로(3번), 댁을, 깨질 것들은(3번), 밀려서, 손잡이가, 손, 풍경들이(2), 발로(3번), 맞추면서(3번), 싸구려, 백화점(5번), 모양이나, 보여 주십시오(2번), 손뼉을(3번), 비싸지다, 뭐가, 소리(2번), 옳은 것, 오래간만에(3번), 구별해 내다(2번)

단원 부분 오류: 29개＋중복 오류 25개＝54개

문법 방면의 예: 걸려요(3번), 삼십분(3번), 열 장이나(2번), 목욕을, 할까요(2번), 용돈을, 살기가, 색깔이(2번), 몇 살이나(3번), 쌀값이, 1000원씩이에요, 6000원씩, 한 장에, 이 꽃, 500원입니다. 갈 테니까, 영어(2번), 길이, 받아서, 넉 잔이나, 몇 명, 학교, 하십니까(3번), 그쪽 길이, 들으세요(2번), 이런(2번), 설악산(4번), 행은, 열 시(2번), 호텔, 될지, 사람(2번), 영철(2번), 월급, 탔는데, 드릴까요, 어떤(2번), 현금을(2번), 빵으로, 때문에, 어려운, 사원을, 올해, 알아볼까요(3번), 글쎄요(2번)

문법 부분 오류: 45개＋중복오류 25개＝70개

유형 부분: 오른쪽, 그런데(2번), 사신 분(2번), 잘못된, 드리지요, 소리 지르는, 광경, 미끄러울 테니까, 강당에(3번), 다섯 잔(2번), 웃으면서(2번), 읽어요, 어때요, 따뜻하다(2번), 살기가, 교통이, 바지(2번), 영수, 났는데, 통에, 일인분, 한 장에, 생선(2번), 손수건, 출발합시다(2번), 복잡할 테니까(2번), 올 테니까, 오실까요, 길이, 소리, 편찮으셔서, 용돈을, 몇 년, 일했습니까, 결석(2번), 선생, 한국(2번), 바쁘신, 체육대회, 기분이(2), 끊어졌군요(2번), 박 선생이(3번), 열심히, 일하지, 바쁘세요, 그쪽 길이, 가족(2번), 운전을, 들어요, 일했습니다, 복잡할 테니까(3번), 오실까요(2번), 들으실 수(2번), 한 다발에(2번), 밖이(2번), 미끄럽겠네요(3번), 몇 병이나(4번), 괜찮은(3번)

유형 부분 오류: 58개＋중복 오류 31개＝89개

2급 2차 오류: 213개

초급학습자들을 대상으로 조사한 오류는 1급에서 총49개, 2급에서 총 213개에 달해 도합 262개로 집계되었다.

부록 4

대학생들이 한국어에 대한 인식 조사표

〈표 1〉 한국어 학습에서 가장 중요한 부분에 관한 조사

	1학년 28명	2학년 30명	3학년 20명	4학년 2명	도합 100명
문법	28.6%	36.7%	30.0%	40.9%	35.4%
어휘	32.1%	33.3%	45.0%	40.9%	37.8%
발음	35.7%	30.0%	25.0%	13.6%	26.1%
기타	3.6%	0.0%	0.0%	4.5%	2.0%

〈표 2〉 한국어 발음에서의 난이도에 관한 조사

	1학년 28명	2학년 30명	3학년 20명	4학년 22명	도합 100명
매우 어렵다	8.7%	3.3%	9.0%	10.1%	7.8%
어렵다	29.1%	20.0%	15.0%	22.7%	21.7%
비교적 어렵다	28.6%	34.0%	30.0%	25.3%	29.5%
괜찮다	24.4%	26.7%	35.0%	19.2%	26.3%
쉽다	5.6%	9.3%	8.0%	13.6%	9.1%
매우 쉽다	3.6%	6.7%	3.0%	9.1%	5.6%

〈표 3〉 3대 발음의 난이도에 대한 조사

	1학년 27명	2학년 25명	3학년 18명
자모	1명(3.7%)	5명(20.0%)	5명(27.8%)
음절	7명(25.9%)	1명(4.0%)	1명(5.6%)
음운변동	19명(70.4%)	19명(76.0%)	12명(66.7%)

〈표 4〉 한국어 발음에서 세부적으로 가장 어려운 발음에 관한 조사

	1학년 27명	2학년 25명	3학년 18명
경음, 격음, 평음	8명(29.6%)	7명(28.0%)	4명(22.2%)
ㄹ발음	8명(29.6%)	13명(52.0%)	5명(27.8%)
ㅅ발음	8명(29.6%)	0명(0.0%)	2명(11.1%)
받침발음	3명(11.1%)	5명(20.0%)	7명(38.9%)

〈표 5〉 한국어 발음에 대한 모국어의 영향

	1학년 27명	2학년 25명	3학년 18명
영향이 많다	6명(22.2%)	8명(32.0%)	4명(22.2%)
영향을 좀 준다	18명(66.7%)	13명(52.0%)	7명(38.9%)
괜찮다	2명(7.4%)	4명(16.0%)	7명(38.9%)
영향을 미치지 않는다	1명(3.7%)	0명(0.0%)	0명(0.0%)

〈표 6〉 한국어를 배우는 이유

	1학년 27명	2학년 25명	3학년 18명
한국 문화를 요해하기 위해	4(15%)	6(24%)	4(22%)
취직의 편리를 위해	17(63%)	12(48%)	10(56%)
한국 드라마를 보기 위해	6(22%)	7(28%)	4(22%)
취미로 한국어를 배우기 위해	1(0.7%)	0(0%)	0(0%)

교사의 전문지식에 대한 설문 조사

 수업 시 교사가 해당 주제를 벗어나지 않고 학생들이 보다 이해하기 쉽게 강의를 해야 한다는 조사표를 보면 다음과 같다.

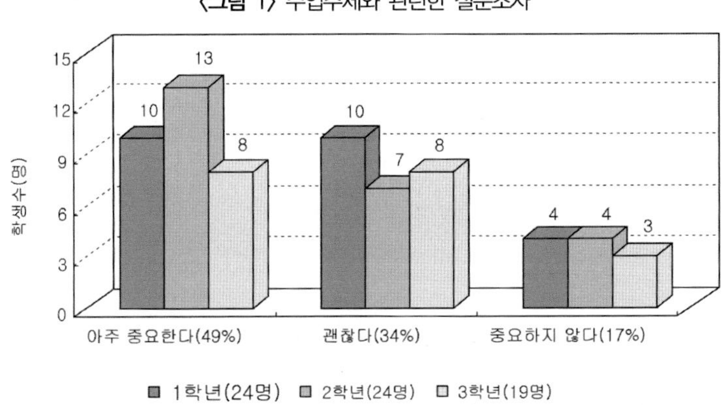

〈그림 1〉 수업주제와 관련한 설문조사

 교사가 제때에 수업을 시작하고 제때에 수업을 끝낼 데 관한 학습자들의 조사를 보면 다음과 같다.

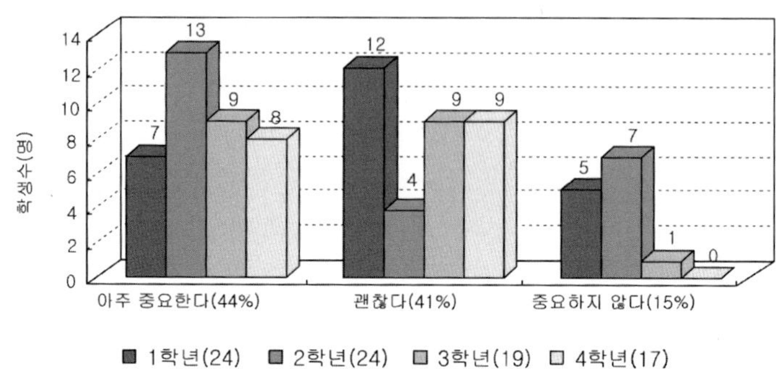

새 발음을 가르칠 때, 교사가 학습자들의 이해상황을 얼마만큼 파악하고 다음 내용으로 넘어가는지를 살펴본 결과 다음과 같다.

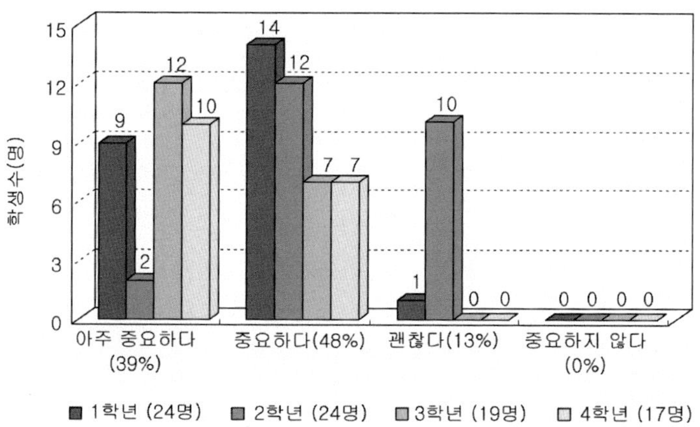

수업 시 교사가 군말로 시간을 끌지 않고 수업과 관련한 내용에 대해 요점적으로 강의를 해야 한다에서 조사한 결과 다음과 같다.

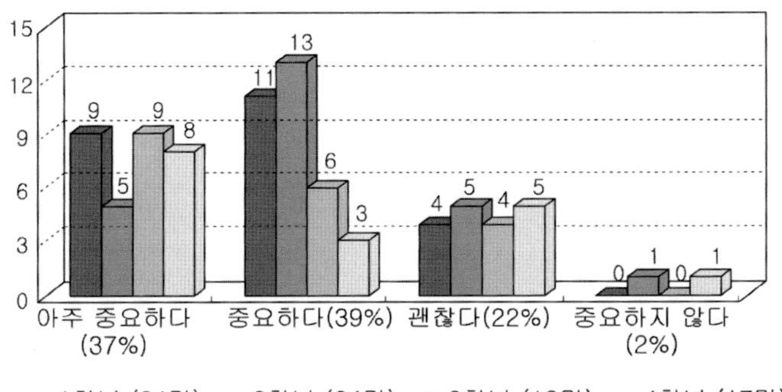

수업 시 교사가 다양한 관점과 지적인 호기심으로 재미있게 수업을 진행해야 한다는 내용으로 조사한 결과는 아래와 같다.

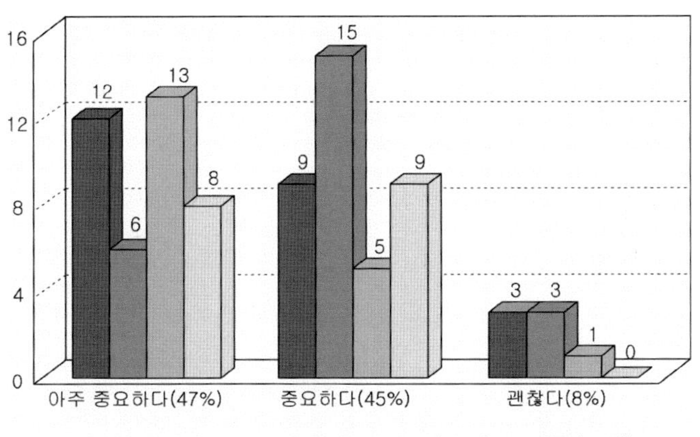

교사가 수업 시 학생들과 눈도 마주치고 미소도 지으면서 친절한 어조로 강의를 해야 한다에서 학습자들은 다음과 같은 반응을 보였다.

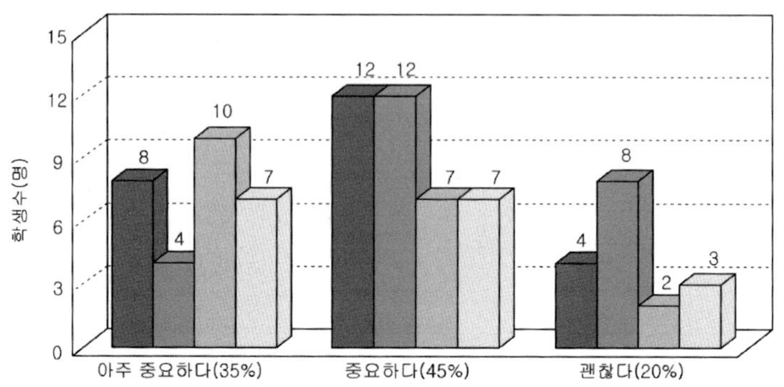

〈그림 6〉 수업 시 교사의 미소와 관련한 설문 조사

중급 발음오류 조사현황

대상: 청도과기대학 2008학급의 25명 대학생

3급: 2009년 9월 23일 자모조사, 2009년 9월 25일 제22과 '바쁜 하루'

4급: 2010년 4월 22일 제34과 '건강이 제일이다'

자모조사순서는 초급과 같다.

그리고 중급은 과목조사에서 초급보다 한 개가 적은 9개 종류에서 오류를 보였다. 아래 자모음오류와 과목부분의 오류를 살펴보면 다음과 같다.

<표 1> 모음 발음 양상 1

모음	ㅏ	ㅑ	ㅓ	ㅕ	ㅗ	ㅛ	ㅜ	ㅠ	―	ㅣ
오류			ㅗ(7명)	ㅛ(5명)		ㅠ(2명) ㅕ(2명)			ㅓ(5명) ㅜ(1명)	
합계			7명	5명		4명			6명	

<표 2> 모음 발음 양상 2

모음	ㅐ	ㅒ	ㅔ	ㅖ	ㅘ	ㅝ	ㅙ	ㅞ	ㅟ	ㅚ	ㅢ
오류		ㅖ(1명) ㅐ(1명)	ㅐ(10명)	ㅒ(6명) ㅔ(1명)			ㅐ(1명)	ㅙ(6명) <u>게이</u>(2명)	ㅝ(2명) ㅙ(1명)		ㅐ
합계		2명	10명	7명			1명	8명	3명		1명

<표 3> 자음 발음 양상 1

자음	ㄱ	ㄴ	ㄷ	ㄹ	ㅁ	ㅂ	ㅅ	ㅆ	ㅈ	ㅊ
오류	기(2) 거(8) 커(1)	너(10) 허(1)	더어(5) 떠(2)	<u>러얼</u>(2) [ㅣ] (8) 러(5)	머 (7)	버(8) 뻐(2) <u>쁘</u>(1)	써(5) 처(1) 서(3)	ㅅ(7) ㅊ(1)	저(2)	처(1) 치(1)
합계	11명	11명	7명	16명	7명	11명	9명	8명	2명	2명

<표 4> 자음 발음 양상 2

자음	ㅇ	ㅋ	ㅌ	ㅍ	ㅎ	ㄲ	ㄸ	ㅃ	ㅉ
오류	ㅓ(1) 을(1) 글(1)	커(5) 거(1)	터(5) 더(1)	퍼(5)	허(4)	꺼(2) 커(4) <u>그으</u>(2)	<u>더어</u>(1) 드(2) 떠(4)	브(1) 뻐(3) 버(6) 뻐(4)	ㅈ(5) ㅊ(2)
합계	3명	6명	6명	5명	4명	8명	7명	14명	7명

〈표 5〉 모음 대치오류

규칙	표준발음	오류발음
ㅡ→ㅓ	붓글씨를[붇끌씨를], 음식이[음시기]	붓글씨를[붇걸씨를], 음식이[엄시기]
	늦게[늗께], 들어가기만[드러가기만]	늦게[너께], 들어가기만[더러가기만]
	누구든지[누구든지], 늦은 밤[느즌 밤]	누구든지[누구던지], 늦은 밤[너즌 밤]
	선배들과[선배들과]	선배들과[선배덜과]
ㅡ→ㅣ	바쁜[바쁜]	바쁜[바삔]
ㅗ→ㅜ	운동[운동], 전통[전통]	운동[운둥], 전통[전퉁]
ㅓ→ㅔ	걸려온[걸려온]	걸려온[겔려온]
ㅓ→ㅗ	서울[서울]	서울[소울]
ㅜ→ㅡ	저분들은[저분드른], 문제가[문제가]	저분들은[저븐들은], 문제가[믄제가]
ㅢ→ㅣ	의미[의미]	의미[이미]
ㅒ→ㅐ	얘기지요[얘기지요]	얘기지요[애기지요]
ㅓ→ㅕ	성격이[성껴기]	성격이[성격이]
ㅕ→ㅣ	수명은[수명은], 대통령이[대통녕이]	수명은[수밍은], 대통령이[대통링이]
	상대편에서[상대펴네서]	상대편에서[상대핀에서]
ㅠ→ㅣ	불규칙적이다[불규칙쩌기다]	불규칙적이다[불기칙적이다]
ㅟ→ㅞ	위층에서[위층에서]	위층에서[웨층에서]
ㅙ→ㅞ	왜냐하면[왜냐하면]	왜냐하면[웨냐하면]
ㅚ→ㅟ	회의에서[회이에서]	회의에서[휘의에서]

〈표 6〉 모음 확장 오류

규칙	표준발음	오류발음
확장	회사에서[회사에서]	회사에서[회이싸에서]
	교통사고[교통사고]	교통사고[교우통사고]

<표 7> 초성에서의 마찰음 대치오류

규칙	표준발음	오류발음
ㅅ→ㅆ 평음-경음	사람[사람], 사촌동생[사촌동생]	사람[싸람], 사촌동생[싸촌동생]
	사야지요[사야지요], 산책[산책]	사야지요[싸야지요], 산책[싼책]
	사지[사지], 망설이세요[망서리세요]	사지[싸지], 망설이세요[망썰이세요]
	동생조차[동생조차], 쉬는[쉬는]	동생조차[동쌘조차], 쉬는[쒸는]
	회사에서[회사에서], 생활을[생화를]	회사에서[회이싸에서], 생활을[쌩활을]
	소방서에[소방서에], 소리가[소리가]	소방서에[소빵써에], 소리가[쏘리가]
	남산타워[남산타워], 숨쉬기[숨쉬기]	남산타워[남싼타워], 숨쉬기[쑴쒸기]
	서울에서[서우레서], 서울은[서우른]	서울에서[써울에써], 서울은[써우른]
	식을 올리기[시글 올리기]	식을 올리기[씨끌 올리기]
	사느라고[사느라고], 산이나[사니나]	사느라고[싸느라고], 산이나[싸니나]
	사무실에[사무시레], 산으로[사느로]	사무실에[싸무시레], 산으로[싼으로]
	잘 살 수[잘 살 쑤], 사물을[사무를]	잘 살 수[잘 쌀 쑤], 사물을[싸무를]
	장수 마을[장수 마을], 시간[시간]	장수 마을[장쑤 마을], 시간[씨간]
	생각하세요[생가카세요]	생각하세요[쌩깍카세요]
	세상만사[세상만사], 사람은[사라믄]	세상만사[쎄상만싸], 사람은[싸람은]
	소문만복래라고[소문만봉래라고]	소문만복래라고[쏘문만뽕래라고]
	자연스러우며[자연스러우며]	자연스러우며[자연쓰러우며]
	생기지 않도록[생기지 안토록]	생기지 않도록[쌩기지 않도록]
	사는 김에[사는 기메]	사는 김에[싸는 기메]
	정치사를[정치사를], 섭섭한[섭서판]	정치사를[정치싸를], 섭섭한[썹썹한]
	사람에게[사라메게]	사람에게[싸람에게]
평음-격음 ㅅ→ㅊ	사고를[사고를], 시간에[시가네]	사고를[차고를], 시간에[치간에]
	사람[사람]	사람[차람]

<표 8> 파찰음 대치오류

규칙	표준발음	오류발음
평음-경음 ㅈ→ㅉ	말조차[말조차], 세수조차[세수조차]	말조차[말쪼차], 세수조차[세수쪼차]
	어제[어제], 아주[아주], 요즘[요즘]	어제[어쩨], 아주[아쭈], 요즘[요쯤]
	중요한[중요한], 주겠다고[주겓따고]	중요한[쭈요한], 주겠다고[쭈겓따고]
	부자가[부자가], 통화 중[통화 중]	부자가[부짜가], 통화 중[토화 쭝]
	집에서[지베서], 인정을[인정을]	집에서[찌베서], 인정을[인쩡을]
	자연스러우며[자연스러우며]	자연스러우며[짜연쓰러우며]
경음-평음 ㅉ→ㅈ	짜증을 내다[짜증을 내다]	짜증을 내다[자증을 내다]

<표 9> 파열음 대치오류

규칙	표준발음	오류발음
평음-경음 ㄱ→ㄲ	지나가나[지나가나], 의미개[의미가]	지나가나[지나까나], 의미개[의미까]
	어느 것이[어느 거시], 살고[살고]	어느 것이[어느 꺼시], 살고[살꼬]
	되겠는데요[되겓는데요], 그걸[그걸]	되겠는데요[되껟는데요], 그걸[그껄]
	이상하게도[이상하게도], 이거[이거]	이사하게도[이상하께도], 이거[이꺼]
	자기집[자기집], 하거나[하거나]	자기집[자끼집], 하거나[하꺼나]
	무거워요[무거워요], 알리고[알리고]	무거워요[무꺼워요], 알리고[알리꼬]
	지금까지[지금까지], 가거나[가거나]	지금까지[지끔까지], 가거나[가꺼나]
	오거나[오거나], 하는 게[하는 게]	오거나[오꺼나], 하는 게[하는 께]
	네가[네가], 타고[타고], 비가[비가]	네가[네까], 타고[타꼬], 비가[비까]
	방송국에[방송구게]	방송국에[방송꾸게]
	싸거나[싸거나], 친구에게[친구에게]	싸거나[싸꺼나], 친구에게[친구에께]
	엄마가[엄마가], 불규칙한[불규치칸]	엄마가[엄마까], 불규칙한[불뀨칙한]
	피곤해[피고내], 옮기기만[옴기기만]	피곤해[피꼰해], 옮기기만[옴끼기만]
	하기만[하기만], 얼굴조차[얼굴조차]	하기만[하끼만], 얼굴조차[얼꿀조차]
	여간[여간], 화해하기를[화해하기를]	여간[여깐], 화해하기를[화해하끼를]
	타기만[타기만], 내 것도[내 걷또]	타기만[타끼만], 내 것도[내 껃또]
	그 기회에[그 기회에], 비결[비결]	그 기회에[그 끼회에], 비결[비껼]
	지위가[지위가]	지위가[지위까]
	여기가[여기가], 구분이다[구부니다]	여기가[여끼가], 구분이다[꾸분이다]
	학위를[하귀를], 얼굴을[얼구를]	학위를[학뀌를], 얼굴을[얼꾸를]
	시간만[시간만], 물건들을[물건드를]	시간만[시깐만], 물건들을[물껀들을]
	타고난[타고난], 누구든지[누구든지]	타고난[타꼬난], 누구든지[누꾸든지]

평음·경음 ㄱ→ㄲ	공자로[공짜로], 한가지를[한가지를]	공자로[꽁짜로], 한 가지를[한 까지를]
	찡그린[찡그린], 결과가[결과가]	찡그린[찡끄린], 결과가[결꽈까]
	건강에[건강에], 그 사람은[그 사라믄]	건강에[건깡에], 그 사람은[끄 싸람은]
	살기를[살기를], 화가 나다[화가 나다]	살기를[살끼를], 화가 나다[화까 나다]
	전화 거는 것[전화 거는 걷]	전화 거는 것[전화 꺼는 걷]
	해외로 가는[해외로 가는]	해외로 가는[해외로 까는]
	조금 전에[조금 저네], 생각을[생가글]	조금 전에[조끔 전에], 생각을[생깍을]
	생각하세요[생가카세요]	생각하세요[쌩깍카세요]
경음·평음 ㄲ→ㄱ	잠깐[잠깐], 아낄줄[아낄쭐]	잠깐[잠간], 아낄줄[아길줄]
평음·격음 ㄱ→ㅋ	지나갔는지[지나간는지]	지나갔는지[지나칸는지]
	있겠어요[읻께써요]	있겠어요[읻퀜어요]
평음·격음 ㄷ→ㄸ	시대가[시대가], 동작동사[동작동사]	시대가[시때가], 동작동사[똥작똥사]
	힘들다[힘들다], 답답하고[답따파고]	힘들다[힘뜰다], 답답하고[땁땁파고]
	그동안[그동안]	그동안[그또안]
	도착하는 대로[도착카는 대로]	도착하는 대로[또착하는 대로]
	답답해[답따패], 대답을[대다블]	답답해[땁땁패], 대답을[때따블]
	이달[이달], 동안[동안], 바다[바다]	이달[이딸], 동안[또안], 바다[바따]
	데려다[데려다], 상반된[상반된]	데려다[떼려다], 상반된[상반뙨]
	학생들[학쌩들]	학생들[학생뜰]
평음·격음 ㄷ→ㅌ	미안하다는[미아나다는]	미안하다는[미안하타는]
	답답해[답다패],	답답해[답탑패]
경음·평음 ㄸ→ㄷ	딸기가[딸기가], 딸인지[따린지]	딸기가[달기가], 딸인지[달인지]
	발달로[발딸로], 할 때가[할 때가]	발딸로[발달로], 할 때가[할 대가]
경음·평음 ㄸ→ㅌ	딸국질[딸국찔]	딸국질[탈국찔]
평음·경음 ㅂ→ㅃ	준비가[준비가], 병원으로[병워느로]	준비가[준삐가], 병원으로[뼝원으로]
	뵌 분[뵌 분], 대부분의[대부부니]	뵌 분[뵈 뿐], 대부분의[대부뿐의]
	보니까[보니까], 소방서에[소방서에]	보니까[뽀니까], 소방서에[소빵써에]
	병이나[병이나]	병이나[뼝이나]
	소문만복래라고[소문만봉래라고]	소문만복래라고[쏘문만뽕래라고]
	방법[방법], 복이고[보기고]	방법[빵뻽], 복이고[뽀기고]
	부부 사이라도[부부 사이라도]	부부 사이라도[뿌뿌 싸이라도]
경음·평음 ㅃ→ㅂ	바빠서[바빠서], 바빴다[바빧다]	바빠서[바바서], 바빴다[바받따]
	바빠[바빠], 바쁘면[바쁘면]	바빠[바바], 바쁘면[바브면]
	기쁘지[기쁘지]	기쁘지[기브지]

〈표 10〉 설전음을 설측음으로 발음하는 경우

규칙	표준발음(탄설음ㄹ) (탄설음ㄹ→국제 음성 기호[r])	오류 발음(설전음ㄹ) (설전음ㄹ→국제 음성 기호[ㅣ])
초성에서 모음과 결합된 탄설음이지만 설측음으로 발음하는 경우	할 일이[할리리], 자리에[자리에]	할 일이[할리리], 자리에[자리에]
	누구시라고[누구시라고], 그런[그런]	누구시라고[누구시라고], 그런[그런]
	열어 주세요[여러 주세요], 불이[부리]	열어 주세요[여러 주세요], 불이[부리]
	물어보고[무러보고], 모르는[모르는]	물어보고[무러보고], 모르는[모르는]
	소리가[소리가], 서울에서[서우레서]	소리가[소리가], 서울에서[서우레서]
	만들어[만드러], 드리지[드리지]	만들어[만드러], 드리지[드리지]
	누릅니다[누름니다], 이러한[이러한]	누릅니다[누름니다], 이러한[이러한]
	누르기만[누르기만], 그래요[그래요]	누르기만[누르기만], 그래요[그래요]
	제출하기만[제추라기만]	제출하기만[제추라기만]
	기다리기만[기다리기만]	기다리기만[기다리기만]
	돌아오기를[도라오기를]	돌아오기를[도라오기를]
	오래간만에[오래간마네]	오래간만에[오래간만에]
	실현하려는[시려나려는]	실현하려는[시련히려는]
	얻으려고[어드려고], 비롯된[비론뙨]	얻으려고[어드려고], 비롯된[비론된]
	오래 살게[오래 살게],다르고[다르고]	오래 살게[오래 살게],다르고[다르고]
	소문만복래라고[소문만봉래라고]	소문만복래라고[쏘문만뽕래라고]
	명령형[명령형], 잘했다[자랟따]	명령형[명려형], 잘했다[자랟다]
	자연스러우며[자연스러우며]	자연스러우며[자연쓰러우며]
	출세하려고[출쎄하려고], 다른[다른]	출세하려고[출세하려고], 다른[다른]
	따른다는[따른다는], 어려운[어려운]	따른다는[따른다는], 어려운[어려운]
	여러 가지[여러 가지], 찡그린[찡그린]	여러 가지[여러 가지], 찡그린[찡끄린]
	라고 해도[라고 해도], 들어요[드러요]	라고 해도[라고 해도], 들어요[드러요]
	여러 사람이[여러 사람이]	여러 사람이[여러 사람이]
	아니더라도[아니더라도]	아니더라도[아니더라도]
	알려 드리려고[알려드리려고]	알려 드리려고[알려드리려고]
	동료들이[동뇨들이]	동료들이[도료들이]
	보람 있는[보라 믿는]	보람 있는[보람 있는]
	집안 일이[지반 니리]	집안 일이[지반 이리]

〈표 11〉 음운변동

규칙	표준발음	오류발음
경음화	학교에서[학꾜에서], 걱정이[걱쩡이]	학교에서[학교에서], 걱정이[걱정이]
	있겠는가[읻껜는가], 신입생[신입쌩]	있겠는가[이겐는가], 신입생[신입생]
	맞지[맏찌], 졸업식에서[조럽씨게서]	맞지[맏지], 졸업식에서[졸업식에서]
	다섯 가지[다섣 까지], 먹기에[먹끼에]	다섯 가지[다서 가지], 먹기에[먹기에]
	갔다고[갇따고], 몰두하고[몰뚜하고]	갔다고[갇다고], 몰두하고[몰두하고]
	없습니다[업씀니다], 발전한[발쩌난]	없습니다[업슴니다], 발전한[발전한]
	주겠다고[주겓따고], 늘었다[느럳따]	주겠다고[쭈겐다고], 늘었다[느런다]
	비롯되다[비론뙤다], 것보다[걷뽀다]	비롯되다[비론되다], 것보다[걷보다]
	설득하려고[설뜨카려고]	설득하려고[설득하려고]
	잘 살수[잘 살쑤], 갈 것이[갈 꺼시]	잘 살수[잘 살수], 갈 것이[갈 것이]
	헌신했다[헌시낻따]	헌신했다[헌신핻다]
	살 수 있는[살 쑤 있는]	살 수 있는[쌀 수 있는]
격음화	복잡한데[복짜판데], 섭섭한[섭써판]	복잡한데[보짬한데], 섭섭한[썹썹한]
	도착하는 대로[도차카는 대로]	도착하는 대로[또착하는 대로]
	복잡하지요[복짭파지요]	복잡하지요[복잡하지요]
	생각해 보세요[생가캐 보세요]	생각해 보세요[생각해 보세요]
	생각하십니까[생가카심니까]	생각하십니까[생각하심니까]
	막히는 걸요[마키는 걸요]	막히는 걸요[막기는 걸요]
	맏형[마텽], 떡하고[떠카고]	맏형[맏형], 떡하고[떡하고]
연음화	먹어요[머거요], 소설책을[소설채글]	먹어요[먹어요], 소설책을[소설책끌]
	익어요[이거요], 그 분의[그 부니]	익어요[익어요], 그 분의[그 분의]
	통역을[통여글], 학위를[하귀를]	통역을[통역을], 학위를[하위를]
	산이나[사니나], 산으로[사느로]	산이나[산이나], 산으로[산으로]
	조금 전에[조금 저네], 힘으로[히므로]	조금 전에[조끔 전에], 힘으로[힘으로]
	밝아보이네요[발가보이네요]	밝아보이네요[박까보이네요]
	병원으로[병워느로], 힘이[히미]	병원으로[뼝원으로], 힘이[힘미]
	집안[지반]	집안[집안]
비음화	먹는[멍는], 막말로[망말로]	먹는[먹는], 막말로[막말로]
ㄹ 첨가	늘었다[느럳다]	늘었다[늘렀다]
유음화	관리[괄리], 권력[궐력]	관리[관리], 권력[권력]
ㅎ탈락	놓소[논쏘], 파랗소[파랃쏘]	놓소[노소], 파랗소[파라소]
	좋소[졷쏘], 빨갛소[빨간쏘]	좋소[조소], 빨갛소[빨가소]

<표 12> 종성 폐쇄음의 탈락오류

규칙	표준발음	오류발음
ㅎ→∅	어떻게[어떠케]	어떻게[어떠게]
ㅈ→∅	맞다는[맏따는]	맞다는[마다는]
ㅊ→∅	낮을[낟츨]	낮을[나츨]
ㄱ→∅	특별한[특뼈란], 특별히[특뼈리]	특별한[트뼈란], 특별히[트뼐히]
ㄴ→∅	뵌 분 같은데요[뵌 분 같은데요]	뵌 분 같은데요[뵈 뿐 같은데요]
ㄴ→∅	된다고[된다고], 어쩐지[어쩐지]	된다고[되다고], 어쩐지[어쩌지]
ㄴ→∅	문명이나[문명이나], 언제쯤[언제쯤]	문명이나[무명이나], 언제쯤[어제쯤]
ㄹ→∅	빨리요[빨리요], 떨립니다[떨림니다]	빨리요[빠리요], 떨립니다[떠림니다]
ㄹ→∅	골라서[골라서], 서툴러서[서툴러서]	골라서[고라서], 서툴러서[서투러서]
ㄹ→∅	얼굴을[얼구를], 빌렸는데[빌렸는데]	얼굴을[어꾸를], 빌렸는데[비려는데]
ㅇ→∅	시청 앞에[시청 아페], 그동안[그동안]	시청 앞에[씨처 앞페], 그동안[그또안]
ㅇ→∅	그냥[그냥], 병원에서[병워네서]	그냥[그냐], 병원에서[벼워에서]
ㅇ→∅	동안[동안], 동료들이[동료들이]	동안[또안], 동료들이[도료들이]
ㅇ→∅	영향을[영향을], 명령형[명령형]	영향을[여향을], 닝닝형[너링형]
ㅇ→∅	청유형[청유형], 선행문에[선행무네]	청유형[처유형], 선행문에[선해문에]
ㅇ→∅	행복은[행보근], 중요하고[중요하고]	행복은[해뽀근], 중요하고[주요하고]
ㅇ→∅	통화 중[통화 중], 행운이[행우니]	통화 중[토화 쫑], 행운이[해운이]
ㅇ→∅	이상하게도[이상하게도], 공항[공항]	이상하게도[이싸하께도], 공항[고항]
ㅆ→∅	잘 갔다고[잘 갇따고]	잘 갔다고[잘 가다고]
ㅆ→∅	있겠는가[읻껟는가]	있겠는가[이게는가]
ㅅ→∅	못한다면[몯탄다면]	못한다면[모탄다면]
ㅅ→∅	다섯 가지[다섣 까지]	다섯 가지[다서 가지]
ㅈ→∅	늦게[늗께]	늦게[너께]
ㅉ→∅	잤다[잗따]	잤다[자따]
ㅌ→∅	끝내셨죠[끋내셨쬬]	끝내셨죠[끄내셨죠]

〈표 13〉 종성 대치오류 유형

규칙	표준발음	오류발음
ㄱ→ㄴ	꼭[꼭]	꼭[꼰]
ㅇ→ㄴ	동생조차[동생조차], 통역을[통여글]	동생조차[동쌘조차], 통역을[톤역을]
	학생들이[학쌩드리], 성적이[성저기]	학생들이[학쌘들이], 성적이[선쩌기]
	생각하세요[생가카세요], 양보[양보]	생각하세요[쌘각하세요], 양보[얀보]
	행복은[행보근]	행복은[핸뽀근]
ㅂ→ㅁ	복잡한데[복짜판데]	복잡한데[보짬한데]
ㄹ→ㄴ	월간[월간], 보일 때[보일 때]	월간[원간], 보일 때[보인 때]

고급 발음오류 조사현황

대상: 청도과기대학 2007학급의 18명 대학생

3급: 2009년 7월 20일 자모조사, 2009년 9월 29일 제43과 '세대차이'

4급: 2010년 4월 15일 제54과 '사랑'

자모조사순서는 초중급과 같다.

자모조사표와 과목부분에서 추출한 9가지 종류의 오류에 대해 살펴보면 다음과 같다.

<표 1> 모음 발음 양상 1

모음	ㅏ	ㅑ	ㅓ	ㅕ	ㅗ	ㅛ	ㅜ	ㅠ	ㅡ	ㅣ
오류			ㅗ(2명)	ㅛ					ㅓ(1명) ㅣ(1명)	
합계			2명	1명					2명	

<표 2> 모음 발음 양상 2

모음	ㅐ	ㅒ	ㅔ	ㅖ	ㅘ	ㅝ	ㅙ	ㅞ	ㅟ	ㅚ	ㅢ
오류		ㅔ(1명) ㅐ(1명)	ㅐ(6명)	ㅔ(1명) ㅟ(4명)			ㅔ(1명)	ㅙ(6명) ㅝ(1명) ㅙ(1명) ㅟ(1명)		ㅙ(8명) ㅟ(1명)	ㅣ(1명) ㅓ(3명) ㅡ(1명)
합계		2명	6명	5명			1명	9명		9명	5명

<표 3> 자음 발음 양상 1

자음	ㄱ	ㄴ	ㄷ	ㄹ	ㅁ	ㅂ	ㅅ	ㅆ	ㅈ	ㅊ
오류		너(2명) 으(3명) 는(1명)	더어 (3명)	(ㅣ)(1명) 러(1명)	머(3명) 음(1명) 응(1명)	버어(2명)		씨(1명) 스(1명)		츠으(1명)
합계		6명	3명	2명	5명	2명		2명		1명

<표 4> 자음 발음 양상 2

자음	ㅇ	ㅋ	ㅌ	ㅍ	ㅎ	ㄲ	ㄸ	ㅃ	ㅉ
오류		커(1명)	터(1명)	퍼(3명) ㅂ(1명)	허(3명) 흥(1명) 응(1명)	ㄱ(4명)	떠(1명)	브(2명) 뻐(2명)	ㅈ(2명) 저어 (2명)
합계		1명	1명	4명	5명	4명	1명	4명	4명

<표 5> 모음 대치오류

규칙	표준발음	오류발음
ㅏ→ㅓ	막말로[망말로]	막말로[먹말로]
ㅟ→ㅔ	그네뛰기에서[그네뛰기에서]	그네뛰기에서[그네뛔기에서]
ㅡ→ㅜ	현기증[현기증]	현기증[현기중]
ㅡ→ㅓ	들은 바가[드른 바가]	들은 바가[덜은 바가]
ㅓ→ㅔ	건가요[건가요], 건강을[건강을]	건가요[겐가요], 건강을[겐강을]
ㅔ→ㅐ	문제없이[문제업씨]	문제없이[문재업씨]
ㅔ→ㅣ	포기하는 게[포기하는 게], 값에[갑쩨]	포기하는 게[포기하는 끼], 값에[갑씨]
ㅐ→ㅔ	여대생은[여대생은]	여대생은[여대셍은]

〈표 6〉 모음 확장 오류

규칙	표준발음	오류발음
확장	달력[달력]	달력[다을력]

〈표 7〉 초성의 마찰음 대치오류

규칙	표준발음	오류발음
평음-경음ㅅ→ㅆ	새 것만을[새 걷마늘], 사건에[사꺼네]	새 것만을[쌔 걷마늘], 사건에[싸꺼네]
	회사에서[회사에서], 사랑을[사랑을]	회사에서[회싸에서], 사랑을[싸랑을]
	이사하려고[이사하려고], 쉬러[쉬러]	이사하려고[이싸하려고], 쉬러[쒸러]
	상품에[상푸메], 명석을[명서글]	상품에[쌍품에], 명석을[명써글]
경음-평음ㅆ→ㅅ	쌓였는데[싸엳는데]	쌓였는데[사였는데]
평음-격음ㅅ→ㅊ	좀 산걸[좀 산걸], 사랑[사랑]	좀 산걸[좀 찬걸], 사랑[차랑]
	사람[사람], 사람들한테[사람드란테]	사람[차람], 사람들한테[차람들한테]

〈표 8〉 조성의 파찰음 대치오류

규칙	표준발음	오류발음
평음-경음 ㅈ→ㅉ	손질해야[손질해야], 보잘 것[보잘 껃] 보호하지[보호하지], 지조를[지조를] 지지를[지지를], 춘향전은[춘향저는]	손질해야[손찔해야], 보잘 것[보짜 껃] 보호하지[보호하찌], 지조를[지쪼를] 지지를[지찌를], 춘향전은[춘하쩌는]
ㅉ→ㅈ	공통점은[공통쩌믄]	공통점은[공동점은]

〈표 9〉 설전음을 설측음으로 발음하는 경우

규칙	표준발음[r]	오류발음[l]
초성에서 모음과 결합된 탄설음이지만 설측음으로 발음하는 경우	손으로[소느로], 친구들이[친구드리]	손으로[소느로], 친구들이[친구드리]
	이루려면[이루려면], 일이[이리]	이루려면[이루려면], 일이[이리]
	도우렴[도우렴], 빠르고[빠르고]	도우렴[도우렴], 빠르고[빠르고]
	밖으로[바끄로], 그드리[그드리]	밖으로[바끄로], 그드리[그드리]
	실현하고자[시련하고자], 빨리[빨리]	실현하고자[실련하고자], 빨리[빠리]
	버릇이[버르시], 충돌이[충도리]	버릇이[버르씨], 충돌이[충도리]
	길은[기른], 따라[따라], 질이[지리]	길은[기른], 따라[따라], 질이[지리]
	부모들이[부모드리], 가을이[가으리]	부모들이[부모드리], 가을이[가을리]
	만들었대요[만드럳대요], 올해[오래]	만들었대요[만드럳때요], 올해[올래]
	오늘은[오느른], 말이지[마리지]	오늘은[오느른], 말이지[마리지]
	쉬러[쉬러]	쉬러[쉬러]
	치맛자락이[치맏짜라기]	치맛자락이[치마짜락이]

<표 10> 초성의 파열음 대치오류

규칙	표준발음	오류발음
평음-경음 ㄱ→ㄲ	용기를[용기를], 퇴근 후[퇴근 후]	용기를[용끼를], 퇴근 후[퇴끈 후]
	세계를[세계를], 얘기를[얘기를]	세계를[세꼐를], 얘기를[얘끼를]
	포기하는 게[포기하는 게], 자기[자기]	포기하는 게[포기하는 끼], 자기[자끼]
	모기향[모기향], 극대화를[극때화를]	모기향[모끼향], 극대화를[끄때화를]
	모기나[모기나], 눈멀게[눈멀게]	모기나[모끼나], 눈멀게[눈멀께]
	물건을[물거늘], 고개가[고개가]	물건을[무꺼늘], 고개가[고깨가]
	불경기에는[불경기에는], 차가[차가]	불경기에는[불경끼에는], 차가[차까]
	조금이라도[조그미라도]	조금이라도[조끔이라도]
	피곤하다[피곤하다]	피곤하다[피꼰하다]
	그네뛰기를[그네뛰기를]	그네뛰기를[그네뛰끼를]
평음-격음 ㄱ→ㅋ	담가요[담가요], 그러는[그러는]	담가요[담카요], 그러는[크러는]
	불가능하면[불가능하면]	불가능하면[불카능하면]
경음-평음 ㄲ→ㄱ	테니까[테니까], 언제까지[언제까지]	테니까[테니가], 언제까지[언제가지]
	할거니[할꺼니]	할거니[할거니]
평음-경음 ㄷ→ㄸ	달라질까요[달라질까요]	달라질까요[딸라질가요]
	충돌이[충도리], 무더운[무더운]	[충돌이[충또리], 무더운[무떠운]
	제도를[제도를], 모양이다[모양이다]	제도를[제또를], 모양이다[모양이따]
	바닷가를[바닫까를]	바닷가를[바따까를]
평음-격음 ㄷ→ㅌ	돼요[돼요], 되고[되고]	돼요[퇘요], 되고[퇴고]
	더위를[더위를]	더위를[터위를]
ㅌ→ㄷ	공통점은[공통쩌믄]	공통점은[공동점은]
경음-평음 ㄸ→ㄷ	여느 때와[여느 때와], 사또[사또]	여느 때와[여느 대와], 사또[사도]
	따진다면[따진다면] 어떤[어떤]	따진다면[다진다면] 어떤[어턴]
ㄸ→ㅌ	따르면[따르면], 떨어지는[떠러지는]	따르면[타르면], 떨어지는[털어지는]
	따라[따라], 때문에[때무네]	따라[타라], 때문에[태문에]
	따르고자[따르고자]	따르고자[타르고자]
평음-경음 ㅂ→ㅃ	밖으로만[바끄로만], 각 지방[각 지방]	밖으로만[빠끄로만], 각 지방[각 지빵]
	올바른[올바른], 이백이십[이백이십]	올바른[올빠른], 이백이십[이뺵이십]
	작년보다[장년보다]	작년보다[작년뽀다]
경음-평음 ㅃ→ㅂ	나빠진 것[나빠진 걷]	나빠진 것[나바진 것]
ㅍ→ㅃ	테이프가[테이프가]	테이프가[테이쁘가]

〈표 11〉 음운변동의 오류

규칙	표준발음	오류발음
ㅎ탈락	좋아요[조아요]	좋아요[종아요]
경음화	달라질까요[달라질까요], 있다[읻따]	달라질까요[딸라질가요], 있다[이다]
	섭섭하겠죠[섭썹하겓쬬], 있고[읻꼬]	섭섭하겠죠[섭섭하겓쬬], 있고[이고]
	유학가겠단[유학가겓딴]	유학가겠단[유학가겓단]
	뚫었다고[뚜런따고], 모깃불[모긷뿔]	뚫었다고[뚜런다고], 모깃불[모기불]
	먹을 수[머글쑤], 사건에[사꺼네]	먹을 수[머글 수], 사건에[싸건에]
	잡았대요[자받때요], 있대요[읻때요]	잡았대요[잡았대요], 있대요[이대요]
	바닷가를[바닫까를], 보잘 것[보잘 껃]	바닷가를[바따가를], 보잘 것[보짜 것]
	치맛자락이[치맏짜라기]	치맛자락이[치마자락이]
	맡기면[맏끼면], 육십배[육씹빼]	맡기면[마기면], 육십배[육십배]
	이상적인[이상쩌긴]	이상적인[이상적인]
	주고받고[주고받꼬]	주고받고[주고바고]
격음화	그렇기도[그런키도], 옳다고[올타고]	그렇기도[그러끼도], 옳다고[올다고]
	그렇게만[그런케만]	그렇게만[그러게만]
연음화	손으로[소느로], 필요는[피료는]	손으로[손으로], 필요는[필요는]
	고민이야[고미니야], 적어[저거]	고민이야[고민이야], 적어[적꺼]
	적응하는[저긍하는], 적어요[저거요]	적응하는[적응하는], 적어요[적어요]
	집을[지블]	집을[지쁠]
	혼수감으로는[혼수가므로는]	혼수감으로는[혼수감으로는]
	집이[지비], 찾아내는[차자내는]	집이[지삐], 찾아내는[차짜내는]
	숙여지네요[수겨지네요], 약이[야기]	숙여지네요[숙껴지네요], 약이[약끼]
	책임져야[채김져야]	책임져야[책낌져야]
	가을이[가으리], 멍석을[멍서글]	가을이[가을리], 멍석을[멍썩을]
	저녁을[저녀글]	저녁을[저녕을]
비음화	막말로[망말로], 쏟는다면[쏜는다면]	막말로[먹말로], 쏟는다면[쏘는다면]
ㄹ첨가	말이지[마리지], 가을이[가으리]	말이지[말리지], 가을이[가을리]
	깔아[까라], 올해[오래], 질이[지리]	깔아[깔라], 올해[올래], 질이[질리]

〈표 12〉 종성 폐쇄음의 탈락 오류

규칙	표준발음	오류발음
ㄱ→∅	국제사회[국쩨사회]	국제사회[구쩨사회]
	기적적으로[기적쩌그로]	기적적으로[기저쩌그로]
	궁국적으로[궁극쩌그로]	궁국적으로[구끄쩌그로]
	극대화를[극때화를], 육십배[육씹빼]	극대화를[끄때화를], 육십배[유씹빼]
	관객 수로[관객 쑤로]	관객수로[꽌개수로]
ㄷ→∅	주고 받고[주고 받꼬]	주고 받고[주고 바고]
ㄹ→∅	좀 산걸[좀 산걸], 할 거니[할 꺼니]	좀 산걸[좀 싼거], 할 거니[하 꺼니]
	빨리[빨리], 해결될까요[해결될까요]	빨리[빠리], 해결될까요[해겨되까요]
	활활[활활], 발휘해[발휘해]	활활[화화], 발휘해[바리해]
	둘러앉아[둘러안자]	둘러앉아[두러앉아]
	알다 싶이[알다 시피]	알다 싶이[아다 시피]
ㅂ→∅	쉽게[쉽께]	쉽게[쉬께]
ㅇ→∅	궁극적으로[궁극쩌그로]	궁극적으로[구끄쩌그로]
	이 년 동안[이 년 똥안], 중에서[중에서]	이 년 동안[이 년 또안], 중에서[주에서]
	항해는[항해는], 전쟁은[전쟁은]	항해는[하해는], 전쟁은[전재은]
	춘향이도[춘향이도]	춘향이도[춘햐이또]
	춘향전은[춘향저는]	춘향전은[춘햐쩌는]
ㅆ→∅	생겼다[생겯따], 있기에[읻끼에]	생겼다[생겨따], 있기에[이기에]
ㅌ→∅	맡기면[맏끼면]	맡기면[마기면]

〈표 13〉 종성 대치오류 유형

규칙	표준발음	오류발음
ㄱ→ㄴ	극대화를[극때화를]	극대화를[근때화를]
ㅇ→ㄴ	정말[정말], 여대생은[여대생은]	정말[전말], 여대생은[여대새은]
	성공[성공], 평소에는[평소에는]	성공[선공], 평소에는[편소에는]
ㄹ→ㄴ	그럴 수도[그럴 쑤도]	그럴 수도[그런 수도]
ㅅ→ㄴ	거짓[거짇]	거짓[거진]

이번에 손복희 교수님의 『중국에서의 한국어 발음교육』이라는 귀한 책을 발간하게 되신 것을 진심으로 축하와 격려의 인사를 드립니다. 손 교수님은 우리 대학 대학원에서 2년 동안 모범적으로 수학하시면서 나에게 이 분야의 전공 논문을 지도받고 문학석사가 되신 분입니다.

한국어에서 발음교육은 한국어 표준어 규정에서 정하고 있습니다. 한글은 표음문자이고 음절문자이므로 표준어를 발음되는 대로 표기하면 되는 것입니다. 그러나 소리글자라 하더라도 소리와 표기가 일치하는 경우는 없습니다. 표기(文語)보다 발음(口語)이 훨씬 빨리 변하고 또 다양하기 때문입니다. 더구나 한글은 알파벳과 다르게 초성, 중성, 종성이 있기 때문에 발음과 표기가 더 어렵다고 합니다. 그래서 모국어를 사용하는 한국인들도 한국어 발음과 특히 <한글 맞춤법>을 매우 어려워합니다.

한국어를 외국어로 배우는 분들에게는 한국어 발음이 한국인보다 더욱 어려울 수밖에 없을 것입니다. 엊그제 조선일보의 기사에 따르면, 한국어 발음을 좀 더 잘하기 위해서 혀를 자르는 수술을 한 영국의 어느 여대생이 소개될 정도입니다. 음운체계가 다른 외국인 학습자들이 한국어를 바르게 배우기 위해서는 먼저 한국어발음교육이 필요합니다. 한국에서 공부하는 외국 유학생들이 9만 명이나 된다고 하는데, 그중에 중국 유학생이 6만 명이 훨씬 넘는다고 합니다. 역시 바른 발음교육은 너무나 필요한 기초 교육인 것입니다.

손 교수님의 발음교육 연구 저서는 이론에만 그치는 것이 아니라, 중국에 있는 한국어 학습 대학생들을 대상으로 직접 한국어 발음을 실험해서 얻은 참으로 값진 연구의 결과물입니다. 그리고 대학생들의 한국어 발음 오류를 철저하게 분석해서 그 원인을 밝히고 바른 발음 방법을 제시해서 중국에서뿐만 아니라 한국에 유학 중인 학생들에게도 좋은 학습서가 될 것으로 생각합니다.

더구나 한국어 발음교육을 위해서는 한국어 교수들의 자질을 높여야 한다고 주장하고 있습니다. 맞는 말입니다. 대학교육의 승패는 대학교수들의 교육의 질이라고 할 수 있습니다. 매우 빠른 속도로 증가하고 있는 한국어 학습자들을 위한 높은 지식과 식견을 가진 교수들이 필요할 것입니다.

한 가지 더 살펴본 것은 한국어 학습교재 문제입니다. 좋은 학습교재는 짧은 시간 내에 최대의 교육성과를 가져올 수 있을 것입니다. 교육을 속도로 측정하는 일은 바른 방법이 아닐 수도 있겠지요. 그러나 어학교육은 바른 교육 교재로 계속되는 훈련과 반복을 통해서 큰 성과를 얻을 수 있을 것입니다.

손 교수님이 이 책에서 지적한 대학생들의 발음 오류나 교수와 학습교재 문제 등은 지금 중국에서의 한국어 발음교육의 가장 절실한 문제일 것입니다. 더 중요한 것은 손 교수님이 대안으로 제시한 발음교육과 교수, 교재 문제 등을 대학이나 상급기관에서 경청해서 이 책

이 한국어 발음교육과 교육 정책에 큰 길라잡이가 되기를 희망합니
다. 손 교수님의 문운이 더욱 빛나기를 기원합니다.

2011. 8. 15.
공주대학교 전 사범대학장 및 교육대학원장
문학박사 김진규 적음

손복희(孫福姬) ————————————————————

1963년 중국 길림성 용정시 출생
1988년 연변대학 조선어문학학부 졸업
1999년까지 연변라디오방송국 아나운서 겸 기자
2001년 청도과학기술대학 외국어학원 한국어학과 교수
2011년 공주대학교 국어국문학과 대학원 졸업(문학석사)

『公无渡河歌』创作年代研究
『韩国社会与文化』(共著, 北京语言大学出版社)
『朝鲜语教学课堂创新与实践』
『浅谈徐志摩诗歌的自我表现观点』
『中国汉语词汇与韩国语汉字词对比及教学策略』
『발음교재의 단원구성에 대한 검토』
『中国汉语词汇与韩国语汉字词对比及教学策略』
『발음교재의 문제점 연구』

초 판 인 쇄 | 2012년 1월 5일
초 판 발 행 | 2012년 1월 5일

지 은 이 | 손복희
펴 낸 이 | 채종준
펴 낸 곳 | 한국학술정보㈜
주   소 | 경기도 파주시 문발동 파주출판문화정보산업단지 513-5
전   화 | 031) 908-3181(대표)
팩   스 | 031) 908-3189
홈 페 이 지 | http://ebook.kstudy.com
E - m a i l | 출판사업부 publish@kstudy.com
등   록 | 제일산-115호(2000. 6. 19)

ISBN   978-89-268-2859-5 93710 (Paper Book)
        978-89-268-2860-1 98710 (e-Book)